Rencontre

Le nouvel humanisme de Wajdi Mouawad

P.I.E. Peter Lang
Bruxelles · Bern · Berlin · New York · Oxford · Wien

Simonetta Valenti

Rencontre

Le nouvel humanisme de Wajdi Mouawad

Dramaturgies
Vol. 39

Illustration de couverture :
Foto di scena dello spettacolo LITTORAL di Wajdi Mouawad traduzione Giulia Pizzimenti, con Davide Gagliardini, Silvia Lamboglia, Luca Nucera, Gian Marco Pellecchia, Giulia Pizzimenti, Massimiliano Sbarsi, Emanuele Vezzoli
Regia Vincenzo Picone
Produzione Fondazione Teatro Due
Prima Italiana, 4 novembre 2017
Foto di Francesco Bianchi

Je tiens à remercier de tout coeur Mme Mariolina Bertini, pour sa disponibilité, son soutien et ses précieux conseils.

Cette publication a fait l'objet d'une évaluation par les pairs.

Éditions scientifiques internationales
Bruxelles, 2019
1 avenue Maurice, B-1050 Bruxelles, Belgique
www.peterlang.com ; brussels@peterlang.com

Imprimé en Allemagne

ISSN 1376-3199
ISBN 978-2-8076-1033-0
ePDF 978-2-8076-1034-7
ePUB 978-2-8076-1035-4
MOBI 978-2-8076-1036-1
DOI 10.3726/b15126
D/2018/5678/106

Information bibliographique publiée par « Die Deutsche Bibliothek »

« Die Deutsche Bibliothek » répertorie cette publication dans la « Deutsche Nationalbibliografie » ; les données bibliographiques détaillées sont disponibles sur le site <http://dnb.ddb.de>.

À tous ceux
qui travaillent pour la paix,
faisant de la rencontre leur devise,
et de l'accueil leur manière d'être
S. V.

Table des matières

Introduction

Wajdi Mouawad occupe à présent une place centrale dans la production théâtrale contemporaine. Et cela, non seulement en raison de sa récente nomination au poste de Directeur du Théâtre National de la Colline à Paris, mais surtout en vertu de la puissante originalité de ses œuvres.

Sa personnalité a su s'imposer sur la scène internationale, tant par la portée foncièrement poétique qui inspire ses pièces, que par la hardiesse de ses expérimentations dramaturgiques et stylistiques, ainsi que par la saisissante actualité des thèmes dont il traite.

Né au Liban le 16 octobre 1968 à Deir-el-Qamar, dans le village de Chouf, à une vingtaine de kilomètres de Beyrouth, Wajdi Mouawad quitte le Liban à l'âge de huit ans, à cause de la guerre[1]. Sa famille s'établit à Paris en 1978, où l'enfant est scolarisé. Ce premier déracinement de la terre natale produit chez Mouawad un sentiment vif d'étrangeté, par rapport à la réalité environnante, qu'il réussit pourtant à surmonter, grâce à son intelligence et à son application, manifestant entre autres une habileté innée d'affabulation[2].

Néanmoins, son bien-être dérivant de la perception d'appartenir à la société française est destiné à céder bientôt la place à l'impression vive d'un nouveau déracinement, provoqué par la décision de ses parents de s'établir au Québec en 1983. Mouawad a quatorze ans et vit cette expérience comme « un incompréhensible vertige », remettant radicalement en cause sa « victoire si âprement remportée contre la solitude[3] ». C'est donc au cours de son adolescence que le futur dramaturge ressent une impression

---

1 Françoise Cossard, *Incendies. Étude critique*, Paris, Honoré Champion, 2014, p. 11.

2 Voilà ce que l'écrivain confie à cet égard à Jean-François Côté, lors d'une interview, à propos de son insertion dans l'école française : « Sentiment de solitude, comme si vous étiez nu devant tous. Quatre ans durant, je travaillerai de manière acharnée pour annihiler ce sentiment. J'y suis arrivé. Seul. Avec le désir de vaincre. Parler le français mieux que les Français, l'écrire mieux qu'ils ne l'écrivent, me débarrasser de mon accent, blanchir de peau, bref, nier toute différence pour pouvoir me faire un copain. À cet âge, je voulais avoir un copain. C'était vital. [...] Je suis devenu bon élève. Le sentiment d'étrangeté avait disparu. C'était une victoire. », Jean-François Côté, *Architecture d'un marcheur. Entretiens avec Wajdi Mouawad*, Ottawa, Leméac, 2005, p. 82.

3 Les deux citations sont tirées de *Ibid.*, p. 84.

radicale d'étrangeté, par rapport au nouveau contexte socio-culturel dans lequel il est introduit, une impression indissociable de l'expérience de l'exil et de la perte, qui marqueront à jamais sa pensée et son œuvre. La découverte de *La Métamorphose* de Kafka ne fait d'ailleurs que renforcer un tel sentiment[4].

Si le Québec est la terre de son exil, elle offre toutefois à l'adolescent rebelle, qu'est Mouawad à cette époque, une opportunité insoupçonnée de développement personnel et artistique. C'est en effet à Montréal que Mouawad reçoit sa formation théâtrale et culturelle, s'avèrant capitale pour l'œuvre à venir : inscrit immédiatement après le lycée à l'École Nationale de Théâtre du Canada, il en sort diplômé en interprétation en 1991[5].

Le jeune comédien débute aussitôt sa carrière, en assumant, à l'âge d'à peine vingt-trois ans, la direction du Théâtre O' Parleur, avec Isabelle Leblanc[6]. C'est là qu'il met en scène ses propres textes, généralement publiés par Leméac/Actes Sud : *Partie de cache-cache entre deux Tchécoslovaques au début du siècle* (1991), *Journée de noces chez les Cromagnons* (1994), *Willy Protagoras enfermé dans les toilettes* (1998) et *Ce n'est pas la manière dont Claude et Jacqueline se sont rencontrés*, écrit avec Estelle Clareton (2000). En 1997, il avait écrit *Littoral*, qui deviendra le premier volet de la quadrilogie *Le Sang des Promesses*, suivi en 2003 par *Incendies*[7], en 2006 par *Forêts* et en 2009, par *Ciels*.

En 2000, Mouawad prend la direction du Théâtre de Quat'Sous à Montréal, pendant quatre saisons, et en 2005, il fonde deux compagnies de création : la compagnie *Abé Carré Cé Carré*, avec Emmanuel Schwartz, basée au Québec et la compagnie *Au Carré de l'Hypothénuse*, basée en France, avec laquelle il sera associé à l'Espace Malraux, scène nationale de Chambéry et de la Savoie de 2008 à 2010, pour devenir, en 2009, l'artiste

---

4 *Ibid.*, p. 69, où Mouawad affirme entre autres considérer Kafka comme le maître qui l'aurait initié à l'écriture.

5 *Ibid.*, p. 85, où le dramaturge évoque comme un miracle sa découverte du théâtre : « La découverte du théâtre. Un concours de circonstances m'échappant. Un truc insensé. Que, arrivé dans un état psychologique lamentable, j'aie découvert le théâtre, que je sois parvenu à entrer à l'École nationale sans me faire renvoyer, qu'une fois sorti, j'aie fondé une compagnie, monté un spectacle, écrit un texte, deux textes, trois textes pour me retrouver directeur artistique du Théâtre de Quat'Sous, j'appelle ça un miracle. Je ne parviens pas à faire mien ce trajet. Ce n'est pas moi. ».

6 *Cf.* http://www.colline.fr/fr/page/biographie-de-wajdi-mouawad (Consulté le 04.09.2017).

7 L'adaptation cinématographique d'*Incendies*, soignée par Denis Villeneuve en 2010, ayant été sélectionnée dans la catégorie du meilleur film en langue étrangère, lors de la 83e nuit des Oscars, a largement contribué à faire connaître Mouawad, *Ibidem*.

associé de la 63e édition du Festival d'Avignon[8]. C'est dans le cadre du Festival que Mouawad présente la tétralogie *Le Sang des promesses*, qui lui vaut désormais une renommée internationale.

En 2008, il écrit, met en scène et interprète *Seuls*, qui est encore joué dans des tournées internationales à l'heure actuelle et, en 2011, il crée à la Schaubühne de Berlin la pièce *Temps*, poursuivant sans cesse ses engagements à la fois en tant que dramaturge, metteur en scène et directeur de théâtre. De 2007 à 2012, l'écrivain assume la direction du Théâtre français du Centre national des Arts d'Ottawa et, depuis 2011, il est artiste associé du Grand T, Théâtre de Loire-Atlantique de Nantes.

S'il se fait remarquer en tant que dramaturge et directeur de théâtre, il ne renonce pourtant jamais à sa vocation de comédien, en interprétant des rôles sous la direction d'autres artistes, tels *Caligula* d'Albert Camus (1993), mis en scène par Brigitte Haentjens, ou Stepan Fedorov dans *Les Justes* de Camus, mis en scène par Stanislas Nordey en 2010.

Son répertoire est fort varié, car il désire explorer plusieurs univers : il met d'abord en scène les pièces *Al Malja* (1991) et *L'Exil*, de son frère Naji Mouawad, pour aborder ensuite *Voyage au bout de la nuit* de Céline, *Macbeth* de Shakespeare (1992), *Tu ne violeras pas* d'Edna Mazia (1995), mais aussi *Trainspotting* d'Irving Welsh et *Œdipe roi* de Sophocle (1998), *Disco Pigs* d'Edna Walsh (1999), *Les Troyennes* d'Euripide (1999), *Lulu le chant souterrain* de Franck Wedekind et *Reading Hebron* de Jason Sherman (2000). En 2001, il monte aussi *Le Mouton et la Baleine* d'Ahmed Ghazali et *Les six personnages en quête d'auteur* de Pirandello, arrivant à mettre en scène *Les Trois sœurs* de Tchekhov en 2002.

La même année, est publié son premier roman, *Visage retrouvé*. C'est l'histoire du déchirement intérieur vécu par un adolescent dont la mère, frappée d'un cancer, va mourir après une longue agonie. Mouawad y met en scène, avec le malaise éprouvé lors de la maladie et du décès de sa mère, son parcours de renaissance personnelle, rendu possible par la découverte de l'écriture et de la magie du théâtre.

Il se consacre aussi à l'écriture pour enfants. Paraissent alors la pièce *Pacamambo* (2000), *Un obus dans le cœur* (2007), *La Petite pieuvre qui voulait jouer du piano* (2015).

En 2012, Mouawad publie son deuxième roman, *Anima*, qui lui vaudra une série de prix, l'imposant définitivement en tant qu'écrivain contemporain. Il y approfondit des recherches stylistiques déjà entamées en partie

---

[8] *Cf.* http://www.festival-avignon.com/en/archives-2009 (Consulté le 04.09.2017).

dans *Visage retrouvé*, attestant désormais de la pleine maturité de l'écrivain et de sa maîtrise des techniques narratives, largement influencée par le cinéma et sa pratique du théâtre. Traduite au lendemain de sa publication en plusieurs langues, l'œuvre raconte le périple angoissé et angoissant du héros, lancé à la poursuite du sauvage meurtrier de sa femme, un périple destiné à le conduire à la découverte d'un fragment dramatiquement obscur de son histoire personnelle.

Si *Visage retrouvé* présentait un curieux mélange entre la dimension réelle et la dimension onyrique, *Anima* explore de façon encore plus poussée le domaine de l'inconscient individuel, mais par le biais de la présence animale qui y occupe un rôle central, comportant un étonnant renversement de la perspective narrative.

Au cours des dernières années, Mouawad inaugure en outre des collaborations avec d'autres auteurs et metteurs en scène, tels Krzysztof Warlikowski, pour qui il assure, entre autres, la création de *Phèdre(s)* à l'Odéon-Théâtre de l'Europe en 2016[9].

Sa connaissance de la tragédie ancienne, conduit d'ailleurs le dramaturge à mettre en scène les sept tragédies de Sophocle, divisées en trois opus : *Des femmes* (auquel figurent *Les Trachiniennes*, *Antigone*, *Électre*), en 2011, *Des Héros* (auquel figurent *Ajax au cabaret* et *Œdipe Roi*), en 2014 ; dont la version intégrale, intitulée *Le Dernier jour de sa vie*, est créée dans le cadre de Mons 2015 Capitale européenne de la Culture ; enfin, *Des mourants*, librement inspiré de *Philoctète* et d'*Œdipe à Colone*, présenté au Théâtre National de Chaillot en mai 2016.

Avec le cycle *Domestique*, Mouawad revient à la thématique des relations familiales, déjà traitée dans la quadrilogie : *Sœurs* en 2014, actuellement en tournée, *Frères*, qui devrait être mis en scène prochainement avec le concours de Robert Lepage, et enfin *Père et Mère*[10].

En juin 2016, ayant accepté l'invitation de l'Opéra de Lyon et de la Canadian Opera Company (Opéra de Toronto), Mouawad monte *L'Enlèvement au sérail* de Mozart, sous la direction musicale de Stefano Montanari. Répondant également à la sollicitation du Château des Ducs

---

9 À propos de Warlikowski, Mouawad affirme : « Il ne travaille presque plus sur des œuvres prêtes à l'emploi, il fait plutôt un travail de DJ, mêlangeant différents textes, appelant un ami auteur pour qu'il écrive un monologue qui fasse la transition entre deux fragments. Krzysztof essaie de se déplacer, parce que je sens qu'il considère que mettre en scène un texte tel qu'il est écrit relève aujourd'hui, pour lui, dans son contexte, en Pologne, d'un acte bourgeois. », Sylvain Diaz, *Avec Mouawad. Tout est écriture*, Montréal-Arles, Leméac/Actes Sud Papiers, 2017, p. 47.

10 *Cf.* http://www.colline.fr/fr/page/biographie-de-wajdi-mouawad (Consulté le 03.11.2017).

de Bretagne, en collaboration avec le Musée d'Histoire naturelle de Nantes, l'auteur travaille aussi à *Créatures / Les animaux ont une histoire*, un parcours sonore et plastique donnant la parole aux animaux, ainsi qu'il l'avait déjà fait dans son roman *Anima*[11].

Cependant, l'engagement de Mouawad va plus loin et vise les nouvelles générations, obéissant à l'urgence, de plus en plus ressentie par le dramaturge, de transmettre aux jeunes un univers de valeurs qui puissent les aider à vivre. De cette exigence, est né le projet *Avoir 20 ans en 2015*, rassemblant cinquante adolescents, venus de différents pays ou régions francophones – tels la France, le Canada et La Réunion –, qui ont suivi la compagnie de Mouawad pendant cinq ans et qui « grandissent au fil des voyages à Athènes, Lyon, Auschwitz, Dakar, etc…[12] ».

La même volonté de transmission de valeurs a conduit dernièrement Mouawad à accepter de mener l'atelier des élèves de 3e année du Conservatoire National Supérieur d'Art Dramatique de Paris, tout en collaborant avec l'Université de Strasbourg et la MC93 de Bobigny[13].

Une telle carrière, marquée – on le voit – par un travail incessant, aussi bien au niveau de la création théâtrale, qu'au niveau de la production littéraire et de l'engagement vis-à-vis des nouvelles générations, est ponctuée par une série de reconnaissances.

En 2000, l'auteur reçoit en effet le prestigieux Prix littéraire du Gouverneur général du Canada dans la catégorie « Théâtre » et, en 2002, le Gouvernement français le nomme Chevalier de l'Ordre National des Arts et des Lettres. En 2004, Mouawad se voit décerner le Prix de la Francophonie de la Société des auteurs compositeurs dramatiques pour l'ensemble de son travail, et en 2006, il est nommé Artiste de la Paix et reçoit le Doctorat Honoris Causa de l'École Normale Supérieure des Lettres et Sciences humaines de Lyon, ainsi que le Grand Prix du théâtre de l'Académie française.

Si *Visage retrouvé*, son premier roman, l'a révélé au grand public, c'est avec *Anima*, publié dix ans plus tard, que l'écrivain, jouissant désormais d'une renommée internationale, reçoit le Prix Thyde Monnier de la Société des Gens de Lettres, ainsi que le remarquable Prix Phœnix de la Littérature décerné au Liban[14], le Prix du Deuxième roman de Laval et, en 2015, le Prix Lire en Poche de la littérature française.

---

11 *Ibid.* (Consulté le 04.07.2018).

12 *Ibid.* (Consulté le 04.09.2017). Voir aussi Sylvain Diaz, *Avec Mouawad*, cit, p. 101.

13 *Cf.* https://www.mc93.com/saison/adolescents-prenez-la-parole (Consulté le 04.09.2017).

14 *Cf.* https://www.youtube.com/watch?v=26UZt0PnkU8 (Consulté le 03.10.2017).

Enfin, en avril 2016, le Président de la République, François Hollande, nomme Wajdi Mouawad à la direction du Théâtre National de la Colline à Paris[15].

Or, si les essais critiques sur telle ou telle œuvre de Mouawad abondent désormais, les études monographiques sont plus rares. C'est pourquoi, il m'a paru utile de recueillir dans le présent volume certains articles que j'ai publiés, à la fois sur la production théâtrale et sur la production romanesque mouawadienne, en les enrichissant par l'apport d'essais inédits, dans le but de fournir aux lecteurs un aperçu global de l'œuvre de l'écrivain.

On pourra sans doute émettre la critique que la même perspective d'étude ait été appliquée à la fois aux textes de théâtre et aux romans, en faisant abstraction de la différence des genres. Cela est vrai, dans la mesure où le présent volume se veut une analyse des thèmes principaux de l'œuvre de Wajdi Mouawad qui manifeste, sous ce point de vue, une étonnante cohérence. Certes, l'auteur a mûri le long de sa carrière, mais les noyaux fondamentaux de son esthétique et de sa vision du monde demeurent essentiellement les mêmes, et ce dans un souci de cohérence bien net, ainsi que Mouawad n'a pas manqué de le souligner, en évoquant l'image de la sphère :

> La seule démarche qui m'inspire aujourd'hui, vient d'une image, celle de la sphère – image que Georges Leroux, professeur de philosophie à l'UQAM, m'a un jour transmise. Prenez une sphère. Quel que soit le point choisi, celui qui creuse en une ligne parfaitement perpendiculaire à la surface est certain d'atteindre le centre de la sphère. Il importe donc de ne pas dévier, de ne pas changer systématiquement de point parce que les difficultés et les embûches nous découragent. Tenir la position choisie. Le reste, ce sont des vagues qui aident ou non au mouvement d'approfondissement[16].

Ainsi, au-delà de l'évolution technique et stylistique qui a lieu dans les œuvres mouawadiennes, force est de constater que l'écrivain obéit à un parti pris de cohérence, et qu'une telle cohérence conduit quiconque voulant explorer son œuvre à en analyser les lignes thématiques fondamentales, qui reviennent d'une pièce à l'autre, des drames aux romans.

---

15 Didier Méreuze, « Wajdi Mouawad, nouveau directeur du Théâtre national de la Colline », *La Croix*, 6 avril 2016, http://www.la-croix.com/Culture/Theatre/Wajdi-Mouawad-nouveau-directeur-Theatre-national-Colline-2016-04-06-1200751610 (Consulté le 19.04.2016).

16 Jean-François Côté, *Architecture d'un marcheur*, cit., p. 27.

Dans une telle perspective, les deux premiers essais figurant dans ce travail constituent une sorte de dyptique, consacrée à ébaucher les piliers de l'esthétique de Wajdi Mouawad, que l'on voit par la suite s'articuler dans les contributions suivantes.

Plus spécifiquement, si dans *Du chaos sur les planches : l'esthétique du désordre dans le théâtre de Wajdi Mouawad*, on prend en considération la fonction que revêt le désordre à différents niveaux dans les pièces mouawadiennes, dans l'essai suivant – *Wajdi Mouawad, ou l'étonnement, la quête et la rencontre* – sont mis en évidence trois aspects de la réflexion mouwadienne, qui demeurent incontournables pour l'appréhension de la conception esthétique et anthropologique que l'écrivain est en train de développer tout au long de son œuvre.

Apparaissent, dans l'étude suivante, des touchantes figures féminines qui incarnent, au sein d'un univers ravagé par la guerre et la débauche, la noblesse, l'amitié et la générosité, valeurs éternelles sur lesquelles Mouawad fonde les assises d'un nouvel humanisme.

L'essai, intitulé *Jeux et enjeux intertextuels dans « Le Soleil ni la mort ne peuvent se regarder en face »*, analyse les rapports existant entre le texte mouawadien et l'hypotexte, représenté par les mythes anciens. On s'aperçoit alors que Mouawad réinterprète les légendes antiques, en les réinvestissant de valeurs nouvelles, conformément à sa conception esthétique, au centre de laquelle le dialogue avec l'Autre devient la source d'un enrichissement inattendu. De cette fréquentation des grands Tragiques, naît un drame étonnamment original, nourri d'un formidable souffle épique et, en même temps, capable de parler à nos contemporains.

Les deux derniers essais portent sur le roman *Anima*. *Fantômes et fantasmes de l'Histoire dans* Anima affronte, en particulier, la complexe hybridation générique qui caractérise cette œuvre, dans laquelle convergent à la fois le *polar*, le roman initiatique et le *road novel* américain, donnant par là naissance à une intrigue originale et passionnante.

Dans l'essai qui clôt le recueil – *Oralité humaine et discours animal dans* Anima –, est enfin analysée la stratégie narrative géniale, choisie par Mouawad, qui parvient à donner la parole à plusieurs races animales, dans le but de manifester la bestialité que l'être humain peut atteindre lorsqu'il s'abandonne à ses instincts les plus bas.

À travers l'ensemble des essais ici présentés, s'esquissent donc les grands axes de la réflexion anthropologique et esthétique de Wajdi Mouawad, s'articulant dans une constellation de thèmes et de motifs qui reviennent constamment, tant dans sa production théâtrale que dans sa production romanesque : la guerre, l'exil, la violence, l'abjection, mais aussi l'amitié, la volonté de résister à l'horreur et celle de dénoncer toute injustice, ou encore la réconciliation et la construction d'un monde plus humain et pacifique. C'est que la préoccupation majeure de l'auteur demeure, à côté d'une volonté délibérée d'explorer des techniques novatrices, tant au niveau dramaturgique qu'au niveau romanesque, celle de susciter auprès de lecteurs et spectateurs le rejet de toute forme d'aggressivité, dans le but de promouvoir à tout prix une culture de la diversité et de la cohabitation pacifique entre peuples, appartenant à des univers culturels, ethniques et linguistiques différents.

En poussant le discours à ses conséquences extrêmes, on pourrait même affirmer que la diversité et l'altérité représentent – au sein de la vision mouawadienne – la condition *sine qua non* de tout dialogue véritable, de toute rencontre foncièrement humaine, et qui plus est, garantissent l'appréhension de sa propre identité. Aussi, le sujet n'existerait-il pas, sans la confrontation constante avec l'Autre.

Ainsi, à travers l'hétérogénéité des contributions figurant dans le présent volume, l'œuvre de Wajdi Mouawad nous apparaît dans toute sa prégnance sémantique : comme une fascinante mosaïque, encore en train de se faire, réalisée tesselle après tesselle, dans le but de rendre justice aux raisons de l'Autre, soudain devenu ami et frère. Là résident l'origine profonde et le puissant attrait du nouvel humanisme de Wajdi Mouawad.

C'est pourquoi, sans recourir à une étude théorique qui synthétiserait de façon systématique la pensée mouawadienne, j'ai préféré introduire le lecteur dans l'univers composite, forgé par l'auteur du *Sang des promesses*, par des voies diverses et multiples, lui permettant d'apprécier des perspectives et des points de fuite variés sur une œuvre qui, tout expérimentale qu'elle soit, trouve néanmoins son noyau fondamental dans la rencontre et le dialogue des arts, des races, des langues et des cultures, une rencontre qui – au dire de Mouawad – rend la vie plus humaine, lui restituant sa beauté et, par là même, sa dignité foncière.

L'ensemble des articles qui figurent dans le présent volume s'offre alors – nous le souhaitons – comme une contribution novatrice, permettant une meilleure connaissance de la production de Wajdi Mouawad, l'une des voix les plus sincères et bouleversantes du panorama littéraire contemporain.

Chapitre 1

Du chaos sur les planches : l'esthétique du désordre dans le théâtre de Wajdi Mouawad

L'œuvre de Wajdi Mouawad est traversée d'un bout à l'autre par le désordre, entendu en tant que manque de linéarité et de cohérence[17], dont le produit est souvent l'hybridation des contenus, des genres et des formes qui s'y manifeste à différents niveaux : thématique, dramaturgique, linguistique, voire sémiotique.

Prenant en compte essentiellement la production théâtrale de l'auteur, on essaiera d'analyser, dans le présent essai, chacun de ces aspects, en vue d'une meilleure compréhension de la fonction que le désordre revêt au sein du théâtre de Mouawad, dans le but d'esquisser les traits fondamentaux de son esthétique.

1. Un théâtre de la vérité

Au niveau thématique, on relève dans la plupart des pièces mouawadiennes la présence du désordre, discernable tant sur le plan individuel que sur le plan historique et social. Pratiquement tous les héros sortis de la plume du dramaturge font montre en effet d'un malaise intérieur, d'une confusion de sentiments, d'un manque de certitudes, se déclinant parfois même dans les termes d'un véritable chaos extérieur.

Ainsi, les deux jeunes protagonistes d'*Incendies*[18], la deuxième pièce de la quadrilogie *Le Sang des promesses*, expriment un mélange de sentiments

[17] Foucault parle plutôt, à cet égard, de "phénomènes de rupture" et c'est dans ce sens que nous entendons le manque de linéarité et de cohérence, caractéristique de bien des œuvres de Mouawad, *cf.* Michel Foucault, *L'Archéologie du savoir*, Paris, Gallimard, 1969. Voir aussi Marija Paprašarovski, « L'extension du domaine de la cohérence. Lecture de la tétralogie *Le sang des promesses* de Wajdi Mouawad », *SRAZ*, n° 58, 2013, p. 121-137 et, plus récemment, Matteo Majorano, *L'Incohérence et la littérature*, dans Matteo Majorano (dir.), *L'Incoerenza creativa nella narrativa francese contemporanea*, Macerata, Quodlibet, 2016, p. 20.

[18] Wajdi Mouawad, *Incendies*, *Le Sang des Promesses / 2*, Montréal-Arles, Leméac/Actes Sud-Papiers, Coll. « Babel », 2009. La pièce a été crée le 14 mars 2003 à l'Hexagone – Scène

contradictoires qui les poussent à réagir à la perte de la figure maternelle de manière différente. Alors que Jeanne plonge dans un silence comblé de questionnements quant au passé de Nawal Marwan, Simon s'abandonne au contraire à la rage, revendiquant par son attitude violente le manque d'attachement de sa mère :

> SIMON. Je vais pas pleurer ! Je vous jure que je vais pas pleurer ! Elle est morte ! Elle est morte ! hey ! On s'en crisse-tu, tabarnak ! On s'en crisse-tu qu'elle soit morte ! Je ne lui dois rien, à cette femme-là. Pas une larme, rien ! On dira bien ce qu'on voudra ! Que je n'ai pas pleuré à la mort de ma mère ! Je dirai que ce n'était pas ma mère ! Que ce n'était rien ! On s'en crisse-tu tu penses, on s'en crisse-tu ? Je vais pas commencer à faire semblant ! Pas commencer à la pleurer ! Quand est-ce qu'elle a pleuré pour moi ? Pour Jeanne ? C'est pas un cœur qu'elle avait dans le cœur, c'est une brique[19].

La conduite de Simon Marwan est donc révélatrice du magma intérieur du personnage, de sa colère et de son déséquilibre profond, dérivant pour la plupart de son rapport problématique avec Nawal. Et cette rébellion vis-à-vis d'une figure maternelle qui n'a pas su incarner l'amour, dont ses enfants avaient besoin, est rendue à merveille par le recours au joual québécois qui constitue la marque stylistique du personnage de Simon.

Seul le recouvrement du passé tumultueux et des souffrances endurées tout le long de sa vie par Madame Marwan permettront au jeune homme d'apaiser son impétuosité et de conférer – à l'instar de sa sœur Jeanne – une valeur nouvelle à la figure maternelle[20].

De façon analogue, dans *Littoral*[21], la première pièce de la quadrilogie, Wilfrid est assailli par un ensemble de doutes au sujet de son père, dont il

---

nationale de Meylan. Le texte du drame a paru dans une première édition, en 2003, chez Leméac/Actes Sud-Papiers. Pour les pièces de la tétralogie mouawadienne, nous utiliserons ici uniquement l'édition finale publiée dans le quatuor *Le Sang des promesses*.

19 Wajdi Mouawad, *Incendies*, cit., p. 20.

20 Pour tout approfondissement quant au parcours quasiment initiatique accompli par les deux enfants de Nawal Marwan et à la noblesse de cette héroïne, voir *Vers un nouvel humanisme, Infra*.

21 Wajdi Mouawad, *Littoral, Le Sang des Promesses / 1*, Montréal-Paris, Leméac/Actes Sud-Papiers, Coll. « Babel 2009 ». Mouawad a fourni une première version de *Littoral*, créée en collaboration avec Isabelle Leblanc le 2 juin 1997, au Festival de théâtre des Amériques de Montréal, à laquelle a suivi la première édition de l'œuvre, parue chez Leméac/Actes Sud en 1999. En 2009, Mouawad remanie le drame, afin d'en fournir une nouvelle version qui sera représentée la même année au Festival d'Avignon, avec l'ensemble de la quadrilogie *Le Sang des promesses*. Par ailleurs, en 2005, *Littoral* avait

vient d'apprendre le décès. Bien qu'il ait toujours entretenu une relation difficile avec son géniteur, la découverte des lettres que ce dernier avait envoyées à sa mère suscite chez le jeune homme un certain bouleversement, le poussant à se rendre au Liban pour essayer de reconstruire le *puzzle* de son histoire[22]. Faisant la connaissance d'un groupe de jeunes libanais, Wilfrid découvre alors, chez ses compagnons de voyage, une inquiétude singulièrement proche de la sienne : il s'agit de l'angoisse et de la confusion, éprouvées par toute une génération de jeunes adultes, auxquels la société des pères a systématiquement tu la vérité sur la guerre qui, depuis des décennies, ravage le pays des cèdres.

Entre doutes et questionnements, rage et silence, sens de culpabilité et besoin de connaître la vérité, les deux premiers volets de la quadrilogie mouawadienne, nous montrent donc des héros en proie à un véritable désordre intérieur, qui les pousse au recouvrement des fragments douloureux de leur histoire, dans le but d'apaiser leur inquiétude.

À cet égard, *Forêts*[23], le troisième volet du *Sang des promesses*, pousse encore plus loin le thème du désordre individuel, social et politique. Ainsi, si Loup, ayant grandi au Québec, se présente avant tout comme une adolescente en ébullition, accusant sa mère Aimée de ne pas l'avoir suffisamment maternée, le lent cheminement, qui conduira l'héroïne de *Forêts* à la découverte de la vérité sur son origine, met le lecteur et le spectateur face à un univers dramatique, habité par des personnages atteints de toute sorte d'altérations psychiques et morales.

C'est le cas d'Alexandre Keller, fondateur d'une grande usine strasbourgeoise exploitant le travail des enfants qui, après la défaite de Verdun, décide de passer sous la juridiction allemande, afin d'échapper à la loi française. Son manque de rigueur morale se traduit, sur le plan personnel, en un penchant féroce pour l'adultère, lequel précipitera son fils Albert dans l'abîme de la folie. C'est en fait avec la demi-mondaine Odette Garine, devenue la femme de ce dernier, qu'Alexandre Keller va engendrer les frères jumeaux Léonie et Edgar, un être brutal, qui incarne la honte de la famille.

---

valu à Mouawad le décernement du Prix Molière pour le meilleur auteur francophone, prix qu'il avait refusé, afin de protester contre la condition actuelle des jeunes comédiens de théâtre.

22 *Cf.* à ce sujet : Aurélie Chatton, Littoral, *un Œdipe qui refuse la filiation*, dans Claire Badiou-Monferrant, Laurence Denooz (dir.), *Langues d'*Anima, Paris, Classiques Garnier, 2016, p. 131-143.

23 Wajdi Mouawad, *Forêts, Le Sang des Promesses / 3*, Montréal-Arles, Leméac-Actes Sud-Papiers, Coll. « Babel », 2009. La pièce a été crée le 7 mars 2006 à l'Espace Malraux – Scène nationale de Chambéry et de la Savoie ; elle a eu une première édition en mars 2006.

L'autre frère, Edmond, assistant à l'hécatombe de la Première Guerre mondiale, sombrera bientôt à son tour dans une forme de démence[24].

Mais la liste des perturbations psychiques et morales qui peuplent *Forêts* est destinée à s'enrichir avec les derniers chaînons de la dynastie des Keller : en effet Léonie, en proie au désarroi en raison de la perte de son mari, abandonnera sa fille Ludivine à l'orphelinat, tandis que Sarah, l'amie juive de Ludivine, de peur d'être internée dans un camp nazi, confie à autrui sa fille Luce, dans l'espoir de lui sauver la vie ; et cette dernière, devenue plus tard une prostituée et une alcoolique, se voit enlever son enfant Aimée, laquelle, fragile et atteinte de troubles nerveux, s'avèrera à son tour incapable de trasmettre son amour à Loup.

Ainsi qu'on peut en faire le constat, on assiste dans *Forêts* à une suite ininterrompue de troubles psychiques et moraux, montrant l'incapacité foncière de l'être humain à faire face au surgissement de ses instincts les plus bas qui le réduisent à l'état bestial, comme si le propre de la nature humaine serait – suivant Mouawad – cet enchevêtrement inextricable de passions, sur lesquelles la raison ne semble exercer désormais aucun pouvoir.

À côté de ces dérèglements et de ces pulsions négatives qui entraînent la perte des différents personnages, on voit par ailleurs s'imposer dans *Forêts*, comme déjà dans *Incendies*, l'autre grand axe thématique qui traverse la production théâtrale mouawadienne : celui qui concerne le désordre historique et social. Car, si tant de personnages sortis de la plume de Wajdi Mouawad manifestent au niveau individuel un malaise profond, la cause de ce dernier doit être mise en relation avec le contexte culturel, social et historique dans lequel ils vivent, un contexte très souvent marqué par un état de conflit.

C'est ce qui a lieu, de façon emblématique, dans *Journée de noces chez les Cromagnons*[25], où sur fond de conflit libanais, la famille Cromagnon s'apprête à célébrer le mariage de Nelly, une fille évanescente, dépourvue de sa personnalité, au point d'avoir perdu tout contact avec la réalité. Son déséquilibre mental dérive du tumulte moral et social qui l'entoure et de l'incapacité de ses parents à assumer la situation d'hostilité permanente dans lequelle ils sont plongés, dans sa tragique réalité. La folie de cette fille, sa fuite de la réalité pour se réfugier dans un univers autre qui lui assurerait

---

[24] *Cf.* Marija Paprašarovski, *L'extension du domaine de la cohérence. Lecture de la tétralogie* Le sang des promesses *de Wajdi Mouawad*, cit., p. 129.

[25] Wajdi Mouawad, *Journée de noces chez les Cromagnons*, Montréal-Arles, Leméac/Actes Sud-Papiers, 2011. La pièce est créée et publiée en 1994.

la paix intérieure, ne sont donc que le produit du refus exprimé par les siens, vis-à-vis d'une vérité trop douloureuse pour être avouée.

Mais c'est précisément un tel refus qui causera la mort de Neel, le frère adolescent de Nelly, le seul membre de la famille Cromagnon à avoir le courage de nommer la guerre pour ce qu'elle est : un carnage horrible et inutile.

Les traumatismes individuels que tout état de belligérance engendre reviennent d'ailleurs même dans *Sœurs*[26], où Layla Bintwarda, appelée à rédiger un rapport d'expertise dans une chambre d'hôtel incompréhensiblement ravagée par l'avocate Geneviève Bergeron, finit par avouer à cette dernière la pesanteur insupportable de son existence. Après avoir trouvé refuge au Québec, pour échapper à la guerre civile libanaise, Layla a été obligeée, à cause de la mort de sa mère, à prendre soin de sa famille, renonçant ainsi pour toujours à sa réalisation personnelle. Voilà pourquoi elle traîne sa vie, en nourrissant le sentiment d'un échec total.

Non moins significative est l'histoire parallèle de Geneviève Bergeron, dont le tourment profond et jusque là souterrain, éclate tout à coup dans cette chambre d'hôtel où une tempête de neige a surpris un soir l'avocate. Liée à sa sœur Irène, une Amérindienne placée dans la famille franco-manitobaine des Bergeron au milieu des années 1960, Geneviève a vu la petite enlevée par les autorités canadiennes, soucieuses de la réinsérer dans sa famille d'origine, suite au changement de la loi sur l'intégration des Indiens. Or, une telle perte a provoqué chez la brillante avocate une forme d'instabilité psychique, qui marquera à jamais sa personnalité, arrivant même à conditionner de façon significative le choix de sa profession. Geneviève s'occupe en effet de gérer la médiation dans les zones de conflit et un tel métier peut bien être vu, sur le plan psychologique, comme une forme de compensation partielle, à l'égard des rivalités entre les composantes francophone, anglophone et amérindienne de la société canadienne, que Geneviève a vécues et subies dans son enfance.

On peut conclure donc que le trouble intérieur de l'avocate Bergeron trouve son origine dans les lois, imposées par un gouvernement qui ne tient en aucun compte des conséquences néfastes que l'application de ces dernières peut engendrer chez les individus. De même, la désolation profonde dans laquelle vit Layla Bintwarda plante ses racines dans le drame de la guerre civile, qui non seulement fait des milliers de victimes, mais laisse également, chez ceux qui y ont survécu, des blessures intérieures souvent indélébiles.

[26] Wajdi Mouawad, *Sœurs*, Montréal-Arles, Leméac/Actes Sud-Papiers, 2015.

Le déséquilibre intérieur des deux protagonistes de *Sœurs* procède donc, encore une fois, de relations affectives problématiques, provoquées par des circonstances de vie difficiles. En effet, si d'une part, la famille Bintwarda a été obligée de choisir l'état d'exil pour échapper au conflit libanais, de l'autre, la famille Bergeron a été contrainte à exécuter les dispositions prévues par la législation canadienne, incapable de gérer la douloureuse question de l'intégration des Amérindiens.

Voilà pourquoi dans *Sœurs*, la thématique du désordre nous apparaît dans sa double facette de déséquilibre individuel et de dérangement historique et social, manifestant par là le lien étroit existant, pour Wajdi Mouawad, entre ces deux aspects de l'existence.

Dans *Seuls*[27], le dramaturge semble vouloir explorer un autre versant de l'égarement individuel, celui qui se manifeste sous la forme de la maladie. Le jeune Harwan, étudiant en train de rédiger une thèse sur Robert Lepage, désire partir à Saint-Pétersbourg, afin de rencontrer personnellement le dramaturge québécois pour l'interviewer. Dans sa chambre d'hôtel, on assiste à une série de situations vécues, qui viennent se superposer les unes aux autres : le rapport incertain avec son père, la relation problématique avec sa sœur Layla, les contacts avec son directeur de thèse. Toutefois, arrivé à Moscou, Harwan s'aperçoit avoir perdu son bagage et, qui plus est, avoir manqué son rendez-vous avec Lepage lequel, avant de repartir pour Montréal, lui a pourtant laissé l'enregistrement de sa dernière pièce, inspirée du célèbre tableau *Le Retour du fils prodigue* (1666) de Rembrandt. Dans la solitude et l'abandon de cet instant, Harwan se rend compte toutefois qu'une privation bien plus profonde que le simple échec de sa vie professionnelle le fait souffrir : c'est la perte du lien avec la culture et la langue arabes, provoquée par le déraciment causé par l'exil. Sa famille, comme tant d'autres, a été en effet obligée de gagner le Québec pour échapper à la guerre civile libanaise.

Or, la succession chaotique des scènes du drame, si elle semble au premier abord être le simple produit des spéculations introspectives du héros, révèle cependant bientôt au lecteur et au spectateur le magma inconscient du protagoniste de *Seuls*, ses troubles, ses cauchemars et ses blessures inavoués. Car en réalité Harwan est dans le coma : il se trouve dans une chambre d'hôpital, suite à un accident survenu alors qu'il se trouvait dans un photomaton. Le drame mouawadien se détourne alors soudainement

---

27 Wajdi Mouawad, *Seuls. Chemin, texte et peintures*, Montréal-Arles, Leméac/Actes Sud-Papiers, 2008. La pièce a été créée en septembre 2008 à l'Espace Malraux – Scène Nationale de Chambéry.

du plan de la réalité et opte pour un onirisme marqué, nous consentant par là de percer dans les replis les plus intimes de l'âme du protagoniste.

Une fois de plus, dans *Seuls*, on voit que le dérèglement individuel et le bouleversement social sont strictement liés, car Harwan accuse son père de lui avoir caché la vérité sur le conflit du Liban, reprochant de surcroît à son fils de ne pas avoir connu les destructions qu'elle a produites. Ainsi, déséquilibre subjectif et hostilités socio-politiques reviennent dans *Seuls*, à l'instar de *Journée de noces chez les Cromagnons*, mettant en relief l'état de malaise profond de la jeunesse actuelle et son besoin de remettre en question le système axiologique hérité du monde adulte.

Sous ce profil, un regard global sur la production mouawadienne nous permet de remarquer que bon nombre de personnages, caractérisés par une forme de perturbation intérieure, sont des adolescents, en réaction violente contre la société vulgaire et mensongère qui les entoure.

Très significative, à cet égard, est la pièce *Assoiffés*[28], dont le protagoniste Boon, anthropologue judiciaire, reconnaît au cours de ses recherches le cadavre de Sylvain Murdoch, son ancien camarade, disparu en 1991 dans des circonstances mystérieuses. Boon suppose que l'adolescent s'est noyé « parce qu'il n'y avait rien en quoi il arrivait à croire[29] ». Sous l'apparence d'un jeune révolté, vulgaire et méchant, Sylvain Murdoch cachait en effet une énorme soif de beauté, d'authenticité et de pureté, qui demeurait toutefois inassouvie, car l'univers des adultes à qui il avait affaire, non seulement se montrait sourd face au malaise de l'adolescent, mais le méprisait même. Or, c'est précisément ce manque d'attention, d'écoute, de dialogue de la part surtout de ses parents, trop occupés à "faire du fric", pour se rendre compte du drame intérieur que Murdoch était en train de vivre, qui s'était avéré mortifère pour le jeune protagoniste d'*Assoiffés*, persuadé que son existence, dépourvue de sens, ne valait plus la peine d'être vécue.

Dans *Assoiffés*, donc, le désordre intime du héros adolescent semble être causé par la négligence des adultes, par leur superficialité, par leur manque de patience et de tendresse, par leur incapacité enfin à tisser un dialogue, là où les jeunes paraîtraient le leur nier, dans un cri paradoxal de révolte[30].

28 Wajdi Mouawad, *Assoiffés*, Montréal-Arles, Leméac/Actes Sud-Papiers, 2007. Le drame a été créé en 2006 au Théâtre Lionel-Groulx de Sainte-Thérèse, avec la collaboration de la Salle Pauline-Julien à Sainte-Geneviève à Montréal, *cf.* https://www.youtube.com/watch?v=rL_yGwif5j4 (Consulté le 20.06.2018).

29 *Ibid.*, p. 38.

30 *Cf.* Patricia Belzil, « Jeune homme en colère : *Assoiffés* », *Jeu : revue de théâtre*, n° 128, 2008, p. 9-11 ; voir aussi à ce sujet : Éric-Paul Parent, « Trait d'union », *Canadian*

Même scénario dans *Victoires*[31], où le suicide de l'héroïne, talentueuse élève du Conservatoire national d'art dramatique du Canada, promise à une carrière fulgurante, enfonce ses racines dans l'incompréhension et l'indifférence de sa famille, contraire à ce qu'elle entreprenne le métier de comédienne, insuffisant aux yeux des siens car inapte à lui faire acquérir une situation économique stable et digne d'honorabilité.

Certes, si la mort de Victoire surprend ses camarades, troublés par le geste désespéré de leur amie, elle dévoile en même temps la vérité la plus profonde de chacun : vices, fautes, doutes, rêves, cauchemars, côtés obscurs et attentes inavouées émergent alors des propos de ces jeunes comédiens. Ainsi, au fur et à mesure que l'enquête menée pour découvrir les raisons du geste fatal de Victoire progresse, le spectateur et le lecteur se sentent envahis par le flot désordonné, interminable, inaccompli des besoins de ces personnages, de leurs troubles, de leurs désirs, dans un singulier va-et-vient entre moments du passé, du présent et du futur, ayant pour but de montrer la complexité de l'âme humaine, dont les mobiles demeurent cependant les mêmes d'une génération à l'autre.

Or, il convient d'observer que, pour Mouawad, le besoin d'authenticité et d'innocence qui distingue ces jeunes comédiens les interroge, certes, en profondeur, mais il interpelle surtout la société adulte, aplatie, repliée sur elle-même, incapable de fournir aux nouvelles générations des modèles de vie crédibles, dignes d'être suivis et imités.

Les rapports générationnels sont également au centre de *Temps*[32], où Noëlla de la Forge, frappée par une forme d'handicap linguistique, a envoyé une lettre à ses deux frères jumeaux Edward et Arkadiy, afin de les retrouver après de longues années de silence. Au cours de cette réunion familiale, la jeune fille peut enfin révéler la vérité tragique et inconfessable qui a marqué à jamais sa vie : violée systématiquement par son géniteur, à partir de l'âge de cinq ans, Noëlla s'est enfermée dans un mutisme qui, loin de correspondre à de la simple résignation, lui a permis au contraire de survivre à l'horreur, en préparant jour après jour sa lucide vengeance. Ainsi, le vieux Napier de la Forge sera justicié par Noëlla avec la complicité de ses frères, le jour de Noël, le jour même de la naissance de sa fille.

Literature, Spring 2009, p. 139-140 et Lucie Robert, « L'écrivain au théâtre », *Voix et images*, n° 332, 2008, p. 159-160.

31 Wajdi Mouawad, *Victoires*, Montréal-Arles, Leméac/Actes Sud-Papiers, 2017. La pièce a été créée à la Colline, avec la participation du Jeune Théâtre national.

32 Wajdi Mouawad, *Temps*, Montréal-Arles, Leméac/Actes Sud-Papiers, 2012. La pièce a été créée le 19 avril 2011 au Théâtre d'Aujourd'hui de Montréal.

Toute la pièce se régit donc sur le mouvement de révolte qui caractérise la figure de l'héroïne de *Temps*, et qui plante une fois de plus les racines dans le grave malaise provoqué par le manque de probité et de véritable amour, dont son père a fait preuve tout le long de sa vie. Comme pour le personnage d'Alexandre Keller dans *Forêts*, le personnage de Napier de la Forge montre que les tares morales des pères se répercutent de manière tragique sur leurs enfants, en conditionnant de manière déterminante leur existence[33].

L'intrigue de *Temps* vient du reste confirmer un aspect significatif du désordre, déjà remarqué à propos d'autres héros mouawadiens : l'inquiétude profonde, la rébellion, la colère et la rage, marquant les personnages d'adolescents, tiennent essentiellement de la remise en question totale, et parfois violente, d'un système de valeurs transmis par le monde des adultes, qui ne peut aucunement satisfaire le besoin d'innocence, ressenti par ces jeunes de façon irréfutable. Une exigence qui, étant systématiquement niée, les entraîne tragiquement à la perte.

Ainsi, à côté de drames où Mouawad met en scène le désordre, entendu en termes d'affrontement entre peuples différents, on a vu que dans d'autres pièces, le dramaturge s'intéresse plutôt au désaccord générationnel, qui oppose l'univers nourri de rêves et d'innocence des adolescents, au monde des adultes, un univers cynique et corrompu, obéissant aux seules lois du profit, du succès et de l'apparence. Par le biais d'une telle opposition, Mouawad semble percevoir l'incapacité de la société contemporaine à proposer des modèles axiologiques crédibles, comme le cancer qui dévore les nouvelles générations, les conduisant irrémédiablement à la mort, comme on peut le constater encore dans *Les Larmes d'Œdipe*[34].

Rencontrant sur le chemin d'Athènes Coryphée, Œdipe et sa fille Antigone apprennent que la ville est bouleversée par des soulèvements populaires. Après qu'Alexandros, un adolescent de quinze ans, ait été

---

33 Le motif du père incestueux et celui qui s'y relie, le patricide commis par sa fille, constitue d'ailleurs une constante du roman contemporain au Québec, qui semble trouver également une voie d'expression dans la production théâtrale, *cf.* à ce sujet : Lori Saint-Martin, *Des pères absents aux filles meurtrières et au-delà : le rapport père-fille en littérature québécoise*, dans Murielle Lucie Clément, Sabine van Wasemael, *Relations familiales dans les littératures française et francophone des XXe et XXIe siècles. La figure du père*, Paris, L'Harmattan, 2008, p. 13-26.

34 Wajdi Mouawad, *Les Larmes d'Œdipe*, Montréal-Arles, Leméac/Actes Sud-Papiers, 2015. Voir à cet égard : https://www.nonfiction.fr/article-8818-theatre-les-larmes-ddipe-de-wajdi-mouawad-a-la-colline.htm (Consulté le 20.06.2018).

frappé à mort par un policier, les jeunes du pays se sont unis pour manifester contre le pouvoir. Et c'est bien sur cette incapacité de la société à prêter l'oreille aux inquiétudes de ces adolescents, qu'Œdipe, désormais vieux, verse ses dernières larmes.

Sans s'attarder ultérieurement sur les intrigues des drames mouawadiens, on voit bien que d'une pièce à l'autre le désordre, entendu à la fois en termes de déséquilibre moral et psychologique et de désaccord historique, social et générationnel est omniprésent dans le théâtre de Wajdi Mouawad, car il fait partie de la vie de l'homme contemporain, sans cesse tiraillé entre son besoin intime d'authenticité et un monde, vidé de sens et de valeurs, en proie à de vertigineux changements, qui l'oriente vers l'argent, la vulgarité, l'apparence et l'individualisme le plus exaspéré.

C'est pourquoi, dans le but de mieux appréhender la fonction que le désordre revêt au sein de la production dramatique mouawadienne, il convient d'étudier comment il se reflète au niveau dramaturgique.

2. Dans le labyrinthe du temps

Afin de rendre compte de la complexité de l'homme contemporain, de sa confusion intérieure et de la douleur profonde qui l'habite, en montrant également la nature chaotique du monde et de l'histoire, Mouawad manipule l'ordre linéaire des événements représentés dans ses pièces, recréant sur scène la simultanéité des circonstances produisant un certain fait.

Dans *Incendies*, par exemple, chaque progression dans la découverte du passé de leur mère, de la part des deux jumeaux, coïncide avec une apparition de Nawal qui ressuscite un fragment inconnu de l'histoire, en le vivifiant sous les yeux de Jeanne et Simon :

> ANTOINE. Vous n'avez rien trouvé d'autre ?
>
> JEANNE. Rien. Une petite photo. Elle me l'avait déjà montrée. Elle, à 40 ans, avec une de ses amies. Regardez.
>
> *Elle lui montre la photo.*
>
> *Antoine examine la photo.*
>
> *Nawal (19 ans) et Sawda dans l'orphelinat désert.*
>
> SAWDA. Nawal. Il n'y a personne. L'orphelinat est désert.
>
> NAWAL. Que s'est-il passé ?
>
> SAWDA. Je ne sais pas.

NAWAL. Et les enfants, où sont-ils ?

SAWDA. Il n'y a plus d'enfants. Allons voir à Kfar Rayat. C'est là que se trouve l'orphelinat le plus important[35].

Cette alternance incessante entre passé et présent, tout en créant un sentiment d'embrouillement et de suspens, fait ressurgir soudain sur la scène un instant enseveli dans l'oubli, si bien que le spectateur et le lecteur sont mis en présence d'une vérité éclatée et, en conséquence, ardue à saisir, car le désordre semble régner en maître, tant sur l'histoire que sur les sentiments des hommes[36]. Mais le désordre – semble nous dire Mouawad – exige d'être traversé, pour aboutir sinon à un ordre nouveau, tout au moins à une acquisition de sens, car « cette cohabitation sur scène entre deux et même parfois trois situations éloignées dans le temps a comme effet de les unifier dans une sorte de contrepoint qui prend toute sa signification en rattachant les fils les uns des autres[37]. »

On retrouve le même procédé dramaturgique dans *Forêts*, où l'on passe sans solution de continuité de la chambre d'hôpital où Aimée, la mère de Loup, s'éteint dans le présent, au surgissement de l'instant où a eu lieu, quelques décennies auparavant, la naissance de Ludivine :

AIMÉE. Maman… Pourquoi ? Pourquoi tu ne m'as pas gardée avec toi ?

ACHILLE. Aimée… Je regrette sincèrement. Je t'ai abandonnée.

AIMÉE. Tu m'as abandonnée ! Maman ! J'aurais été fière de toi !

JEANNE. Il arrive ! Léonie… Il arrive !

Naissance de Ludivine.

LUCIEN. C'est une fille ! Léonie… C'est une fille !

Crise d'épilepsie d'Aimée. […]

Aimée meurt.

LUCIEN. Lumière. Lux.

LÉONIE. Mais une lumière divine. Lux et divine. Lux-divine.

LUCIEN. Ludivine. Lucien. Léonie. Ludivine.

DOUGLAS DUPONTEL. Père. Mère et enfant[38].

---

35 Wajdi Mouawad, *Incendies*, cit., p. 58-59. L'italique est de l'auteur.

36 *Cf.* Marilyn Matar, « Spectres d'une guerre au(x) récit(s) perdu(s) : *Littoral* (1999), *Visage retrouvé* (2002) et *Incendies* (2003) *de Wajdi Mouawad* », *Contemporary French et Francophone Studies*, n° 5, 2014, p. 470-478.

37 Esther Pelletier, Irène Roy, « *Incendies* : Évoquer pour susciter l'imaginaire et montrer plutôt que dire », *Nouvelles Études Francophones*, n° 2, Automne 2015, p. 115.

38 Wajdi Mouawad, *Forêts*, cit., p. 59-60. L'italique est de l'auteur.

Au point de vue dramaturgique, cette cohabitation sur scène du présent et de différents moments du passé a par ailleurs le mérite de montrer comment, dans la vie quotidienne, expériences personnelles et lambeaux d'une histoire que d'autres ont vécue sont inextricablement liés, dans un labyrinthe apparemment impénétrable qui exige néanmoins d'être affronté, pour qu'on puisse aboutir à la vérité sur soi. Voilà pourquoi, de l'avis de Charlotte Farcet, « *Forêts* est plurielle, complexe, quantique » ; son « univers ne cesse de se scinder en une infinité d'univers parallèles, dont nous n'avons pas le soupçon[39]. »

Dans *Littoral*, l'intervention soudaine du passé dans le quotidien de Wilfrid assume une coloration fantastique, due en particulier au dialogue incessant qui s'établit entre le héros et le Chevalier Guiromelan, l'ami idéal que Wilfrid enfant s'était créé et qui réapparaît sur scène pour l'accompagner dans ce qu'on pourrait définir comme son "voyage de retour au pays natal". Ainsi, fiction et réalité, passé et présent, univers du rêve enfantin et monde concret sont étroitement entrelacés dans la pièce, véhiculant à la fois la complexité de la vie psychique du héros et le lent cheminement qui le conduit à reconnaître les fils enchevêtrés de son histoire[40].

Dans *Assoiffés*, l'hybridation s'opère encore une fois, à travers l'alternance de scènes appartenant au présent et de scènes appartenant au passé. En particulier, les recherches menées par l'anthropologue judiciaire Boon au sujet de son ancien camarade Sylvain Murdoch, soupçonné de s'être noyé dans le Saint Laurent le 6 février 1991, permettent de faire revivre sur scène les diverses phases ayant conduit Murdoch adolescent au suicide : de telle sorte, l'intrigue liée à la profession de Boon et celle concernant Murdoch se mêlent continuellement, montrant là encore combien la vie présente plonge ses racines dans les débris d'un passé qui, tout en demeurant souvent inconnu ou oublié, en détermine le cours.

Cette même remarque peut être exprimée à l'égard de *Sœurs*, où le traumatisme de la guerre chez Layla Bintwarda est actualisé à la présence du spectateur, au cours de la touchante confession de l'héroïne :

---

39 Les deux citations sont tirées de : Charlotte Farcet, *Postface*, dans Wajdi Mouawad, *Ibid.*, p. 173. Voir aussi : Lise Gagnon, « Imaginaire quantique : chantier autour de *Forêts* », *Jeu : revue de théâtre*, n° 117, 2005, p. 57-58, où l'on décrit la manière dont Mouawad a procédé pour construire les différents plans chronologiques de son drame.

40 Cette identité multiple et morcelée constitue d'ailleurs, du dire de Véronique Pépin, l'une des caractéristiques majeures de la production théâtrale québécoise des années 1990, *cf.* Véronique Pépin, « Émergence du contemporain dans le théâtre québécois : les exemples de Wajdi Mouawad et de François-Étienne Paré », *Postures*, n° 5, 2003, p. 160-171, http://revuepostures.com/fr/articles/pepin-5 (Consulté le 13.07.2017).

> LAYLA BINTWARDA. Un jour, la corde de ta guitare se casse. Tu ne dis pas un mot, tu avales ta salive. Il fait beau dehors, le soleil brille, mais tout à coup tu sens que tu n'as rien à voir à faire icitte non plus. Quand Beyrouth est encerclée par l'armée israélienne au sud et par l'armée syrienne à l'est et qu'à l'ouest il n'y a que la mer, avec ses bleus impossibles et ses envolées de lumière dans la chaleur écrasante d'un soleil amoureux, il ne reste de toutes les façons plus beaucoup de place pour personne. [...] Ce que tu veux vomir, tu l'avales. Les mots, les lames de rasoir, le sang. Tu avales. [...] Alors dans le silence de tes nuits, pour tuer les germes des regrets, soir après soir, tu étrangles tes rêves. [...] Qu'est-ce qu'ils pensent que ça devient une fille de dix-sept ans à qui l'on demande de ranger, bien pliés au fond de son armoire, les cadavres de ses rêves assassinés ? Je suis pleine à craquer de mes rêves démembrés[41].

Ainsi, par le biais du discours de Layla, les différents moments de son passé sont rappelés avec une telle fidélité que spectacteur et lecteur ont l'impression de les voir peints sur le visage de la jeune femme, tels des blessures encore ouvertes, encore saignantes.

Dans *Temps*, le recouvrement du passé de violence, subi par Noëlla de la Forge, a lieu à travers l'évocation qu'en fait la protagoniste, à la présence de ses deux frères jumeaux, enfin réunis. Cependant l'handicap de Noëlla, ne lui permettant pas de s'exprimer de façon intelligible, exige que chaque fragment du monologue de l'héroïne soit intercalé par les propos de Meredith-Rose, l'interprète qui reformule dans une langue standard les bribes de phrases prononcées par Noëlla. En ayant recours à un tel expédient, Mouawad parvient donc à transposer sur le plan dramaturgique la souffrance intérieure qui tourmente l'héroïne de *Temps*, en mettant simultanément en relief la nature fragmentaire et confuse de la vérité, dont l'aveu s'avère discontinu, pénible, désarticulé, à l'exemple de l'idiome de Noëlla.

Par ailleurs, la présence de codes expressifs différents, tels le langage rudimentaire de Noëlla de la Forge et sa traduction en langue courante, témoigne symboliquement de la difficulté de communication existant entre les membres de la famille de la Forge, qui nécessitent continuellement une médiation, nécessaire à la transmission et à la reception correcte des messages. Dans ce foyer, rien n'est en effet plus pénible que le dialogue[42].

41 Wajdi Mouawad, *Sœurs*, cit., p. 44-45.

42 Voir à cet égard : Irène Roy, *Du texte en "soi" au texte "soi"*, dans Chantal Hébert, Irène Pirelli-Contos (dir.), *Le Théâtre et ses nouvelles dynamiques narratives*, Presses de l'Université de Laval, 2004, p. 25-41.

On dirait en fait que Mouawad accentue volontairement dans *Temps* la complexité du circuit communicatif, afin de mettre l'accent sur les obstacles interposés à la libre expression des individus et sur les causes profondes, ayant produit de tels empêchements, dont la responsabilité majeure est clairement attribuée aux figures paternelles, telles que Napier de la Forge, qui, en ayant privé leurs enfants de l'innocence, leur ont soustrait même la parole[43].

Une stratégie dramaturgique plus complexe est retraçable dans *Victoires*, où l'on assiste à une série de représentations du suicide de la protagoniste, qui constituent autant de “mises en abîme” de la pièce, mettant en évidence le désordre qui ravage l'existence des personnages.

Afin de comprendre les mobiles, ayant conduit en 1991 Victoire à se donner la mort, se jetant par la fenêtre de son appartement, l'enquêteur demande en effet aux camarades de la jeune fille de mettre en scène les derniers moments de sa vie : le rendez-vous avec ses amis, la conversation téléphonique avec Jade, la rencontre avec son amoureux, etc. Emergent ainsi, avec des instantanés du passé, les sentiments les plus intimes et les rêves inauvoués de chaque personnage, révélant peu à peu le type de relation – souvent trouble – qu'il entretenait avec Victoire. Parallèlement à l'enquête policière, Emmanuel Besnault propose à ses camarades de créer une pièce, où puissent être représentés les inquiétudes, les doutes et les questions que les amis de Victoire ne cessent de se poser au sujet de son suicide.

À leur tour, les élèves de l'École nationale de Théâtre du Canada décident, en 2016, de monter une création qui revisite le drame, vécu en 1991 par le groupe des camarades de Victoire, dans la tentative de comprendre ce qui s'était passé.

Mouawad ne se contente cependant pas de ce va-et-vient incessant entre passé et présent. En effet, à côté des différents procédés analeptiques, Mouawad exploite également dans *Victoires* des phénomènes de prolepse qui projettent l'action en 2046, c'est-à-dire trente ans après le suicide de l'héroïne, au moment où Simon Rembado, ancien camarade de la jeune suicidaire, devenu réalisateur, tient un cours de théâtre sur les réalités virtuelles.

Le spectateur assiste donc à une sorte de réfraction réitérée de la représentation, dans une superposition continuelle des diverses phases chrono-

---

43 Sur la question de la responsabilité, voir : Tanya Déry-Obin, « De la reconnaissance à la responsabilité. L'expérience tragique chez Wajdi Mouawad », *Nouvelles Études Francophones*, n° 29, Automne 2014, p. 26-41.

logiques, ayant pour effet d'amplifier la sensation d'embrouillement et de démultiplication de l'intrigue, qui pousse à ses conséquences extrêmes les procédés d'hybridation, chers aux dramaturges québécois de la dernière génération[44].

Ainsi, de fil en aiguille, le drame de Victoire et de son impossibilité à devenir comédienne est répété sans cesse sur la scène, créant une sorte de court-circuit entre passé, présent et futur dont la fonction n'est que de mettre à nu, d'une part, les mécanismes de la machine théâtrale, et de l'autre, de rendre manifestes les mobiles profonds de chaque personnage, lequel trouve dans la tragique fin de la jeune comédienne, sa propre 'victoire' sur ses interdits et ses tabous.

Par le biais de l'enchevêtrement continuel des plans temporels et de la réfraction de la tragédie de Victoire, jouées à des époques diverses et par des troupes différentes, Mouawad parvient donc dans son drame à offrir une représentation efficace du désordre intérieur qui règne sur les héros, sur leurs vies et sur leurs rêves. Une réfraction qui invoque une réflexion, quant aux mobiles psychologiques complexes qui conduisent, souvent de façon inconsciente, les actions des individus, que seul la machine théâtrale semble à même de dévoiler.

Or, si dans *Victoires*, Wajdi Mouawad joue sur la dimension chronologique, en mélangeant, comme on l'a vu, plusieurs lignes temporelles, dans le quatrième volet de la tétralogie *Le Sang des promesses*, il s'attache à manipuler la dimension spatiale, de manière à provoquer chez le spectateur une sensation forte de désorientation, ayant du reste des répercussions même au niveau chronologique. Le dramaturge introduit en effet dans *Ciels* un dispositif scénique très expérimental, dans l'intention de représenter simultanément les diverses scènes de la vie de chacun des membres d'une cellule d'écoute antiterroriste, dont il parvient à recréer le climat de tension extrême, ainsi qu'on l'apprend dans la *Postface* du drame :

> [l]'espace qui naît est une boîte blanche dans laquelle on entre par sept doubles portes. [...] Tout ou presque est blanc : rideau, mur intérieur, mur extérieur, mobilier. Les régies – son, vidéo et lumière – sont intégrées au décor, placées entre les alcôves, dérobées par un simple tulle. Les spectateurs sont au centre,

44 Sous cet aspect, en effet, Mouawad s'inscrit à bon droit dans la mouvance du théâtre contemporain, caractérisé entre autres par « la mise en cause de l'action, c'est-à-dire la mise en cause de ce que font, disent, échangent et subissent les personnages représentés. », Chantal Hébert, Irène Pirelli-Contos, *Jeux et enjeux de la narrativité dans le théâtre postdramatique*, dans *Ibid.* (dir.), *Le Théâtre et ses nouvelles dynamiques narratives*, cit., p. 289.

> au dessus du niveau des scènes. [...] En entrant, écrans baissés, il est impossible d'avoir une sensation de direction : ni cour, ni jardin, ni nord ni sud, aucun repère ne permet *a priori* de deviner où se situe l'espace de jeu. L'espace désoriente et crée un flottement[45].

Par un tel dispositif scénografique, le spectateur est situé à l'intérieur de la pièce et devient partie intégrante de ce qui se joue sur scène, car il est appelé à partager les sentiments contrastés des héros : la crainte, l'attente fébrile, la joie, le suspens, la crispation. D'autre part, en créant cette simultanéité de scènes, Mouawad parvient à constuire dans un espace fermé, « une Babel immatérielle, dont le désordre impétueux et volatile [vient] envelopper le corps des spectateurs[46]. » Ainsi, la masse confuse et contradictoire d'informations que les membres de la cellule doivent examiner, pour décoder les messages qui pourraient les aider à éviter l'attaque terroriste, est déversée sur les spectacteurs, qui partagent totalement le déséquilibre psychologique des protagonistes de la pièce.

Dans le même sillage, se pose également la pièce *Les Larmes d'Œdipe*, où nous assistons à une tentative hardie de contamination des genres, ayant pour résultat de brouiller les époques. En effet, Œdipe, désormais vieux et aveugle, se trouve sur le chemin d'Athènes, en compagnie de sa fille Antigone, juste au moment où la ville est envahie par des soulèvements populaires. Cette coexistence sur scène de personnages, appartenant à la tragédie mythologique grecque et d'autres, inscrits dans l'époque contemporaine, crée chez le lecteur et le spectateur un sentiment fort de dépaysement, dû à l'impossibilité de situer temporellement l'intrigue qui continue de basculer entre passé et présent, mythe et réalité historique, tragédie antique et drame moderne, dans un métissage temporel, et donc générique, qui constitue l'un des chiffres distinctifs de la post-modernité[47].

Dans *Rêves*, l'écrivain revient par ailleurs sur ce type de dispositif, en évoquant les divers moments de la création dramaturgique et les multiples personnages qui font surface dans l'esprit de Willem, un écrivain en mal d'histoires. Surgissent alors une série de figures qui interviennent dans la création littéraire, manifestant à la fois le chaos fécond qui précède et

---

45 Charlotte Farcet, *Postface*, dans Wajdi Mouawad, *Ciels*, *Le Sang des promesses / 4*, Montréal-Arles, Leméac/Actes Sud – Papiers, Coll. « Babel », 2009, p. 124. Le drame a été représenté pour la première fois au Festival d'Avignon de 2009.

46 *Ibid.*, p. 128.

47 Virginie Rubira, *Les Mythes dans le théâtre de Wajdi Mouawad et Caya Makhélé*, Paris, Acoria Éditions, 2014.

qui engendre l'écriture et le déchirement intérieur du héros, dont l'effort créateur ne fait que réinventer des *alter ego*, à même d'incarner ses pulsions, ses sentiments, ses questionnements profonds[48].

Il est intéressant de noter à cet égard que, exception faite pour deux d'entre eux, tous les personnages de la pièce constituent autant de figures d'un seul et même héros, qui n'est autre que le reflet de Willem. Toutefois, perdu dans ses rêves et hanté par son besoin de trouver de nouvelles sources d'inspiration, ce dernier se trouve tout à coup confronté à la réalité implacable de la mort, représentée par le suicide d'un jeune. Seul dans la douleur, provoquée par ce geste extrême de l'adolescent, Willem pourra retrouver le sens de son métier d'écrivain et, avec ce dernier, son unité intérieure, triomphant enfin de son désordre.

En démultipliant les identités du héros de *Rêves*, Mouawad réussit donc une fois de plus à véhiculer l'impression du chaos, qui préside certes au travail d'écriture, mais tout d'abord en tant que condition permanente, intrinsèquement inhérente à la vie de l'homme contemporain. Autrement dit, si la confusion et la crise constituent une phase caractéristique de la création littéraire, sans traverser laquelle on ne peut qu'aboutir à la page blanche mallarméenne, le désordre des sentiments – la rage, la colère, l'attente, la peur, la tristesse, la culpabilité, l'angoisse, le doute, l'incertitude, la duplicité, etc… – semble être l'apanage constitutif de tout individu vivant à l'heure présente. Un désordre que le créateur de *Rêves* se donne pour tâche de peindre dans ses œuvres.

Ainsi qu'on a pu le constater, en prenant en considération la plupart des œuvres de Wajdi Mouawad, le désordre constitue un élément essentiel, tant sur le plan de l'intrigue, qu'au niveau de la psychologie des personnages créés par le dramaturge. Mouawad parvient en effet à représenter ce chaos profond, par le biais de dispositifs dramaturgiques et scéniques qui manifestent et amplifient le malaise et la confusion intérieurs de ses personnages, en le transmettant à ses spectateurs, appelés à participer activement à ses drames. De telle sorte, le dramaturge réalise ce qu'on pourrait

---

48 Cet aspect est encore une fois caractéristique de la production théâtrale québécoise contemporaine, comme l'a noté à juste titre Anna Paola Mossetto, *Autorappresentazione d'autore come sogno e come progetto*, dans AA.VV., *Il Progetto e la scrittura / Le Projet et l'écriture*, Introduzione a cura di Franca Bruera, Antonella Emina, Anna Paola Mossetto, Milano, Roma, Bulzoni Editore, 2007, p. 289. En réalité, Mouawad explique clairement dans une récente interview, qu'après le succès obtenu grâce à son quatuor, il se trouvait dans un état de profonde crise spirituelle, désireux de reprendre l'écriture, mais en mal d'histoires, *cf.* Sylvain Diaz, *Avec Mouawad. Tout est écriture*, Montréal-Arles, Leméac/Actes Sud-Papiers, 2017, p. 58.

appeler "un théâtre-vérité et un théâtre de la vérité". En effet, si d'une part, le but de Mouawad est celui de demeurer strictement fidèle à la réalité contemporaine, avec ses incohérences et ses contradictions, pour en révéler la complexité constitutive, de l'autre, l'auteur semble vouloir prendre de la distance par rapport au monde qui l'entoure, dans le but d'en remettre en question l'ensemble des valeurs qu'il ne partage pas et sur lequel il ne cesse de s'interroger. Ainsi, réalisme et projection onirique, fidélité à la vie présente et détachement méditatif, *mimésis* et *sémiosis* vont de pair dans le théâtre de Wajdi Mouawad, au sein duquel l'expérimentation la plus hardie est au service d'une poétique de l'hybridation, permettant de véhiculer la condition de l'homme contemporain.

Nous reviendrons sur ces notions dans les pages conclusives du présent essai, afin de tracer les axes fondamentaux de l'esthétique théâtrale de Wajdi Mouawad, aussi bien que sa porteée novatrice. Pour l'instant, il convient d'aborder l'analyse du niveau linguistique des pièces mouawadiennes, marquées souvent par un considérable brouillage des langues.

3. La « Polyphonie vivante des vies humaines[49] »

Tous les drames de Mouawad (mais on pourrait élargir de telles remarques aux deux romans publiés par l'auteur[50]) se distinguent par un singulier mélange de codes linguistiques, servant à rendre manifeste le brouillage des langues qui caractérise la société contemporaine multiethnique et multiculturelle. Une étude minutieuse des pièces mouawadiennes s'avère par conséquent utile afin de comprendre les significations profondes que Mouawad assigne à cet enchevêtrement de langues[51].

Dans *Incendies*, la critique distingue généralement trois types de codes linguistiques qui s'alternent et se mêlent tout au long de la pièce : le québécois, employé par Jeanne et Simon, les deux protagonistes ; le français, utilisé surtout par Nawal Marwan, et l'arabe, employé par différents

---

[49] Wajdi Mouawad, *Ciels*, cit., p. 42.

[50] Il s'agit de : Wajdi Mouawad, *Visage retrouvé*, Montréal-Arles, Leméac/Actes Sud-Papiers, 2002 et *Anima*, Montréal-Arles, Leméac/Actes Sud-Papiers, 2012. Le troisième ouvrage est une histoire pour enfants.

[51] Pour tout approfondissement quant à la coexistence de la langue des animaux et du langage humain dans *Anima*, consulter : *Oralité humaine et discours animal dans* Anima, *Infra*, mais aussi Stefania Cubeddu-Proux, *Langues d'*Anima *et langue animale. Dialogue avec l'Amérique et l'Amérindien*, dans Claire Badiou-Monferran, Laurence Denooz (dir.), *Langues d'*Anima, cit., p. 161-179.

personnages. Or, le québécois est marqué par un registre linguistique et lexical, qui s'adapte à merveille à l'expression de l'aggressivité de Simon, vis-à-vis d'une mère détachée et peu chaleureuse :

> SIMON. Elle nous fera chier jusqu'au bout ! La salope ! La vieille pute ! La salope de merde ! L'enfant de chienne ! La vieille câlisse ! La vieille salope ! L'enculée de la race ! Elle nous aura vraiment fait chier jusqu'au bout ! On se disait à chaque jour depuis si longtemps elle va crever, la salope, elle arrêtera de nous emmerder la grosse tabarnak[52] !

Si le joual relève donc dans *Incendies* du langage juvénil, véhiculant l'expression de la rage qui le distingue, le français est en revanche utilisé par la seule Nawal, qui a souvent recours à un style élevé et noble, hautement lyrique, comme le montre dès le début de la pièce la lecture de son testament par l'avocat Hermile Lebel :

> Aucune pierre ne sera posée sur ma tombe
> Et mon nom gravé nulle part.
> Pas d'épitaphe pour ceux qui ne tiennent pas leurs promesses.
> Et une promesse ne fut pas tenue.
> Pas d'épitaphe pour ceux qui gardent le silence.
> Et le silence fut gardé.
> Pas de pierre
> Pas de nom sur la pierre
> Pas d'épitaphe pour un nom absent sur une pierre absente[53].

Enfin, l'arabe – employé par Nawal, par son amie Sawda et par d'autres personnages appartenant au passé de Madame Marwan – apparaît comme étant la langue de l'enfance, un code apparemment confiné dans l'oubli, et qui ressurgit pourtant à chaque étape du chemin de recouvrement de la vérité, accompli par les deux jumeaux, ainsi qu'on s'en aperçoit dans ce touchant passage où Nawal, après avoir décidé d'offrir sa vie pour sauver celle de Sawda, l'encourage à vivre coûte que coûte :

> NAWAL. Et moi et moi comment je ferai pour vivre sans toi ? Rappelle-toi le poème appris il y a longtemps, nous étions encore jeunes. Je pensais encore

52 Wajdi Mouawad, *Incendies*, cit., p. 19.

53 *Ibid.*, p. 18. Sur la portée de la parole poétique dans le théâtre de Mouawad, voir : Diane Godin, « Wajdi Mouawad et le pouvoir du verbe », *Jeu : revue de théâtre*, n° 92, 1999, p. 99-110.

retrouver mon fils. (*Elles récitent le poème* Al Atlal *en arabe*). Récite-le chaque fois que je te manquerai, et quand tu auras besoin de courage, tu réciteras l'alphabet[54].

Se configure ainsi à l'intérieur d'*Incendies* une géographie linguistique, correspondant au brassage ethnique et culturel typique du Moyen-Orient, mais dessinant parallèlement au sein de la pièce une trame de significations ultérieures, par lesquelles le désordre linguistique et le métissage qu'en dérive deviennent – paraît nous dire Mouawad – la marque de l'altérité et de la richesse qu'elle comporte. En effet, comme l'affirme Élise Montel-Hurlin, « [p]lus qu'une 'déterritorialisation' deleuzienne du langage national, […] Mouawad opère un 'cosmopolitisme' de l'écriture[55] », qui rappelle de près la prise de position de Glissant, affirmant écrire « en présence de toutes les langues du mondes », dans une ouverture totale à l'altérité[56].

Toutes différentes et parfois opposées qu'elles soient, les trois langues d'*Incendies* contribuent en effet à composer l'identité perdue de Jeanne et de Simon, ainsi que de leur noyau familial, eclaté, détruit, balayé par la guerre. Et si cette réunification a lieu, grâce au français employé par Nawal, cette langue rend possible, dans sa beauté même, la ré-union des membres de sa famille, puisque Nawal Marwan réactualise son appel à l'amour, au pardon, à la réconciliation, par le biais d'un langage hautement poétique[57].

Ainsi, comme on l'a remarqué à juste titre, le plurilinguisme observé dans *Incendies* consent « un décentrement, un mouvement linguistique et culturel, de soi vers l'Autre, pour comprendre l'Autre en même temps que pour se faire comprendre et pour comprendre. Wajdi Mouawad cherche,

---

54 *Ibid.*, p. 92. L'italique est de l'auteur.

55 Élise Montel-Hurlin, Anima, *l'animal sans elle. Wajdi Mouawad et les "jeux de langues"*, dans Claire Badiou-Monferrant, Laurence Denooz (dir.), *Langues d'*Anima, cit., p. 210.

56 Édouard Glissant, *Introduction à une poétique du divers*, Paris, Gallimard, 1996, p. 39-40 ; quant à la notion de Relation chez Glissant et chez Mouawad, consulter : Florian Alix, *Le Tragique de la relation dans* Anima. *Wajdi Mouawad au prisme d'Édouard Glissant*, dans Claire Badiou-Monferrant, Laurence Denooz (dir.), *Langues d'*Anima, cit., p. 115-129.

57 À ce sujet, Mouawad recourt en effet dans *Incendies*, à l'une des stratégies linguistiques, typiques des auteurs plurilingues, *cf.* Cécile Van den Avenne, *Écrits plurilingues*, dans Jacky Simonin, Sylvie Wharton (dir.), *Sociolinguistique du contact : Dictionnaire encyclopédique des termes et concepts*, Lyon, ENS-Éditions, 2013, p. 24-262. Voir aussi, au sujet du plurilinguisme mouawadien : Noëlle Mathis, « Écrire (entre) ses langues en atelier d'écriture. Une approche plurilingue des textes de Driss Chraïbi, Wajdi Mouawad et Nancy Houston », *Carnets*, n° 7, 2016, http://carnets.revues.org/1080 (Consulté le 14.07.2017).

à travers la langue et l'écriture des langues, à donner une 'autre possibilité' à la littérature[58]. »

L'alternance entre prose et poésie est observable également dans *Les Larmes d'Œdipe*, où les vers sont employés par les divers personnages de la pièce pour évoquer la situation de crise profonde dans laquelle se trouve la ville d'Athènes, comme si la langue poétique possédait à elle seule les moyens pour comprendre et peindre le désordre social et ses tragiques conséquences. Si Œdipe pleure sur Athènes, c'est que le lieu qui avait été le berceau même de la civilisation s'est désormais transformé en "une monstruosité[59]" qui dévore la vie des humains, en les réduisant à l'état d'aliénés. Un seul rempart existe contre la destruction de l'humanité qui est en train de se produire : c'est l'amitié, ainsi que nous l'apprenons du chant passionné de Coryphée :

> CORYPHÉE. Oh ! Comment espérer guérir
> Je me suis donné à l'amour
> Et plutôt mille fois mourir
> Que ne pas connaître l'amour
> Le pouvoir écrase toute puissance
> Amitié est seule résistance
> Amitié ! Amitié[60] !

Dans ces propos, on voit donc se profiler en filigrane la conception mouawadienne de la langue ou – pour mieux dire – des langues : si nul ne peut ignorer la pluralité linguistique dans laquelle nous sommes plongés, la Babel contemporaine[61] peut devenir l'occasion de la rencontre avec l'Autre, qui ouvre l'horizon sombre de la vie quotidienne à la joie lumineuse de l'amitié[62].

---

58 Élise Montel-Hurlin, Anima, *l'animal sans elle. Wajdi Mouawad et les "jeux de langues"*, cit., p. 213 ; voir aussi, à ce sujet : Guy Achard-Bayle, Léda Mansour, *Mise en fiction, texte et hors-texte dans* Anima, *Ibid.*, p. 71.

59 Wajdi Mouawad, *Les Larmes d'Œdipe*, cit., p. 33, où Coryphée déclare : « Il y a une monstruosité à l'entrée d'Athènes qui dévore toute vie ».

60 *Ibid.*, p. 26.

61 Au sujet de la cohabitation de langues différentes dans le deuxième roman de Mouawad, *cf.* Guy Achard-Bayle, Léda Mansour, *Mise en fiction, texte et hors-texte dans* Anima, cit., p. 71 et *sqq.*, où l'on parle en effet d'un « effet-dédale ».

62 Le thème de l'altérité parcourt toute l'œuvre de Wajdi Mouawad, attirant l'attention des critiques depuis le début de sa carrière littéraire, ainsi que le montrent plusieurs articles parus à ce sujet, dont nous ne citons que les principaux : Stéphane Lépine,

Un certain désordre linguistique est également présent dans *Temps*, où à nouveau trois langues se côtoient à l'intérieur du texte : le québécois, le russe et le langage primitif de Noëlla, qui s'apparente à celui des sourds-muets. En effet, à cause de l'handicap de Noëlla de la Forge et de la fuite d'Arkadiy, réfugié en Russie, les langues parlées par les membres de ce foyer familial se multiplient, si bien que les trois frères parlent trois idiomes différents et ont désormais besoin pour se comprendre de l'intervention de Meredith-Rose, qui assure la transmission correcte du message de l'un à l'autre, sa 'passation', comme le montre à titre d'exemple le passage suivant, où l'héroïne révèle avoir deux frères jumeaux. On notera par ailleurs, dans l'extrait cité ci-dessous, que, pour souligner la difficulté d'expression de la protagoniste de *Temps*, Mouawad rapporte les boutades de Noëlla en les fixant dans le texte, par le biais d'un caractère différent de celui des autres personnages, c'est-à-dire en majuscule et dans un *font* distinct :

> NOËLLA DE LA FORGE (*lsq*). JUMEAU… AVANT 2 PERSONNES… DEUXIÈME FALLOIR ATTENDRE… LUI COMME VENT… UN-JOUR LUI LÀ… ENSEMBLE SOUVENIR RAPPELER.
>
> MEREDITH-ROSE. Le jumeau. Ils étaient deux. Il faut attendre le second. Il est comme le vent. Il arrivera. Il arrivera et nous nous souviendrons tous ensemble[63].

Ainsi, la difficulté communicative, qui empêche Noëlla de s'exprimer de façon intelligible, ne fait que mettre en évidence la problématique essentielle de la pièce, à savoir les obstacles, pour ne pas dire le barrage parfois insurmontable, existant entre les personnages. Une incommunicabilité qui, certes, est due au premier chef aux comportements inadéquats des adultes, à leur manque de responsabilité envers leurs enfants. Une fois de plus la cohabitation de langues différentes à l'intérieur de *Temps*

« Wajdi Mouawad ou l'irruption de l'Autre », *Jeu : revue de théâtre*, n° 73, 1994, p. 80-87 ; Lucie Picard, « L'Histoire de l'autre : la guerre civile libanaise dans *Littoral* de Wajdi Mouawad et *Le Collier d'Hélène* de Carole Fréchette », *L'Annuaire théâtral*, n° 34, Automne 2003, p. 147-160 ; Yana Meerzon, « The Exilic Teens : On the Intracultural Encounters in Wajdi Mouawad's Theatre », *Theatre Research in Canada*, n° 30, Spring 2009, p. 82-110 ; Marilyn Matar, « "À la croisée des chemins, il peut y avoir l'autre". Lecture croisée de *Littoral* de Wajdi Mouawad, *Les Versets du Pardon* de Myrim Antaki, et *Palestine* de Hubert Haddad », *Contemporary French and Francophone Studies*, n° 17, 2013, p. 512-520 ; Inès Horchani, *Deux trajectoires arabo-francophones dans la littérature-monde : Amin Maalouf et Wajdi Mouawad*, dans Cécilia W. Francis, Robert Viau, *Trajectoires et dérives de la Littérature-monde : Poétiques de la relation et du divers dans les espaces francophones*, Paris, Éditions Radopi, 2016, p. 349-364.

63 Wajdi Mouawad, *Temps*, cit., p. 27. Les différents caractères employés sont de l'auteur.

sert, d'une part, à photographier la société contemporaine, marquée par un plurilinguisme indéniable et, de l'autre, à rendre manifeste l'absence paradoxale de communication entre générations diverses[64].

Dans la perspective mouawadienne, pourrait-on dire, la langue, en tant que véhicule d'appartenance socio-culturelle, peut se faire l'instrument de la compréhension réciproque entre cultures et peuples différents, mais elle peut aussi se transformer à l'occasion en une barrière presque infranchissable, séparant les individus et, tout particulièrement, les adultes et les jeunes.

C'est exactement ce qui a lieu dans *Journée de noces chez les Cromagnons*, où l'opposition générationnelle est manifestée surtout par le personnage de Neel, le frère de la mariée. Adolescent réfractaire aux conventions familiales et sociales, Neel est le seul qui semble avoir conscience de la situation réelle dans laquelle vivent les Cromagnons et dénonce ouvertement l'hypocrisie et le manque de courage de ses parents, pour qui le mariage de Nelly semble revêtir une importance plus grande que la survie même de leur famille.

Or, si, dans ce drame, nous n'assistons pas à un plurilinguisme marqué par la présence de codes linguistiques variés, force est de constater que le désordre va plutôt dans la direction de la variété linguistique, car l'arabe est comme 'apprivoisé' par le québécois. En effet, à côté de l'idiome typique de Nazha, la mère de la future mariée, et de sa voisine Souhayla – un idiome truffé de mots arabes francisés –, Neel utilise pour sa part un langage plus direct et vulgaire, presque brutal, par le biais duquel il ne cesse de soumettre à l'attention des siens la suite d'explosions qui ont lieu autour de la maison familiale. Son ironie amère vient également tisser un savoureux commentaire de ce qui se produit à l'intérieur même de son foyer. Ainsi, les bombes, tombant nombreuses autour de la maison Cromagnons, sont nommées précisément par le jeune homme, qui ne manque jamais de ridiculiser par ses propos les démarches soucieuses de sa mère :

> SOUHAYLA. Moi en ce qui me concerne je vous ai apporté ce petit quelque chose. Ce n'est pas grand chose.
>
> NAHZA. Mais il ne fallait pas ! Souhayla ! Ya aybéchoumm ! Franchement : Ya aybéchoumm ! Des béeléwas !
>
> SOUHAYLA. Rien de trop beau pour des noces. (*Explosion violente assez rapprochée.*) Mon Dieu quel orage ! Que c'est fort la nature !

---

64 Au sujet de l'incommunicabilité entre générations différentes, nous renvoyons à : Irène Roy, *Du texte en "soi" au texte "soi"*, cit., p. 29.

NEEL. Ce n'est pas un orage. C'est un 255 qui vient d'exploser dans le quartier sud. [...]

NAHZA. Ma belle Souhayla ! Ya aybéchoumm ! Tu es là pour me faire une matinité.

SOUHAYLA. Il me semble que tu as beaucoup à faire.

NEEL. Poil au derrière.

NAHZA. Il reste le gigot à préparer mais il faut attendre le retour de Néyif il est parti chercher le mouton à l'abattoir.

SOUHAYLA. Il y a sans doute autre chose à préparer.

NEEL. Poil au nez.

NAHZA. Le hoummous à écraser le baténgéne et le coussa à curer et la farce de riz pour les fourrer.

SOUHAYLA. Mettons-y nous sur le baténgéne et le coussa.

NEEL. Poil au foie[65].

Par un tel choix stylistique, où l'ironie occupe une place de choix, Mouawad parvient à exprimer, à travers la co-existence de registres linguistiques différents et de variétés sociolectales inhérentes à la langue québécoise, non seulement les difficultés communicatives des jeunes vis-à-vis de la génération des adultes, mais aussi l'énorme chaos engendré par la guerre. Les obus continuent en effet de s'abattre, et bien que les parents de Nelly s'obstinent à n'y prêter aucune attention, ils ponctuent leur dialogue en le dévidant progressivement de sa signification, jusqu'au moment terrible de la mort de Neel, qui coïncide avec le silence et avec la fin tragique de la pièce. Encore une fois le tumulte linguistique, manifesté par la cohabitation de registres linguistiques divers, n'est que le symptôme du chaos bien plus grave, provoqué par le conflit que les Cromagnons et leurs voisins s'appliquent avec tant de précaution à ignorer.

Des considérations proches de celles que nous venons d'exprimer à l'égard de *Journée de noces chez les Cromagnons*, peuvent être appliquées également au texte d'*Assoiffés*. Dans cette pièce en effet, nous n'assistons pas à un mélange de codes différents, mais plutôt à une alternance incessante entre registres linguistiques, ayant pour fonction de marquer – comme dans *Incendies* et dans *Journée de noces chez les Cromagnons* – le décalage, voire le conflit, générationnel.

---

65 Wajdi Mouawad, *Journée de noces chez les Cromagnons*, cit. p. 20-21. L'italique est de l'auteur.

À l'instar de Neel, Sylvain Murdoch incarne en effet l'adolescent révolté, incapable de s'adapter à une société adulte qui lui impose une manière de vivre, inconciliable avec son besoin radical d'authenticité. Mouawad lui prête un langage, qui s'apparente de façon indéniable à celui de Simon Marwan ou de Neel Cromagnons, mais qui apparaît, si possible, encore plus violent ; dans son parler, les expressions vulgaires, argotiques, décidément triviales s'accompagnent à d'anglicismes et à de néologismes, caractéristiques du langage des jeunes, ainsi que le montre le passage sur lequel s'ouvre la pièce :

> MURDOCH. Chaque fois que je rencontre un ami de mon père ou de ma mère, il me demande : « Comment va l'école ? » Fuck ! Y a pas que l'école ! Y a-tu quelqu'un en quelque part qui pourrait bien avoir l'amabilité de m'expliquer les raisons profondes qui poussent les amis de mes parents à être si inquiets à propos de l'école ! […] « Puis, comment va l'école ? » Je leur demande-tu, moi, comment va leur névrose, fuck ! Je veux dire que c'est pas parce que tsé que crisse ! Non, je ne me tairai pas, c'est mon droit de parler, de m'exprimer, de dire des affaires, de les articuler, et de les dire ! Mon droit ! Je m'appelle Sylvain Murdoch et parler relève de *mon* droit[66] !

On voit bien que, comme chez Simon et Neel, mais à plus forte raison chez Sylvain Murdoch, l'effervescence linguistique qui caractérise son discours est révélatrice du tumulte intérieur du personnage, déterminé à rendre manifeste son insoumission aux valeurs conventionnellement acceptées par la société environnante[67]. Ainsi, une fois de plus, le désordre se décline dans *Assoiffés* dans les termes d'une indignation, se reflétant au niveau verbal par le recours à un *slang* juvénile, marqué par un registre volontairement argotique, axé sur la parataxe, au sein duquel la forme exclamative s'avère être dominante, en ce qu'elle traduit le ryhtme saccadé du débit du héros, sa rage explosive et son profond mécontement.

Dans *Sœurs*, la confusion linguistique est amplifiée, par rapport à *Assoiffés*. Elle est obtenue à travers la coexistence de langues différentes. Si

---

66 Wajdi Mouawad, *Assoiffés*, cit., p. 7. L'italique est de l'auteur.

67 Dans sa préface à deux drames d'Anaïs Allais, Mouawad ainsi décrit les outils dont la société contemporaine se sert pour 'apprivoiser' les jeunes générations : « La peur, la terreur du lendemain sont essentiellement ses outils pour museler la puissance de la jeunesse, outils dont elle use à merveille pour bâillonner tout esprit de contestation et asseoir sa maîtrise. […] La réussite de notre époque en ce domaine est patente et, même si elle a laissé échapper quelques poissons de ses filets, il faut admettre qu'elle est parvenue à convaincre la majorité des jeunes de leur inaptitude à relever la moindre responsabilité. », Wajdi Mouawad, *Traversée de l'obscurité*, Préface à Anaïs Allais, *Le silence des chauves-souris suivi de Lubna Cadiot (x7)*, Arles, Actes Sud-Papiers, 2016, p. 5.

l'anglais et le français s'alternent sans cesse dans l'œuvre, mettant en avant la spécificité du statut bilingue canadien et sa complexité linguistique, le québécois intervient tout d'abord en relation à la figure de Geneviève Bergeron, pour signifier son malaise intérieur. Réfugiée dans la chambre d'un hôtel anonyme, à cause d'une tempête de neige, l'avocate se livre ainsi, dans la solitude, aux cauchemars qui la hantent depuis toujours : sa rage et son amertume trouvent leur canal expressif dans le joual, qui se présente alors comme la 'langue du cœur'. De même, pour Layla Bintwarda, le québécois, gardant intactes certaines expressions arabes, représente le véhicule verbal de sa renonciation à ses rêves, du sacrifice de sa jeunesse et – si l'on veut – de son échec personnel. Tant le québécois que l'arabe deviennent ainsi dans *Sœurs* ces 'langues perdues de l'enfance', traduisant le désordre et les souffrances intimes des deux protagonistes, comme l'affirme du reste avec lucidité Geneviève Bergeron : « Toi, comme moi, Layla, c'est comme être orphelines ensemble d'un mot disparu[68]. »

Cependant, Mouawad ne manque pas de faire état, dans son drame, du multiculturalisme caractéristique du Québéc, par le biais de l'intervention de langues autres que l'anglais, le français et le québécois. La société canadienne contemporaine est en effet le produit d'un métissage continuel de races, de langues et de cultures, dérivé de vagues successives d'immigration, provenant surtout de Chine et de Russie. Afin de rendre compte de cet enchevêtrement de codes linguistiques et culturels, Wajdi Mouawad a recours, dans *Sœurs*, au discours télévisé, grâce auquel des langues comme le russe, le chinois et l'arabe viennent s'interposer au québécois[69]. Ainsi, l'auteur de *Sœurs* parvient à nous offrir un tableau fidèle de la situation multilinguistique et multiculturelle du Québec contemporain, en montrant également la puissante richesse qu'un tel mélange ethnique peut offrir, en termes de rencontre avec l'Autre.

Traverser le chaos linguistique s'avère alors être une opération essentielle, aussi bien pour la compréhension de la tour de Babel dans laquelle l'homme contemporain est plongé, que pour l'appréhension de ses angoisses profondes, à l'instar du chemin accompli par les héroïnes de *Sœurs* qui, tout en appartenant à deux univers culturels bien différents, découvrent par le biais du dialogue, une affinité insoupçonnée, une véritable 'sororité', qui leur permettra d'assumer avec une énergie nouvelle les difficultés quotidiennes.

[68] Wajdi Mouawad, *Sœurs*, cit., p. 43.

[69] À propos de l'histoire linguistique canadienne et du rôle que la culture arabe y joue à l'heure présente, même au niveau de la production cinématographique, nous renvoyons à Nouri Gana, « The Poethics of Arab Canadian Literature and Film », *The New Centennial Review*, n° 2, 2009, p. 21-44.

Une autre pièce, caractérisée par un remarquable brouillage des langues, est *Ciels*. Mouawad y exploite une forme d'expérimentation linguistique encore plus poussée que celle qu'il avait utilisée dans les autres volets de sa tétralogie. En effet, en tirant parti de la provenance culturelle extrêment variée des membres de la cellule anti-terroriste et de leurs contacts avec d'autres organismes, le dramaturge présente une pluralité linguistique étonnante. Ainsi, à côté du français, apparaissent l'arabe, le hongrois, l'anglais, le russe, le polonais, l'espagnol, le japonais, jusqu'à en arriver à créer ce que que l'auteur même définit comme « une polyphonie vivante de vies humaines[70] ». Le désordre linguistique est, là encore, non seulement présent, renvoyant par là de façon emblématique à la complexité linguistique et culturelle qui distingue la société contemporaine, mais il s'avère aussi être le lieu même de la découverte du mot-clé qui permettra à la cellule de décoder les messages des terroristes.

Néanmoins, dans *Ciels*, Mouawad, en véritable fils spirituel de Claude Gauvreau, pousse encore plus loin sa recherche, quant aux limites du langage[71]. Puisque les membres de l'équipe anti-terroriste utilisent souvent des codes cryptés, Mouawad 'cache' pour ainsi dire le mot-clé, en l'inscrivant dans un texte poétique, dont le décryptage pourra se faire cependant uniquement par le biais d'un algorythme mathématique. En conséquence, si bon nombre de langues naturelles dialoguent les unes avec les autres dans la pièce, de surcroît, elles sont mises en relation avec le langage chiffré de la géométrie et de l'informatique. Par ce biais, Mouawad paraît amplifier à l'infini le domaine de la communication contemporaine, qui émerge dans son énorme puissance technologique, mais aussi dans sa terrible fragilité. Grâce à l'alliance inattendue de la poésie et des mathématiques[72], l'énigme présente dans les messages des terroristes pourra en effet être résolue. Du reste, on retrouve dans *Ciels* le recours à des caractères typographiques divers, déjà observé à propos de *Temps* :

> VOIX. HYPOTÉNUSE 29, JE RÉPÈTE, HYPOTHÉNUSE 29, JE RÉPÈTE, HYPOTHÉNUSE 29.
>
> CLÉMENT SZYMANOWSKI. Hypoténuse 29 pour le verset 29. [...]

---

70 Wajdi Mouawad, *Ciels*, cit., p. 42.

71 *Cf.* Stéphane Lépine, *Wajdi Mouawad ou l'irruption de l'Autre*, cit., p. 83.

72 Une telle alliance avait été déjà partiellement exploitée dans *Incendies*, à propos de la 'théorie des graphes' que Jeanne expliquait à ses étudiants, mais l'intervention des maths y occupait une place somme toute secondaire, par rapport à celle qu'elle occupe dans la quatrième pièce de la quadrilogie, *cf.* Wajdi Mouawad, *Incendies*, cit., p. 26-29.

> VOIX DE FEMME. *CLÉMENT SZYMANOWSKI.* 48 50 16 07 – 2 18 32 21 *UN* / 40 44 19 36 – 74 01 21 95 *DEUX* / 51 29 08 00 – 0 09 24 71 *TROIS* / 45 23 23 05 – 11 49 44 15 *QUATRE* / 59 55 28 43 – 30 15 38 33 *CINQ* / 52 29 42 62 – 13 20 02 11 *SIX* / 35 39 25 40 – 139 43 42 62 *SEPT* / 45 30 42 22 – 73 37 20 12 *HUIT*
>
> CLÉMENT SZYMANOWSKI. Huit longitudes et huit latitudes, exprimées en heures-degrés-minutes-secondes, indiquant les bordures de huit villes appartenant aux huit pays les plus riches de la planète. Paris, New York, Londres, Padoue, Saint-Pétersbourg, Berlin, Tokyo, Montréal. Pour Valéry, il ne fait aucun doute que ce sont là les cibles de l'attentat[73].

Ainsi la poésie est soumise, dans le quatrième volet du quatuor mouawadien, à un questionnement radical. En effet, bien que dans la Babel des langues qui distingue l'univers contemporain, le décodage, l'interprétation, la traduction et la littérature permettent un transfert d'informations, essentiel à la cohabitation pacifique des peuples et, partant, à la survie même de l'humanité, il demeure pourtant vrai que, dans le drame, la poésie ne parvient pas à éviter l'attaque terroriste et à épargner en conséquence des vies humaines. Car, bien que la poésie offre une possibilité inégalable de comprendre le malaise profond qui caractérise la société actuelle, et par là même de le prévenir, elle n'arrive pas pour autant à fournir une réponse définitive qui puisse garantir le salut de l'homme contemporain[74].

Une conclusion analogue peut être tirée de *Rêves*. La nuit cauchemardesque que Willem passe dans la chambre d'un hôtel semi-désert est peuplée de divers personnages, sortis de son imagination, demandant à l'écrivain de trouver leur place dans une histoire. C'est alors que la douleur des différents Soulaymâân – autant d'*alter ego* du héros –, se heurte à la réalité incandescente, aussi violente qu'inattendue, de la souffrance vécue par l'hôtelière, trop poignante pour être avouée, trop grande pour être exprimée. Le désordre est donc véhiculé dans cette pièce, non à travers un métissage linguistique, comme celui que l'on vient de décrire à propos de *Ciels*, mais plutôt par l'exploitation des décalages de registres linguistiques, selon une technique déjà utilisée par Mouawad dans *Journée de noces chez les Cromagnons*.

Plus spécifiquement, le dramaturge assigne à certains personnages, tels que la Femme immobile, la Femme décharnée ou l'Homme écroulé, un

---

73 Wajdi Mouawad, *Ciels*, cit., p. 79. Les caractères différents sont de l'auteur.

74 C'est d'ailleurs ce que Mouawad a souvent rappelé dans ses interviews, *cf.* Jean-François Côté, *Architecture d'un marcheur. Entretiens avec Wajdi Mouawad*, Ottawa, Leméac, Coll. « L'Écritoire », 2005, p. 16-17.

registre nettement lyrique, ayant la fonction de manifester les états d'âme de chacun d'eux, alors que le québécois est plutôt réservé aux échanges verbaux du quotidien, dans un significatif renversement de perspective par rapport à ce qui se réalise dans *Sœurs*, ainsi qu'on peut le constater dans le passage ci-dessous :

> FEMME IMMOBILE. Ce n'est pas Soulaymââ n qui se lève,
> C'est la route !
> La route est partie !
> La ville avance de se immeubles et me quitte,
> Les herbes se sont mises en marche,
> Les rochers me quittent à leur tour
> Et la terre s'évade,
> M'échappe et me fuit !
> Et l'univers poursuit sa route ! [...]
> L'existence est partie.
> Solitaire, mon cœur reste.
> Il flotte immobile au milieu de rien,
> Mon cœur mis à nu,
> Mon cœur bat de peur[75].

On le voit : la langue poétique est ici au service de la peinture d'un univers intérieur, marqué par la tristesse, l'amertume, la solitude et la peur. En conséquence, il semble bien que l'utilisation du registre quotidien ne soit pas innocente dans *Rêves*, dans la mesure où c'est précisément la rencontre avec la douleur de l'Autre – la douleur de l'homme et de la femme ordinaires, incarnée par la figure de l'Hôtelière – que Mouawad veut exalter pour répondre à la question cruciale du sens de l'écriture. Dès lors, cette dernière devient non seulement l'instrument de la quête de soi et de ses fantasmes, mais à plus forte raison le moyen de la prise en compte de l'Autre et de son fardeau existentiel, quels que soient sa langue et sa provenance culturelle.

Dans cette perspective, le parti pris mouawadien s'avère être nettement universel. C'est pourquoi, si la poésie perce au fond de la douleur humaine, en en cueillant les nuances le plus subtiles et secrètes, la tâche de tout écrivain devient alors, comme pour Willem, celle d'en témoigner :

---

75 Wajdi Mouawad, *Rêves*, Montréal-Arles, Leméac/Actes Sud-Papiers, 2002, p. 42.

WILLEM. Je la regarde [la mer] et je reconnais en elle
Tout ce qui fait ma propre architecture ;
Son chaos et sa beauté
Me rappellent les pulsions de mon coœur ! [...]
Et j'écris, [...]
J'écris toute la douleur dont je peux témoigner[76].

Comme on a pu le constater, le désordre est présent au niveau linguistique dans pratiquement toute la production théâtrale de Wajdi Mouawad, à l'intérieur de laquelle il trouve des manifestations différentes. Du brassage des langues, pour rendre compte de la complexité du monde contemporain et de sa Babel linguistique, on assiste, dans certaines pièces, à une alternance de registres linguistiques au sein du même code, dont la fonction est d'exprimer le décalage existant entre la 'langue du cœur' et de l'innocence perdue, et la langue brutale, celle que l'on emploie au quotidien dans un seul but communicatif et commercial.

Il faut bien l'avouer : au sein du théâtre de Mouawad, cette hybridité d'idiomes et de registres linguistiques manifeste à merveille la confusion et la complexité du monde contemporain, où la fréquence et la rapidité des messages contribuent largement à l'absence de clarté qui les distinguent, ainsi qu'à la désorientation des individus. Un tel chaos communicatif est du reste amplifié, à l'heure présente, par l'emploi massif des nouvelles technologies, auxquelles Mouawad ne manque pas d'avoir recours dans ses pièces, en parvenant à un singulier brouillage de codes sémiotiques et de médias, comme on essaiera de le montrer dans les pages suivantes.

4. « Une Babel immatérielle[77] »

Le premier drame mouawadien, dans lequel on assiste à une certaine mixité des codes sémiotiques et des outils médiatiques, est sans aucun doute *Incendies*. Wajdi Mouawad y fait intervenir en effet l'écriture, le chant, la photographie, les maths, la littérature, le théâtre et même, subrepticement, le cirque.

Après avoir assisté avec Simon à la lecture du testament de sa mère, Jeanne Marwan décide de se mettre sur les traces de l'infirmier qui avait pris soin de Nawal au cours des dernières années de sa maladie. Sans savoir

[76] *Ibid.*, p. 64.
[77] Charlotte Farcet, *Postface*, cit., p. 128.

vraiment pourquoi, Antoine, frappé par le mutisme obstiné de la malade, s'était mis à l'enregistrer, persuadé que tôt ou tard elle aurait pris la parole. Ce sont bien ces enregistrements, que par respect il n'a jamais écoutés, qu'il confie à Jeanne, dans l'espoir de l'aider à recomposer la mosaïque énigmatique du passé de sa mère. L'infirmier lui montre également une photo de Nawal en compagnie de Sawda, ce qui décidera la jeune mathématicienne à se rendre au Liban, parcourant à son tour les étapes du chemin douloureux accompli par sa mère[78].

Le procédé dramaturgique de l'enregistrement sur cassette et le recours à la photographie constituent donc autant de dispositifs dramaturgiques, auxquels Mouawad recourt, tant pour donner impulsion à la progression de l'intrigue, que pour représenter la réalité extrêment composite dans laquelle nous vivons, où l'information exploite des canaux communicatifs disparates, décuplés par les nouvelles technologies.

Dans la deuxième pièce de la tétralogie, Mouawad a recours plus amplement à l'amalgame des codes sémiotiques, en utilisant le chant, en tant que véhicule de signification. Si en fait Nawal, pendant son emprisonnement à Kfar-Rayat, avait utilisé le chant pour résister aux abus et aux tortures auxquels elle avait été condamnée[79], le chant revient aussi en relation au personnage de Nihad, le fils perdu que Nawal ne cessera de chercher tout au long de sa vie.

Ayant été élevé dans un orphelinat, le jeune homme s'est adonné à la guerre, devenant un tireur tellement habile qu'il a fait de sa khalashnikov sa compagne inséparable, l'employant même à l'instar d'une guitare. Mais sa passion demeure le chant, fragile fil qui le relie incosciemment à la mère qu'il n'a jamais connue. Voilà ce qu'il en est dans la didascalie de la scene 31, significativement intitulée *L'homme qui joue :*

> *Un jeune homme en haut d'un immeuble.*
>
> *Seul. Walkman (modèle 1980) sur les oreilles.*
>
> *Fusil à lunettes en guise de guitare, il interprète avec passion les premiers accords de* The Logical Song *de Supertramp.* [...]
>
> *Lorsque sa chanson débute, son fusil passe du statut de guitare à celui de micro.* [...] *Soudain, son attention est attirée par quelque chose au loin.*
>
> *Il épaule son fusil, rapidement, vise tout en continuant à chanter.*
>
> *Il tire un coup, recharge très rapidement*[80].

---

78 Rainier Grutman, Heba Alah Ghadie, « *Incendies*, les méandres de la mémoire », *Neohelicon*, n° 1, 2006, p. 98.

79 *Cf. Vers un nouvel humanisme, Infra.*

80 *Ibid.*, p. 107. L'italique est de l'auteur.

Le personnage de Nihad nous révèle alors, par l'emploi de la musique et de la chanson, la monstrueuse déshumanisation à laquelle il est parvenu : le chant n'est plus, comme chez Nawal, l'instrument de la victoire sur les aberrations de la guerre, mais le symptôme d'une aliénation totale, d'autant plus inquiétante qu'elle relève d'une schizophrénie à la fois psychique, linguistique et socio-culturelle. Si Nihad parle et chante en anglais, en français et en arabe, sa seule parole est – pourrait-on dire – « mort », car la violence la plus bestiale, à laquelle il a été formé par la guerre, est devenue son legs et son identité même, celle d'un enfant sans origine et sans nom[81].

Mouawad utilise donc dans *Incendies* un ensemble de codes sémiotiques et médiatiques divers – photographie, enregistrement sur cassette, chant, musique, poésie – qui, tout en mettant en relief la complexité et la ségmentation communicative de la réalité contemporaine, font simultanément émerger la nature précaire, fragmentaire, douteuse de la vérité, comme si le sujet, étourdi par le bombardement des messages, provenant de sources multiples, demeure tragiquement et paradoxalement orphelin du sens. Mais, comme le montre le personnage de Nihad, cette impossibilité pour l'individu de comprendre et de se comprendre risque de le plonger fatalement dans l'inhumain.

Dans *Incendies* la mixité des moyens de communication, dont le dramaturge se sert, contribue à véhiculer le déséquilibre intérieur des personnages, leurs difficultés dans le recouvrement de l'histoire, qui s'avère à son tour désordonnée, insaisissable, problématique, ainsi que la Babel de messages, caractéristique de la société contemporaine.

Le seul instrument s'offrant à l'homme, tel un indice du chemin à suivre, est, semble nous suggérer Mouawad, l'art qui, comme le chant pour l'enfant perdu de Nawal, ne cesse de constituer ce cordon souterrain – véritable fil d'Arianne et vestige d'une harmonie perdue –, à même de conduire l'individu, à travers l'obscur labyrinthe de son existence.

À vrai dire, avant la composition du chef-d'œuvre qu'est *Incendies*, Mouawad avait déjà expérimenté une forme d'hybridité des codes sémiotiques et des médias dans *Seuls*, où peinture, écriture, photographie, *body art*, littérature et théâtre, rejoints par internet, les répondeurs téléphoniques, la radio, les téléphones cellulaires et même les photomatons,

---

81 *Cf.* à ce sujet : Lydie Parisse, *Œdipe par temps de catastrophe :* Incendies, *de Wajdi Mouawad*, dans Murielle Lucie Clément, Sabine van Wesemael (dir.), *Relations familiales dans les littératures française et francophone des XXe et XXIe siècles. La figure de la mère*, cit., 2008, p. 340.

concourent à fonder une œuvre absolument singulière, qui bien que n'ambitionnant pas à la définition classique de « pièce de théâtre », constitue un véritable « spectacle de théâtre », ainsi que Wajdi Mouawad l'avoue d'ailleurs[82] et ainsi qu'il le jouera lui-même[83].

Le texte livré par l'auteur en fournit du reste à chaque page le témoignage irréfutable, puisque des reproductions de tableaux, ainsi que des photos, des dessins, des fragments de manuscrits, et jusqu'aux images de la représentation théâtrale, sont interposés, dans les deux parties de l'ouvrage, à des bribes de textes littéraires, sans aucune solution de continuité, dans une circulation transémiotique, transgénérique et transculturelle permanente[84], comme en témoigne l'extrait ci-dessous :

> 03. Internet
>
> A. WWW.EXMACHINA.QC.CA
>
> *Harwan, téléphone cellulaire à l'oreille.*
>
> HARWAN. Arrivé à Saint-Pétersbourg, à quinze heures / Macha Skocnimreva / Hôtel Baltikskaïa / Je peux payer / [...] C'est une ville qui fait rêver[85].

Néanmoins une telle hybridité se rattache dans *Seuls* à la quête identitaire du héros auto-fictif Harwan, soucieux de reconstruire et d'appréhender, à l'exemple des jumeaux Marwan, son histoire, comme celle de sa famille et du peuple libanais. La condition d'exil du héros, sa relation difficile avec son père, les échecs réitérés, tant dans la rédaction de sa thèse, que dans ses contacts avec Robert Lepage, mais surtout son coma, le situant entre la vie et la mort, deviennent alors emblématiques de la condition de l'homme contemporain, dramatiquement à la recherche de cette origine perdue, à même de revigorer l'existence en lui conférant son sens et sa saveur.

Par conséquent, l'hybridation des genres, des codes sémiotiques et des médias, que Mouawad a apprise entre autres du théâtre expérimental

---

82 Wajdi Mouawad, *Seuls*, cit., p. 11.

83 À peine nommé Directeur du Théâtre National de la Colline, en avril 2016, Wajdi Mouawad met en scène et joue en effet personnellement *Seuls*, au cours de la saison théâtrale 2016-2107, *cf.* http://www.colline.fr/fr/spectacles-saison-16-17 (Consulté le 20.06.2018).

84 Dominique D. Fisher, *Détours, nouvelles "polyphonies". Le cas de* Seuls *de Wajdi Mouawad*, dans Lise Gauvin, Cécile Van den Avenne, Véronique Corinus, *et al.*, *Littératures francophones. Europe et Amérique du Nord*, Paris, ENS Éditions, 2015, p. 77-90.

85 Wajdi Mouawad, *Seuls*, cit., p. 140. Les différents caractères sont de l'auteur.

de Robert Lepage, s'avère d'autant plus significative dans *Seuls*, qu'elle véhicule symboliquement, avec le désarroi du protagoniste et sa solitude extrême, l'effort parfois déréglé de l'homme pour retrouver, dans la Babel actuelle, « le chemin du Fils Prodigue », celui qui le conduirait à la maison paternelle, à l'abri, au salut[86]. C'est bien le message ultime que Mouawad confie à son spectacle, lequel ne prend forme qu'à partir du célèbre *Retour du Fils Prodigue* (1666) de Rembrandt qui en a inspiré la création, le même tableau qu'Harwan va contempler au musée de l'Ermitage de Saint-Pétersbourg et dont l'image est projetée maintes fois au cours du spectacle.

Mais retrouver le chemin de la maison paternelle coïncide avec le recouvrement de l'identité et c'est précisément cet élément qui éloigne Mouawad de Robert Lepage, car pour l'exilé qu'est Mouawad, la question identitaire ne peut que se poser dans les termes d'une crise d'identité, ou mieux encore, dans les termes d'une identité divisée, comme le suggère du reste le pluriel du titre *Seuls*, alors que pour Lepage elle émerge comme une donnée plurielle et fluctuante, comme une découverte du monde et non comme un retour à l'origine[87].

Quoi qu'il en soit, force est de constater que, sur la confusion qui règne à l'heure présente, tant dans la vie individuelle que dans la société médiatique, la seule activité qui paraît aider l'homme à remonter à ses racines est bien, une fois de plus, l'art et, en l'occurrence, la peinture. Liée à l'enfance oubliée d'Harwan, la peinture est en effet au centre de son histoire subjective, car elle le conduit, par l'intermédiaire du tableau de Rembrandt, à prendre conscience de la déterritorialisation et de la blessure provoquées chez lui par la guerre. En même temps, elle devient l'objet de l'expérimentation théâtrale, dans la mesure où le héros y a recours sur la scène : il peint le décor et arrive jusqu'à peindre son corps, comme si la peinture pouvait ranimer la chair languissante d'Harwan. D'ailleurs, la couleur que le protagoniste de *Seuls* utilise dans son onirique tentative de sortir du coma est bien le rouge, associé dans l'imaginaire collectif à la vie, à la passion, au sang. La peinture paraît donc assurer au héros mouawadien, avec le retour aux racines oubliées, une possibilité de vie insoupçonnée,

---

86 Consulter à cet égard : Virgina Preston, « Imag/ing Theatre in Wajdi Mouawad's *Seuls* », *Theatre Forum*, n° 35, 2009, p. 17-25, mais aussi : Georges Leroux, « On the trail of the prodigal son », *Queen's Quarterly*, n° 22, March 2009, https://www.thefreelibrary.com/_/print/PrintArticle.aspx?id=200424270 (Consulté le 09.07.2017).

87 Dominique D. Fisher, *Détours, nouvelles "polyphonies". Le cas de* Seuls *de Wajdi Mouawad*, cit., p. 79. Sur la création de *Seuls*, voir aussi le témoignage passionnant de Désirée Meunier dans *Les Tigres de Wajdi Mouawad*, n° 14, « Les Carnets du Grand T », Nantes, Editions joca seria, 2009, p. 15-25.

comme le montre bien le final de la pièce, où Harwan pénètre littéralement dans la toile de Rembrandt.

D. LE LIEU DU PEINTRE
Il saisit le couteau.
Il fissure la paroi.
Il grimpe dans la peinture.
Harwan traverse les couleurs.
Harwan est à présent dans le ventre du tableau.
Il est à jamais dans son cadre[88].

Cependant, en apparaissant sur la scène, la peinture devient également l'objet du spectacle théâtral, dans une forme de "mise en abyme" circulaire qui ne fait que renforcer la puissance foncière du théâtre, à même de subsumer tout art[89]. Par cette voie, Mouawad s'inscrit de toute évidence dans le sillage d'Antonin Artaud, pour qui la peinture constituait l'essence même du théâtre[90]. Il va cependant plus loin qu'Artaud, car la peinture est, dans *Seuls*, au service de la quête de sens du sujet, pour lequel elle représente – on l'a vu – une sorte de ventre maternel, accueillant l'enfant perdu.

Ainsi, dans *Seuls*, écriture, dessin, photographie, peinture, *body art*, internet, téléphone, photomaton s'allient dans un singulier mélange, pour donner naissance à un théâtre où, tant le déséquilibre mental et physique du sujet, que le brouhaha communicatif de l'époque contemporaine trouvent leur expression la plus complète, en accompagnant de manière significative la quête identitaire du héros[91].

Dans *Sœurs*, Mouawad exploite également sur la scène les nouvelles technologies. Bien que toute la pièce se déroule dans le même lieu, à savoir la chambre d'hôtel louée par Geneviève Bergeron sur la route d'Ottawa à Montréal, tout se passe comme si les objets qui entourent la protagoniste étaient doués de la capacité de dialoguer avec l'être humain. C'est le cas de cette chambre d'hôtel, dont l'équipement hyper-technologique oblige

---

88 Wajdi Moauawad, *Seuls*, cit., p. 184. L'italique est de l'auteur.

89 Consulter à cet égard le très intéressant essai de Tatiana Burtin, « Interartialité et remédiation scénique de la peinture », *Intermédialités*, n° 12, 2008, p. 67-93.

90 Antonin Artaud, *Le Théâtre et son Double : suivi de Séraphin*, Paris, Gallimard, 1985.

91 C'est ce que Mouawad affirme dans *Le Sang des promesses. Puzzle, racines, et rhizomes*, Arles, Actes Sud, 2009 : « JOUER, ce qui s'appelle jouer. Aller jouer au théâtre procède de la même nécessité de redonner un sens à ce qui n'en a pas », *Ibid.*, p. 44. Les majuscules sont de Mouawad.

l'avocate à interagir avec l'espace environnant, en donnant des ordres uniquement en anglais[92].

Par le simulacre de dialogue que Geneviève est contrainte à entamer avec les éléments de l'ameublement, Mouawad montre ouvertement combien la technologie a désormais envahi la vie quotidienne de l'homme contemporain qui apparaît soumis, voire assujetti, à la puissance prépotente et aveugle de la machine, dont on a fait une sorte de substitut de l'humain. Ce qui nous frappe, ce sont la fixité et l'extrême froideur émanant des différents outils auxquels Geneviève a recours. Ainsi, par exemple, à l'instant même où l'avocate traverse une crise morale violente, le réfrigérateur assiste dans l'indifférence la plus totale à l'expression de son malaise :

> RÉFRIGÉRATEUR. Un paquet de peanuts Humpty Dumpty à six dollars et quatre-vingt-dix-neuf cents à été directement facturé sur votre compte.
>
> *Elle vide le réfrigérateur du reste de son contenu.*
> *Elle arrose les murs.*
> *Elle lacère les murs.*
>
> RÉFRIGÉRATEUR. Une bouteille de whisky à douze dollars et quatre-vingt-dix-neuf cents / Une bouteille de gin à douze dollars et quatre-vingt-dix-neuf cents / Une bouteille de vodka à douze dollars et quatre-vingt-dix-neuf cents / Une bouteille de vodka à douze dollars et quatre-vingt-dix-neuf cents / [...] Un sac de croustilles à l'ail biologique à quatre dollars et cinquante-huit cents[93].

Par une telle option dramaturgique, en vertu de laquelle les différents médias acquièrent en partie le statut de personnages, Mouawad parvient donc à fournir une représentation de la 'jungle médiatique' dans laquelle l'individu est plongé à l'heure actuelle, où la technologie, s'offrant en tant que moyen de facilitation de la vie pratique et précieuse compagne du quotidien, s'avère en revanche un instrument vide, aveugle, incapable surtout de fournir au sujet la chaleur, la douceur, l'intime compréhension dont il a besoin. Dans cet univers peuplé de machines, l'homme demeure donc dramatiquement, radicalement seul. Ce n'est que la rencontre avec l'Autre, dans sa diversité et dans son authenticité, qui devient la source d'une compréhension inattendue, d'une amitié tendre, respectueuse, accueillante, permettant à l'individu de se réconcilier avec son passé, pour recommencer à vivre, comme le montre bien le final de *Sœurs* :

---

92 Wajdi Mouawad, *Sœurs*, cit., p. 18.

93 *Ibid.*, p. 30. L'italique est de l'auteur.

> GENEVIÈVE BERGERON. Maman c'est Geneviève, écoute y est encore tôt, je sais que tu dors encore mais je voulais te souhaiter un beau voyage. [...] Maman, je voulais te dire que tu avais raison. Quand tu as prononcé le mot exil, tu avais raison. C'était un exil. C'était une catastrophe. Tu avais raison et j'entends ta colère maman. [...] je voulais te dire aussi, maman, que ce n'est pas parce que la corde de ta guitare se casse que tu ne peux pas te trouver un violoncelle quelque part pour continuer à vivre et savoir ça, ça permet de continuer à résister. Je voulais te le dire. Je t'embrasse, maman. Je t'aime[94].

Or, la pièce mouawadienne où, sans l'ombre d'un doute, l'hybridité sémiotique et médiatique est la plus marquée, est *Ciels*, comme en témoigne Charlotte Farcet dans la *Postface* du texte. En décrivant les différentes étapes de la rédaction du drame, l'amie et collaboratrice de longue date de Mouawad met l'accent en effet sur la multiplicité des moyens dont le dramaturge a fait usage, afin de manifester la « forme plurielle, polyphonique[95] » de l'œuvre, dont la complexité a demandé de la part de l'auteur un exercice de 'dissociation des écritures'. Ainsi, chaque composante sémiotique et médiatique de *Ciels* a été traitée d'abord séparément, pour être ensuite intégrée à l'ensemble.

Au cœur des préoccupations de Mouawad – affirme Farcet – se trouvait le son, étant donné que l'intrigue de *Ciels* tourne entièrement autour du décryptage des messages codés et enregistrés par la cellule anti-terroriste. Afin de reproduire la « Babel immatérielle, dont le désordre impétueux et volatile viendrait envelopper le corps des spectateurs[96] », l'auteur organise alors, avec l'aide de Michel Maurer et François Ismert, une série de rencontres avec des gens d'âges, de sexes et de nationalités différents, dans le but de recueillir, dans les diverses langues maternelles de leurs interlocuteurs, leurs impressions, leurs craintes, leurs rêves, leurs promesses et leurs souvenirs d'enfance, ce qui permettra à Mouawad et à ses collaborateurs de recueillir un matériel considérable.

À côté de ces enregistrements, le dramaturge procède également à « glaner des ambiances sonores, des conversations échappées, brouhaha, éclats, mots perdus, révélant l'humeur d'une rue, d'une ville, d'un instant[97] », si bien que le recours à l'appareil enregistreur devient fondamental pour l'échafaudage même de la pièce et son créateur en tirera parti pour

94 *Ibid.*, p. 50-51.
95 Charlotte Farcet, *Postface*, cit., p. 127.
96 *Ibid.*, p. 128.
97 *Ibid.*, p. 128-129.

élaborer ce qu'il appellera les « Rhizomes des vies invisibles », ainsi décrits dans les didascalies :

> *Interceptions de tranches de vies formant un labyrinthe sonore où des conversations indépendantes se croisent et s'entrecroisent*[98].

Et encore :

> *Chaos de langues, de paroles, d'intimités,*
> *Interceptées, scannées, classées.*
> *Un magma qui dure.*
> *Un signal. Une voix est repérée.*
> *Décodées, syntonisée, clarifiée*
> *Elle surgit*[99].

On voit donc que l'hybridité et la mixité, tant des médias que des messages, est sciemment choisie par Wajdi Mouawad, dans l'intention de fournir une représentation la plus fidèle possible du désordre communicatif qui caractérise notre époque et qui se trouve décuplé à l'intérieur de la cellule.

Toutefois, parallèlement à ce genre de médias, Mouawad focalise encore une fois l'écriture poétique dans sa spécificité de code littéraire : c'est pourquoi il travaille patiemment la partition sonore du personnage d'Anatole pour faire de ce héros un poète, mais un poète déchiré dans sa révolte. En effet, ce sera le langage poétique d'Anatole qui formulera le message secret donnant le signal à l'action terroriste.

Il convient de souligner cependant que, dans *Ciels*, la poésie trouve son prolongement idéal dans la musique, intervenant dans les pauses de l'action pour véhiculer l'émotion, le silence, le sentiment d'attente qui pèse sur les membres de la cellule. Là encore, le choix d'instruments disparates a pour fonction de créer une tension profonde au sein de la pièce, mettant en relief la menace imminente de l'attentat : « Doute, trouble, chagrin sont en partie portés par la musique, tel un contrepoint[100] ».

Mêmes observations à propos du rôle que l'image acquiert dans cette pièce, où viennent se superposer, « sans ordre ni hiérarchie[101] », les médias

---

98 *Ibid.*, p. 21. L'italique est de l'auteur.
99 *Ibid.*, p. 15. L'italique est de l'auteur.
100 *Ibid.*, p. 131.
101 *Ibid.*

et les codes sémiotiques les plus variés, tels la vidéoconférence, la lettre testamentaire, le diaporama, la chute des mots, transformant la scène en un écran immense, comme l'atteste encore Charlotte Farcet :

> Vaste page blanche, l'espace offrait des surfaces et des échelles de projection très variées, susceptibles de créer des sensations différentes, d'un rapport quotidien à cinématographique en passant par celui de l'expérience sensible. Tout était écran, de l'objet réaliste d'un ordinateur, d'une télévision, aux murs, la structure de la nef, jusqu'aux corps des acteurs et des spectateurs[102].

Par le recours à cette multiplicité de codes artistiques et de moyens technologiques – cinéma, poésie, vidéoconférence, peinture, diaporama, photographie, internet, etc… –, l'auteur de *Ciels* parvient donc à recréer sur les planches l'hybridité communicative extrême qui distingue le monde contemporain, mais surtout à rendre compte de l'état d'angoisse, de précarité, de danger qui investit l'individu à l'heure actuelle. En effet, à l'instar des protagonistes de *Ciels*, l'homme contemporain, étourdi par le bombardement médiatique dont il est la victime, y ressent tout de même obscurément la menace de la mort, une menace que, malgré la puissance technologique dont il dispose, il n'arrive pourtant pas à conjurer définitivement.

5. Une poétique du désordre ?

Après avoir pris en considération les différentes manières par lesquelles se manifeste le désordre au sein de la production théâtrale de Wajdi Mouawad, il est temps de se demander quelle est la fonction que cet aspect recouvre au sein de l'esthétique mouawadienne.

Le désordre représente une constante de l'œuvre de Wajdi Mouawad, où il apparaît – on l'a vu – pratiquement à tous les niveaux et sous des formes disparates. Les personnages sortis de la plume du dramaturge dénoncent en effet un malaise intérieur qui s'exprime, tantôt dans les termes d'un déséquilibre physique et psychologique, arrivant même à frôler le pathologique, tantôt dans les termes d'une quête identitaire, qui pousse les personnages à redécouvrir des fragments oubliés de leur histoire, tantôt encore dans les termes d'un conflit générationnel, qui oppose les jeunes au monde des adultes.

---

102 *Ibid.*

Toutefois, s'il existe dans le théâtre mouawadien un thème fondamental, autour duquel se cristallisent une série de motifs mineurs, celui-ci est assurément constitué par la guerre, présente dans la plupart des pièces de Mouawad. Et à cet égard, la guerre du Liban, revenant en filigrane dans les drames de l'auteur, a conduit les critiques à y voir une donnée obsessionnelle, liée à son expérience autobiographique. Cependant, force est de constater que Mouawad traite, ou tout au moins fait allusion, à d'autres conflits, survenus à des époques différentes : la Deuxième Guerre mondiale, les récents soulèvements populaires en Grèce, les attentats terroristes qui depuis plusieurs décennies ensanglantent la planète, mais aussi les divers épisodes ayant montré l'opposition des Amérindiens au gouvernement canadien, ou encore la guerre en Irak, etc… Tout se passe donc comme si la rivalité libanaise et plus généralement moyen-orientale, qui demeure au centre de l'intérêt mouawadien, exprimait de façon emblématique toutes les hostilités de la terre, car l'intérêt de Mouawad porte non pas tant sur la compréhension de la guerre du Liban en soi, mais sur la multiplicité des facteurs qui interviennent dans l'état de belligérance, ainsi qu'à leur complexe interconnexion.

Or, dans le théâtre mouawadien, la guerre apparaît tout d'abord dans ses conséquences tragiques. Elle y est la cause principale de l'éclatement des noyaux familiaux, trop souvent pulvérisés par l'expérience de l'exil, qui a déraciné les individus de leur terre natale et de leur culture d'origine, les condamnant à un sentiment de perpétuelle étrangeté, difficile, si ce n'est impossible, à assumer. Et si la guerre se traduit par le chaos et la destruction, elle ne constitue pas moins, au sein de la production de Wajdi Mouawad, l'origine de la plupart des bouleversements et des traumatismes sociaux qui travaillent, tant l'histoire des civilisations que l'heure présente. C'est pourquoi le désordre, qui constitue la manifestation la plus claire de l'état de belligérance, est omniprésent dans l'œuvre mouawadienne.

Néanmoins, le manque d'ordre et d'harmonie se manifeste dans l'œuvre mouawadienne, même sous la forme d'un malaise subjectif, souvent lié à la création artistique qui est focalisée dans bon nombre des pièces prises en compte. Et c'est là que le désordre semble constituer une donnée inévitable du parcours créatif, qui tire son sens précisément de l'appréhension du chaos moral et psychologique caractéristique de l'homme contemporain, dont il fournit une image fidèle, dans une tension permanente à faire de chaque pièce le lieu de la quête du sens. Comme si, aux yeux de Mouawad, on ne pouvait créer, sans traverser l'horreur et la douleur qui nous entourent et qui souvent nous oppriment.

Loin de constituer le but du théâtre de Wajdi Mouawad, à l'imitation des avant-gardes du début du XXe siècle – tel Dada – le désordre apparaît dès lors, au sein de l'esthétique mouawadienne, en tant qu'effort de représentation de la réalité dans ses aspects les plus violents, se rapprochant plutôt du « théâtre de la cruauté » d'Artaud.

Mais ne pourrait-on pas voir dans la production dramatique mouawadienne un simple instrument de dénonciation de la guerre et de contestation sociale, à la manière de Brecht ou même de Beckett ?

La situation nous paraît plus complexe et plus nuancée. En effet, quoiqu'on ne puisse nier que la production théâtrale mouawadienne soit traversée par une volonté puissante de dénoncer, avec l'absurdité de la guerre, l'injustice foncière du système de valeurs qui caractérise la société contemporaine[103], en ce qu'elle nie toute aspiration individuelle à l'innocence et à l'expression authentique de soi, le désordre n'y assume pas une valeur seulement négative, mais paraît même y revêtir une valence positive.

En observant de près l'œuvre théâtrale de Mouawad, on constate que le désordre y acquiert la forme de l'hybridation et du métissage des races, des cultures, des langues. Or, une telle contamination, loin de représenter uniquement un facteur déstabilisateur, constitue en revanche pour l'auteur de la quadrilogie une possibilité inéliminable de dialogue, entre sujets provenant de contextes ethniques, linguistiques et culturels éloignés. Autrement dit, véritable Babel de langues et de cultures, la société contemporaine favorise de fait, précisément en raison de cette cohabitation confuse qui la distingue, la rencontre de l'Autre, qui se révèle souvent comme une richesse insoupçonnée, ainsi que nous l'apprenons du discours de présentation de la saison 2016-2017, tenu par Mouawad le 30 mai 2016, juste après avoir été nommé Directeur du Théâtre national de la Colline :

> *Rencontre.*
>
> *Rencontre* comme le mot *Curiosité*. Comme le mot *Étranger*. Comme le mot *Autre*. Comme le mot *Inquiétant* comme le mot *Différent*. *Déstabilisant*. Le mot *Rencontre* englobe tous ces mots car *Rencontre* exige un dépassement. La rencontre est inconfortable puisqu'on ne rencontre que ce qui nous est étranger. Inconnu. Rencontre n'est pas retrouvaille et l'on ne retrouve que ce que l'on a déjà connu. Ce mot-là, *Rencontre*, je le pose, là, au milieu de nous. À chacun de choisir s'il veut s'en saisir ou non. S'en saisir, c'est accepter de se lever de sa chaise, c'est accepter de faire un effort. C'est donc accepter de s'engager parce que l'on se sent responsable, parce que c'est précisément ce

[103] Ainsi que le rappelle poétiquement Mouawad dans *Le Poisson soi* : « Nous ne sommes rien. / C'est ce qui nous bouleverse qui est tout. », *Ibid.*, *Le Poisson soi*, cit., p. 81.

> que nous pouvons essayer d'offrir à la jeunesse d'aujourd'hui en leur montrant comment, une fois la rencontre effectuée avec ce qui nous effraie, dans l'engagement, dans la responsabilité, il y a comme un geste escalier qui mène à la joie simple du visage de ce qui est différent.
>
> Ce mot de rencontre englobe l'invitation que je défendrai au cours des prochaines saisons[104].

À partir d'une telle notion de "rencontre", on peut alors mieux comprendre le choix mouawadien d'une dramaturgie qui pousse à ses conséquences extrêmes l'hybridation, entendue en tant que dialogue interculturel, transculturel et interartial. Car, pour traduire la confusion qui définit tant l'homme que le monde contemporain, Mouawad – on l'a vu – a systématiquement recours à un théâtre, où toutes les formes d'art, les codes sémiotiques et les médias qui peuplent notre univers global, sont convoqués et mis en contact, selon une pratique chère à bien des dramaturges contemporains.

Ainsi, poésie, peinture, vidéoprojection, cinéma, photographie, radio, photomaton, téléphone portable, cirque, musique, *body art*, danse et chant s'allient sur la scène mouawadienne pour témoigner, certes, du labyrinthe de la vie présente, de son énorme complexité qui inspire souvent de la crainte, mais en même temps pour montrer que ces formes d'art, ces codes sémiotiques et ces médias traduisent, dans leur tohu-bohu et dans leur hybridation totale, la volonté délibérée de leur auteur d'établir un dialogue entre ces moyens expressifs, précisément à partir de leur diversité. Et ce dialogue entre les arts se veut le miroir du dialogue entre les hommes.

En effet, si pour Mouawad cette contamination artistique et médiatique est possible, elle devient de surcroît la source d'un art nouveau, un art qui parle de la rencontre entre races, cultures, langues différentes et qui se fait 'dans' et 'par' la contamination de techniques artistiques et médiatiques disparates. Un art que Mouawad se doit de cultiver, tant dans son rôle de dramaturge, que dans celui de directeur de théâtre, car il affirme y croire fortement, malgré le et au-delà du scepticisme marqué et irrévérent de notre époque :

> Rencontre avec des auteurs-metteurs en scène, rencontre avec des publics nouveaux, rencontre avec des générations dont on ne s'occupe que trop peu, je pense ici particulièrement à la nécessité de réinventer un lien nouveau avec les

---

104 Wajdi Mouawad, *Le Pacte – 30 mai 2016*, http://www.colline.fr/fr/journal/le-pacte-30-mai-2016 (Consulté le 17.07.2017). L'italique est de l'auteur.

> adolescents en leur donnant la parole. Versant entier qui occupera la Colline. Rencontre des artistes avec leurs propres recherches puisque je ferai de ce théâtre un vivier, un laboratoire où les artistes de la scène auront les moyens de chercher, sur le plateau, avec l'appui des équipes techniques, sans avoir à s'occuper d'un résultat à montrer. Rencontre avec des langues étrangères, dans les spectacles et hors du plateau, dans les ateliers autour des langues maternelles. Rencontre de l'équipe avec la création, du public avec l'équipe et des artistes avec le public. Ce mot là, ce mot de renconte, le déplier, le déployer, dans toute sa profondeur, dans l'espace public, en dehors du théâtre, le long de la rue Malte-Brun, jusqu'à la place Gambetta, pour rendre effectif son sens, son étendue, artistiquement, socialement, philosophiquement et dans le rapport au quartier et au travail[105].

Dans cette volonté précise, déclarée, de décliner le mot 'rencontre' dans toutes ses acceptions, le théâtre de Wajdi Mouawad affirme alors son originalité, non pas tant en ce qu'il utilise des techniques d'hybridation des genres, des médias et des arts, chères à d'autres dramaturges contemporains, tels Robert Lepage et François Tanguy ; ni même en ce qu'il met sur scène les problématiques inhérentes à notre monde, telles la quête identitaire, la migration, la complexité communicative de l'univers global où nous vivons, ou encore le conflit entre générations diverses ; ni enfin en ce qu'il réinvestit certains aspects du théâtre d'Artaud, de Brecht, de Camus et de Beckett de valeurs nouvelles, mais surtout – nous semble-t-il –, en ce qu'il fait de la scène théâtrale à la fois un instrument précieux de connaissance et un lieu de dialogue.

Un instrument de connaissance certes, puisque la scène de théâtre devient, dans la perspective du dramaturge, l'instrument grâce auquel tout individu a l'opportunité, à l'instar de l'homme qu'est Mouawad, de mettre à nu, aussi bien les mobiles les plus obscurs de sa conscience, que les mécanismes les plus pervers et 'monstrueux' de la société et de l'histoire, pour les objectiver, pour les connaître. Pour les regarder dans les yeux[106].

Et un lieu de dialogue. Puisque, de cette connaissance, qui ne peut se réaliser pour l'écrivain que par le biais d'une dangereuse traversée du

---

[105] *Ibid.*

[106] Comme l'affirme encore une fois Wajdi Mouawad : « Un artiste est un scarabée qui trouve, dans les excréments mêmes de la société, les aliments nécessaires pour produire les œuvres qui fascinent et bouleversent ses semblables. L'artiste, tel un scarabée, se nourrit de la merde du monde pour lequel il œuvre, et de cette nourriture abjecte il parvient, parfois, à faire jaillir la beauté. », http://www.wajdimouawad.fr/, (Consulté le 05.09.2017).

désordre individuel, social et historique, surgit la rencontre avec la vérité profonde de l'Autre, qui est un enrichissement inattendu et le fondement de notre identité.

C'est pourquoi, ainsi que l'affirmait déjà Emmanuel Lévinas, pour Wajdi Mouawad l'œuvre d'art, et tout spécialement l'ouvrage de théâtre, ne peut exister en dehors du dialogue avec l'altérité[107], qui se décline dans un vaste échange transculturel, interartial et interlinguistique interne à la pièce, pour répandre son rayonnement en dehors et au-delà du théâtre, c'est-à-dire dans la vie.

---

[107] *Cf.* Emmanuel Lévinas, *Humanisme de l'autre homme*, Paris, Fata Morgana, 1972.

Chapitre 2

L'étonnement, la quête et la rencontre

Depuis ses débuts, Wajdi Mouawad a entamé dans ses œuvres une réflexion autour de la création littéraire. En effet, dans ses pièces comme dans ses deux romans, nous pouvons retracer sinon une progression, tout au moins une orientation générale de la pensée de l'auteur que l'on pourrait synthétiser, à l'aide de ces mots-clés : l'étonnement et la prise de parole, la quête du sens, et, enfin, la rencontre. Tout se passe en effet comme si la réflexion esthétique mouawadienne continuait de développer, même dans les œuvres les plus récentes, les idées présentes en germe dans les drames de ses débuts littéraires, suivant une cohérence interne qui ne dénonce pour autant aucune forme de fixité.

1. L'étonnement et la prise de parole

Ce qui frappe le dramaturge dans la réalité actuelle, c'est le "cynisme terrible" qu'il voit se déployer autour de lui, surtout par l'action des médias, incapables de se mettre au service des classes défavorisées qui, étant dépourvues des outils pour appréhender la complexité de la vie et pour en juger, nécessiteraient d'être aidées, voire éduquées. Mouawad rejette surtout l'attitude dérisoire des leaders d'opinion modernes, tout inféodés qu'ils sont à un système de valeurs perverti, ne répondant qu'aux lois de l'argent, de l'audience et du succès et, en dernière instance, du monopole de la pensée.

Dans une de ses conversations avec Jean-François Côté[108], le dramaturge affirme que la faute majeure de ces gourous – qu'il qualifie justement de "cyniques" – concerne, à son avis, la manière irresponsable dont ils utilisent les nouveaux moyens de communication, sans tenir en aucun compte de la puissance de ces instruments et de leur emprise sur les gens. Mouawad se dit en fait préoccupé par l'influence que ces personnages

[108] Jean-François Côté, *Architecture d'un marcheur. Entretiens avec Wajdi Mouawad*, Montréal, Leméac, Coll. « L'Écritoire », 2005, p. 20-21.

exercent sur l'opinion publique, qui finit par modeler ses positions en fonction d'eux :

> [I]l existe aujourd'hui des chroniqueurs qui, dans tel journal le jeudi et dans tel autre le mardi et dans tel autre encore vendredi, écrivent leur chronique – vite car ils sont aguerris à cette tâche – pour nous dire de quoi nous devons rire et nous moquer[109].

De l'avis de l'écrivain, les conséquences d'une telle pratique sont catastrophiques, car «[n]ous avons fini par croire que nous devons écouter ceux qui se moquent de nous[110]».

Afin de contrer une tendance si généralisée à l'homogénéisation des opinions, Mouawad déclare vouloir garder son "étonnement[111]", c'est-à-dire sa capacité de regarder le monde avec désenchantement, de sorte à exercer une forme de vigilance, vis-à-vis d'une structure sociale qui tend fatalement à l'homologation des différences et à la banalisation de toute dimension de la vie, en un mot : à une vulgarisation massive.

En revanche, l'art, et tout particulièrement la poésie et le théâtre, qui pour l'auteur ne font qu'un, constituent l'un des véhicules les plus puissants de cette interrogation sérieuse de soi et du monde qui exige de la part de l'écrivain, comme de la part de son lecteur/spectateur, lucidité et esprit critique.

Ainsi, face à la paralysie qui l'entoure, l'écriture apparaît bientôt à Mouawad comme l'instrument d'un éveil – ou peut-être d'un réveil – de la conscience, qui consent au sujet de garder son "étonnement", face à la réalité et à lui-même, condition indispensable pour traverser l'époque actuelle sans se laisser phagocyter par les comportements et les modes qui ont la faveur du plus grand nombre.

Interrogé sur les moyens qui pourraient aider l'individu à trouver sa voie tout en conservant ce regard vigilant vis-à-vis de soi et du monde, Mouawad propose d'adopter une attitude traduisant l'urgence de cet "étonnement" : il s'agit de la colère, une forme de rébellion aux conventions établies par la société, permettant à l'individu de garder sa fidélité à lui-même et, en définitive, son indépendance intellectuelle, comme il l'explique :

> Devenir un barbare. Savoir, parfois, ne pas mettre de gants blancs. Ne pas être conciliant. Pour rester dans cet étonnement essentiel.

---

[109] *Ibid.*, p. 20.

[110] *Ibidem.*

[111] *Ibid.*, p. 18.

Et l'écrivain de conclure :

> La colère peut apporter une possibilité de remettre les choses en question[112].

Or, un regard attentif à la production du dramaturge-romancier nous permet de constater qu'il a su décliner dans ses œuvres l'exigence de l'étonnement de manières différentes. Comme à juste titre l'ont remarqué les critiques, Mouawad crée des histoires audacieuses, à la trame fort complexe, où les personnages traversent des expériences tellement douloureuses, qu'elles les conduisent aux limites de l'humain et de la folie ; des histoires dont la toile de fond est souvent la guerre, ou tout au moins un contexte familial caractérisé par une conflictualité marquée. En ce sens, la dynamique de l'étonnement – et de l'éveil à l'action qui en dérive – s'inscrit, tant dans les péripéties vécues par les personnages mouawadiens, que dans la réaction que ces héros suscitent chez lecteurs et spectateurs, dans une circularité parfaite entre création et réception.

Par exemple, dans *Anima*[113], le dernier roman de Mouawad, l'étonnement constitue la sensation autour de laquelle s'ouvre le roman. Rentré chez lui dans un jour quelconque, le protagoniste Wahhch Debch découvre le cadavre de sa femme, assassinée avec une barbarie inouïe. Sa réaction manifeste alors une forme d'ébahissement, qui se teint bientôt d'une énorme tristesse, d'une angoisse sourde, ainsi qu'on peut le constater dans l'extrait suivant :

> Léonie !… Léonie !… Ce n'était rien, ni un appel, ni une plainte, à peine un souffle, le réflexe du quotidien. Il aimait tant dire son prénom, il y mettait chaque fois toute la douceur, dont il était capable, Léonie, j'aime tellement dire ton prénom, Léonie, et on fait naître des libellules à chaque mouvement des lèvres, Léonie, il n'y avait plus de libellules. […]
>
> Je ne peux pas dire combien de temps il est resté sans bouger, combien de temps est passé avant qu'il n'aille s'agenouiller à ses côtés. […] Il a approché son visage de son visage, chaque instant nous éloignait d'elle, Léonie était pâle comme une étoile trop lointaine, bleuie par les ténèbres de la nuit. Il s'est redressé, a relevé la tête, il a cherché son souffle et, se prenant le ventre de ses bras croisés, comme pour calmer une crampe aiguë, il a eu un gémissement […][114].

---

112 Les deux citations sont tirées de : *Ibid.*, p. 24.

113 Wajdi Mouawad, *Anima*, Montréal-Arles, Leméac/Actes Sud, 2012.

114 *Ibid.*, p. 14.

Le saissement du héros d'*Anima* tire donc son origine de la révélation brutale du meurtre de sa femme, mais s'il exprime l'ahurissement infini qui s'empare de cet homme à la vue du cadavre ensanglanté de Léonie, il s'accompagne immédiatement de la mélancolique douceur de cet amour, à jamais perdu et du désespoir qui dérive de cette perte. Et c'est bien à partir de cette consternation initiale que commence pour Wahhch Debch le long périple qui l'amènera à découvrir, contre vents et marées, le meurtrier de Léonie.

Ainsi, au lieu de le condamner à l'apathie, l'étonnement déclenche au contraire chez le héros mouawadien une énergie insoupçonnée, dans la mesure où la prise en compte de le réalité, toute douloureuse qu'elle soit, engendre chez Wahhch la résolution à se mettre sur les traces de l'assassin de sa femme, pour découvrir la vérité, coûte que coûte. Mais la recherche de ce dernier se métamorphose assez vite pour le protagoniste d'*Anima* en une véritable quête de l'origine, qui conduit le héros à faire face à d'autres révélations, d'autant plus brûlantes et douloureuses qu'elles concernent son passé.

Et ce besoin insupprimable de dévoiler les faits s'accompagne, chez Wahhch Debch, de l'exigence de raconter son expérience, afin que la vérité triomphe du silence où elle a été trop longtemps ensevelie, comme nous avons essayé de le montrer dans l'essai consacré au roman[115]. Par cette voie, l'étonnement entraîne alors – pour Mouawad, comme pour le personnage sorti de sa plume – une volonté d'agir, afin de comprendre. Et cette quête de la vérité, qui pourra finalement donner du sens à l'existence erratique du héros d'*Anima*, devient à la fois un acte d'accusation contre le coupable et le courageux témoignage de ce qui a eu lieu.

Mouawad pousse plus loin sa réflexion. Car l'étonnement ne concerne pas seulement la figure de Wahhch Debch, mais il s'étend aussi à d'autres personnages préfigurant, à travers eux, la réaction du lecteur mouawadien.

Le saissement est en effet le sentiment éprouvé par Aubert Chagnon, lorsqu'il reçoit le manuscrit envoyé par Wahhch dans lequel ce dernier a résumé toutes les étapes de sa poignante histoire, permettant de la sorte au vieux coroner de pénétrer dans son immense douleur, pour en devenir enfin le témoin. Et c'est précisément de ce mystérieux processus d'identification, prenant place entre les deux hommes que surgit la volonté du témoignage, ainsi que l'avoue Chagnon lui-même :

---

[115] Pour tout approfondissement, quant aux multiples niveaux interprétatifs du roman, nous renvoyons à : *Fantômes et fantasmes de l'Histoire dans* Anima, *Infra.*

> J'ai décroché le combiné, je l'ai collé contre mon oreille, je me suis imaginé dans sa peau, j'ai fermé les yeux et je nous ai revus, Madeleine et moi, nouvellement mariés, quand nous étions encore jeunes, le temps à nos pieds. J'ai retrouvé comme au premier jour le visage de celle que j'aurai aimée à la folie ma vie durant, sa gracile beauté qui me bouleversait tant, j'ai senti mon cœur battre, j'ai eu les larmes aux yeux, j'ai revu notre appartement dans le quartier Saint-Henri, je me suis vu monter les escaliers, ouvrir la porte et j'ai eu la vision de Madeleine, dans toute la force de ses trente ans, étendue dans son sang, un couteau planté et planté et planté et replanté dans son sexe, dans son ventre, dans le corps de notre enfant, et j'ai eu envie d'éclater en sanglots. Je n'entendais plus les mots dans ma tête, je ne ressentais plus la parole, ou alors c'étaient des mots nouveaux, une parole nouvelle, qui étaient en vérité les mots et la parole de Wahhch que je ressentais en moi et qui me transperçaient, tout à coup, pour avoir touché de trop près à sa douleur[116].

Ainsi, l'identification empathique d'Aubert Chagnon avec Wahhch Debch a-t-elle consenti, après la stupéfaction initiale, un transfert émotionnel qui habilite l'ancien policier à se faire le porte-parole du malheur de ce dernier, en l'inscrivant pour toujours dans la mémoire. L'étonnement conduit donc le vieux coroner non seulement à se mettre à l'écoute du protagoniste d'*Anima*, mais aussi à prendre en charge sa situation, en en devenant le témoin.

En considération de la parabole accomplie par Wahhch Debch, on voit alors bien ce que la dynamique de l'étonnement comporte chez Mouawad : se caractérisant tout d'abord par l'éveil à l'action – une action orientée vers la quête de la vérité –, elle donne naissance à une prise de parole qui véhicule, non sans colère, le déchirant appel à la justice de ceux qui, à l'instar de Debch, ont été les victimes de violences et d'abus, tragiquement enveloppés dans l'oubli.

L'écriture se fait dès lors chez Mouawad l'écho d'un cri, pour que personne ne puisse oublier, comme l'affirme du reste l'auteur dans son discours de réception du Prix Phénix 2012, décerné à Beyrouth le 17 janvier 2013. En évoquant l'expérience traumatique de l'exil de sa terre natale, ainsi que les morts innombrables causées par la guerre civile libanaise, Mouawad indique la création littéraire comme l'instrument pour « écrire avec les cendres de ceux qui sont partis, pour pouvoir redonner des mots aux douleurs et aux souffrances et pour repeindre de toutes les couleurs

116 Wajdi Mouawad, *Anima*, cit., p. 378-379.

possibles tous les deuils que nous portons[117]. » Une écriture qui se fait donc témoignage : témoignage de la vérité et dénonciation de la violence.

Si nous en venons maintenant à considérer la pièce *Les Mains d'Edwige au moment de la naissance*[118], nous nous apercevons que, là encore, l'étonnement constitue la première réaction suscitée chez Edwige par l'apparition de sa sœur Esther, que tout le monde croyait morte depuis dix ans et qui était en fait partie chercher le bonheur, loin du petit village québécois où elle était née. Quoiqu'Edwige n'ait jamais cru à la mort d'Esther, elle est pourtant frappée par la présence quasi spectrale de son aînée, revenue à la maison paternelle à l'heure de son accouchement.

Toutefois, si la première réaction d'Edwige est d'abord celle d'une stupéfaction silencieuse, elle se transforme par la suite en un véritable cri : c'est le même cri de révolte qu'Esther avait poussé lors de son départ, une vive protestation adressée contre ses parents, coupables de s'être pliés aux conventions d'une société vulgaire et asphyxique, nourrie uniquement de matérialisme et de vides apparences. Dans ce sombre univers, aucune place pour l'amour :

> ESTHER. Embrasse-moi, ma mère
>
> ÉLOÏSE. Non
>
> EDWIGE. Ne t'en va pas, maman, ne t'en va pas
>
> ÉLOÏSE. Les gens là-haut… il ne faut pas… il ne faut surtout pas
>
> ESTHER. Maman […]
>
> ÉLOÏSE. Ils ne faut pas que les gens apprennent cela ! Il ne faut pas que les gens sachent que tu es là !
>
> ESTHER. Les gens ?
>
> EDWIGE. Dis-leur de partir ; dis-leur que nous n'avons plus besoin d'eux.
>
> ÉLOÏSE. Il est trop tard pour les renvoyer ! Ils ont payé ! Ça fera un scandale épouvantable ; ton père ne s'en remettra pas
>
> EDWIGE. Maman ! Esther est en train de perdre tout son sang ! On s'en fout du scandale ; on s'en fout de l'argent ; on s'en fout des gens […]
>
> ESTHER. Maman

---

117 *L'émotion de Wajdi Mouawad à Beyrouth*, https://www.bing.com/videos/search?q=wajdi+mouawad+youtube&&view=detail&mid=6DD5DFA71264C327F8C96DD5DFA71264C327F8C9&FORM=VRDGAR (Consulté le 28.07.2017).

118 Wajdi Mouawad, *Les Mains d'Edwige au moment de la naissance*, Montréal-Arles, Leméac/Actes Sud, 2011.

ÉLOÏSE. Pourquoi es-tu revenue ?

ESTHER. Où voulais-tu que j'aille[119].

Plutôt que répondre au besoin d'amour – extrême, viscéral, vital – d'Esther, on voit bien qu'Éloïse se laisse porter uniquement par la crainte d'un scandale, car elle est totalement asservie au jugement d'autrui. Et sa surdité obstinée à l'appel, qui lui est désespérément adressé par sa fille, est d'autant plus inquiétante, qu'elle l'empêche d'assumer dans les faits son rôle maternel. Les cris lancinants de douleur de l'héroïne des *Mains d'Edwige au moment de la naissance*, accouchant dans la solitude et le refus, doivent alors être interprétés comme la dénonciation, vibrante de colère, de son étrangeté, par rapport au cynisme du monde qui l'entoure. Et une telle accusation traduit la réaction – 'l'étonnement', dirait-on – de Mouawad lui-même, face à des rapports familiaux et sociaux, où la vérité de l'amour a désormais cédé le pas à la fausseté, à la loi de l'apparence et finalement à la convoitise brutale du gain.

Dans *Les Larmes d'Œdipe*[120], nous retrouvons ce type de cheminement. En reprenant la fable de la tragédie antique, Mouawad nous présente le héros sophocléen dans sa vieillesse lorsque, aveugle et fatigué par la route, il se rend à Athènes, assisté par Antigone. Mouawad mélange à dessein l'histoire ancienne et la chronique de nos jours, choisissant comme toile de fond de son drame les soulèvements populaires, survenus en Grèce au cours de l'été 2015[121]. Quoiqu'il en soit, c'est justement sur la route que le vieillard et sa fille rencontrent Coryphée[122], un jeune homme de théâtre qui leur explique ce qui est en train de se passer dans la capitale :

---

119 *Ibid.*, p. 53.

120 Wajdi Mouawad, *Les Larmes d'Œdipe*, Montréal-Arles, Leméac/Actes Sud Papiers, 2015.

121 *Cf. World Nomades Lebanon, Talk with Wajdi Mouawad*, Le Skyroom, May 19, 2010, https://www.bing.com/videos/search?q=wajdi+mouawad+youtube&qpvt=wajdi+mouawad+youtube&view=detail&mid=18F9E96BE2ED248EADD718F9E96BE2ED248EADD7&FORM=VRDGAR (Consulté le 28.07.2017).

122 Bien évidemment, le nom de ce personnage n'est pas innocent, puisque Coryphée revêtait au sein de la tragédie classique le rôle de chef du chœur, intervenant au nom des autres ; par glissement sémantique, ce terme désignera aussi le directeur d'une compagnie théâtrale et c'est bien cette double acception, s'attelant parfaitement au personnage, que Mouawad désire souligner.

ANTIGONE. Raconte la vie de celui qui avait mon âge.

CORYPHÉE. Je commencerai par la fin. Ils étaient deux, croit-on, Alexandros et Nikos, peut-être plus, des amis traînant à travers les rues du quartier Exarchia comme traîne la jeunesse révoltée d'Athènes qui cherche, dans les mots de l'adolescence, à se tatouer les mots de la résistance. Ils allaient bière à la main à travers les rues d'Exarchia pour offrir aux mots l'ivresse, même si refaire le monde ne sert souvent qu'à préparer les révoltés d'aujourd'hui à devenir les bourgeois de demain. Mais un seul poisson s'échappe des filets, et la mer au complet se soulève. Alexandros allait donc son adolescence quand est passée la voiture conduite par Epaminondas Korkoneas et Vassili Saraliotis, deux agents de la garde spéciale des forces de police.

ŒDIPE. À quoi bon raconter une histoire promise au ratage ? Pourquoi raconter et sa mort et la mienne ?

CORYPHÉE. Parce que le pouvoir écrase tout et qu'à ceux qui se sentent impuissants il ne reste que la possibilité de raconter[123].

De toute évidence, à l'instar d'Edwige, qui avait pris la parole pour stigmatiser l'incapacité à se délivrer du jugement d'autrui de la part de sa mère, de même, Coryphée explique à son tour à Œdipe et à sa fille l'hécatombe qui a eu lieu dans les rues Athènes, en en dénonçant les responsables, sachant bien qu'une telle prise de parole, si elle ne parviendra pas à redonner la vie à Alexandros, pourra tout au moins rappeler la vérité.

L'attitude de Coryphée est du reste emblématique, car il éprouve une énorme amertume face, d'une part, aux abus du pouvoir auxquels il assiste et, d'autre part, à cette volonté de rébellion contre une société injuste que les jeunes, tels Alexandros, n'arrivent souvent à canaliser que par la violence, une violence tellement explosive qu'elle risque de les détruire. L'étonnement naît donc chez Coryphée de ce double constat et pousse le personnage – comme Wahhch Debch dans *Anima* – à l'action. Là encore, loin de s'abandonner au sentiment net de son impuissance et à l'abattement qui le tenaille, Coryphée utilise en revanche la parole pour lever le voile sur les malversations qu'il voit se produire autour de lui, sans craindre les représailles des détenteurs du pouvoir.

Mais Coryphée – ne l'oublions pas – est un homme de théâtre. C'est donc par le biais du théâtre et de la magie de la parole que le héros, énième porte-voix de Mouawad, désire montrer à ses contemporains les déformations de la société présente, qui préfère condamner à mort des adolescents, plutôt que remettre en question son système de valeurs.

123 Wajdi Mouawad, *Les Larmes d'OEdipe*, cit., p. 20.

2. *La quête du sens*

À quoi sert alors le théâtre ? Et quel est le rôle de la littérature dans la société contemporaine ? Si l'on s'arrêtait aux œuvres prises jusque-là en considération, on serait tenté de répondre à ces questions en voyant dans la production mouawadienne l'instrument d'une âpre dénonciation des injustices. Toutefois, sans rejeter complètement l'appellation d'écrivain politiquement engagé[124], Mouawad déclare au contraire vouloir traiter dans ses ouvrages de ce qu'il appelle «la condition ontologique de l'homme», marqué de tout temps par « une soif insatiable d'infini[125] » et incapable, trop souvent, d'aboutir à une vérité, à même de conférer du sens à son existence. C'est ce déchirement, ce dilemme éternel qui, pour l'auteur doit faire l'objet de l'écriture, selon une visée qui rappelle certes Sophocle et Euripide, mais aussi Baudelaire, Mallarmé, ou encore Camus, Sartre et même Claudel.

Dans l'interview donnée à la Biennale du Théâtre de Venise en août 2013, Mouawad revient sur la portée ontologique de son œuvre, rappelant que chez Sophocle l'homme est toujours aux prises avec des problématiques éternelles – comme le mystère du mal –, et que le tragique trouve son origine précisément dans le regard porté sur la douleur, un regard qui fait de la souffrance humaine une question métaphysique, une interrogation[126]. Du reste, les sept tragédies sophocléennes véhiculent, au dire du dramaturge, un seul et même message. En représentant des héros qui arrivent à avoir, comme Œdipe, une révélation terrible, Sophocle pose avec force la question de l'identité : de ce que nous sommes – dit Mouawad –, mais surtout de ce que nous présumons être[127].

Le dramaturge s'en explique en montrant que la tragédie, chez Sophocle, trouve sa genèse précisément dans l'aveuglement total qui enveloppe les personnages, les rendant incapables de reconnaître leur faiblesse, leur fragilité fondamentale, et contribuant par là à leur faire bâtir une image qui cache et déforme la vérité. Et là revient évidemment l'idée de l'étonnement, de la lucidité, indispensables, aux yeux de Mouawad, pour ne pas tomber dans l'aveuglement total.

---

124 Jean-François Côté, *Architecture d'un marcheur*, cit., p. 32.

125 *Ibid.*, p. 37.

126 *Incontro con il drammaturgo, regista e attore Wajdi Mouawad al 42° Festival Internazionale del Teatro (4 agosto 2013, Ca' Giustinian, Venezia)*, http://www.labiennale.org/it/mediacenter/video/mouawad-13.html (Consulté le 25.07. 2017).

127 *Ibid.*

Dans cette perspective, la scène théâtrale, tout comme la page d'un roman, deviennent pour l'écrivain une sorte de refuge, où l'homme contemporain peut objectiver ses peines et celles de ses semblables, afin de s'y pencher pour mieux en saisir contours et proportions. Pour les traverser. Pour en chercher le sens, ainsi que l'affirme Coryphée en nous fournissant une définition lapidaire du théâtre :

> ŒDIPE. Qu'est-ce donc qu'un théâtre ? nous ne sommes pas d'ici et tout nous est étranger. Dis-le-nous. Est-ce un refuge ? Un lieu consacré à un dieu ?
>
> CORYPHÉE. Si l'on veut. Un refuge pour les hommes, consacré par les hommes, où l'on pleure ensemble les douleurs des hommes[128].

Ainsi le théâtre, et plus généralement la création littéraire, deviennent pour Mouawad le lieu d'une problématisation, d'une recherche, d'une tentative d'affronter des questionnements éternels ayant trait à l'existence, pour garder son 'étonnement', sans succomber à la torpeur et à la lassitude qui nous envahissent, nous empêchant de voir la réalité de nous-mêmes et du monde, avec la lucidité et l'objectivité qui sont aujourd'hui plus que jamais nécessaires.

L'exigence de se pencher sur les questions fondamentales de l'existence – et sur les peines que cette dernière réserve à chacun – est d'ailleurs manifeste dans le monologue qui ouvre *Inflammation du verbe vivre*[129], où le protagoniste Wahid – véritable *alter ego* de Mouawad – avoue son besoin irrépressible de se raconter, afin de se connaître et de comprendre, les mobiles profonds d'une vie qui se révèle à lui sous l'apparence d'un délire ; si rien, dans la réalité environnante, ne semble doué de signification, une lumière nouvelle pourra sans doute lui venir de l'examen de ce qui a été, ainsi que du récit qui en dérive :

> WAHID. [...] Alors raconter. Pour éprouver les intuitions qui nous habitent comme autant d'oracles qu'il nous faut raconter si on veut en déchiffrer le sens. Raconter une dernière fois avant de retrouver le terrain des combats,

---

128 *Ibid.*, p. 17. En évoquant l'influence que celui qu'il considère comme son maître a exercée sur son art, en lui apprenant la valeur des mots, Mouawad décrit ainsi la fonction que l'écriture remplit à ses yeux : « L'importance des mots. [Il m'a appris que] l'on peut apprendre à penser en partant des expériences qui nous ont fait de la peine. Que la littérature, la poésie et la philosophie peuvent être des espaces où l'on peut faire traverser nos peines les plus inexprimables pour les retrouver sous une forme détachée de nous : pensées, idées, œuvres. », Jean-François Côté, *Architecture d'un marcheur*, cit., p. 100.

129 Wajdi Mouawad, *Inflammation du verbe vivre*, Montréal-Arles, Leméac/Actes Sud, 2015.

> pour trancher à la racine hésitation et bégaiement. Vous rassembler, vous, la grande communauté des morts, pour, vous racontant, trouver force et courage à l'instant où je rouvrirai les yeux pour recouvrer la lumière de la vie[130].

Ainsi, face à la mort de son ami et collègue Robert Lepage, Wahid, après avoir entrepris ce qu'on pourrait appeler "la traversée de sa douleur" et assumé la blessure de la perte, retrouve – tout comme Coryphée dans *Les Larmes d'Œdipe* et Wahhch Debch dans *Anima* –, le chemin de l'action, car le mouvement introspectif conduit nécessairement les personnages mouawadiens à reprendre la route, à recommencer à vivre, à récupérer l'enthousiasme du chemin, lançant leur cœur au-delà du sombre rideau du quotidien, dans un élan vital qui les conduit à triompher du désespoir.

Par voie de conséquence, la littérature, bien qu'en ne prétendant pas fournir une réponse exhaustive aux questionnements douloureux posés à l'homme, demeure pour Mouawad l'instrument d'une douloureuse interrogation de soi, du monde et de l'histoire, visant malgré tout à 'déchiffrer le sens' de l'existence, qui semble caché, parfois inexistant, mais auquel l'homme – tel Œdipe, Wahid ou Wahhch Debch – ne cesse d'aspirer, même dans ses rêves et cauchemars, comme l'avoue encore l'écrivain à Jean-François Côté[131].

On verra toutefois que cette quête du sens débouche la plupart des fois, dans les œuvres de Wajdi Mouawad, sur la rencontre avec l'Autre.

3. « Écoute ce que dit la voix de l'autre[132] »

La question du sens et de la place que Mouawad assigne à la création, en tant qu'instrument de connaissance de soi, est sans aucun doute centrale dans *Victoires*[133], où pratiquement tous les personnages sont à la recherche de leur réalisation personnelle. En jouant et rejouant le même drame – à savoir l'histoire du suicide de Victoire, une jeune comédienne destinée à

---

130 *Ibid.*, p. 14.

131 « J.-F. C. : *Mais il s'agit pourtant de la question du sens dans l'existence ?*

W. M. : Oui, toujours…

J.-F. C. : *Peut-on dire que la situation d'aujourd'hui tire précisément sa richesse du questionnement par rapport au sens ? Lorsque le sens est "donné", comme dans une société religieuse ou traditionnelle, à la limite il n'y a pas de questions à se poser.*

W. M. : Mais il y a une différence entre dire que le sens est perdu et dire qu'il n'y a jamais eu de sens. », Jean-François Côté, *Architecture d'un marcheur*, cit., p. 22. L'italique est de Côté.

132 Wajdi Mouawad, *Rêves*, Montréal-Arles, Leméac/Actes Sud Papiers, 2002, p. 59.

133 Wajdi Mouawad, *Victoires*, Montréal-Arles, Leméac/Actes Sud Papiers, 2017.

un avenir de succès –, Mouawad parvient en effet à faire défiler sur scène les rêves et les désirs inavoués de ses camarades, faisant ainsi du théâtre le lieu d'un apprentissage de la vie, qui vise à en retracer le sens.

En rappelant le moment des obsèques de Victoire, Théodora Breux se rend compte, par exemple, de ne pas avoir participé à son enterrement, transportée par l'engourdissement d'un programme télévisé qui lui a fait tout oublier. Mais, en racontant à ses camarades ce qui s'était passé en elle, elle prend conscience tout à coup de la raison profonde qui se cachait derrière son apparente amnésie : elle avait peur d'affronter la réalité brutale de la disparition de Victoire et, à cause de cela, elle avait évité de se rendre à son enterrement. Le récit de Théodora devient alors pour elle l'occasion insoupçonnée d'une connaissance nouvelle, qui oblige la jeune fille à reconnaître son manque de courage :

> THÉODORA BREUX. Je ne me le pardonnerai jamais, Simon, parce que j'ai tout piétiné !
>
> SIMON. Quoi ?
>
> THÉODORA BREUX. Tout ! Tout ! Parce que j'avais peur ! On ne se connaît pas tant qu'on n'est pas mise à l'épreuve. Tu peux te dire intègre autant que tu veux mais, devant les faits, tu te découvres à l'inverse de qui tu es. Après ça, il faut continuer à se tenir droit et se regarder dans le miroir[134] !

Comme on le voit, Théodora est conduite à travers son propre récit à prendre conscience de sa fragilité structurale, qui se présente tout à coup sous une lumière inattendue, insoupçonnée, lui révélant son incapacité à affronter la douleur de la perte. Cependant, conduite au commissariat, la jeune fille est interrogée par un agent à l'apparence sévère qui lui pose un certain nombre de questions, conformément au protocole. Ennuyée par l'interrogatoire, la jeune fille aperçoit, sur l'étagère placée derrière le bureau du policier, « comme un éléphant au milieu de l'Assemblée nationale[135] », un volume de Novalis : il s'agit des *Disciples de Saïs*. Le policier lui avoue alors que c'est le livre que son fils tenait dans les mains, quand on l'a trouvé mort et que ce père, accablé par l'immense douleur de cette perte, n'a jamais pu ouvrir.

Du coup, Théodora comprend que sa douleur pour la mort de Victoire n'est pas si différente de celle qui bouleverse cet homme et que sa fragilité de fille, à peine sortie de l'adolescence, n'est pas si éloignée de celle de Tristan, le fils de l'agent. Il y a au contraire entre elle et lui un lien, une affinité spirituelle, presque une fraternité, qui conduit Théodora à affirmer

---

[134] *Ibid.*, p. 29.

[135] *Ibid.*, p. 30.

connaître le jeune homme : « Alors oui, je le connais depuis toujours. Nous nous sommes tenus la main[136]. »

Et, dans cette fraternité spirituelle, voilà qu'une possibilité de réconciliation se dessine : celle de Tristan avec son géniteur, ainsi que nous l'apprenons encore du récit du policier, que Théodora rapporte à ses camarades :

> Quand je l'ai vu pendu, j'ai hurlé. Depuis plus rien. Ce livre est comme une boîte que l'on tient fermée. Par choix. Parfois, on ne sait plus où se trouve la petite clé de l'armoire au fond de laquelle est caché le pardon. Quand il n'y a plus personne pour vous dire « je te pardonne papa », alors on reste seul à tenir le poids de sa vie entre les mains. Si au hasard des pages, vous rencontrez Tristan entre les lignes de ce livre, dites-lui combien son père l'aime, combien son père est désolé. Dites-le lui[137].

C'est donc à partir de la prise de conscience de l'énorme souffrance qui accable le père de Tristan, que Théodora apprend à regarder avec une bienveillance majeure sa propre faiblesse et celle d'autrui, car elle comprend que la vie dispense à tout homme un lot de chagrins qui nous rend proches l'un de l'autre. Le récit de sa participation manquée aux funérailles de Victoire devient alors, pour Théodora Breux, non seulement le lieu de la révélation de sa fragilité, mais aussi celui de la rencontre avec l'Autre, qui s'avère proche et frère dans sa diversité même, parvenant à faire du théâtre – conformément à l'esthétique mouawadienne – le lieu d'une interrogation du sens de l'existence, qui se transforme en un apprentissage du métier de vivre. En un hymne à la vie et à la fraternité.

Ce type de trajectoire affleure également dans *Rêves*, lorsque Willem, un écrivain en crise, se retire dans la solitude d'une chambre d'hôtel pour s'interroger sur son art. Les divers personnages qui émergent du magma de son imagination jettent de la lumière sur les différents aspects d'une conscience souffrante, divisée et en mal d'amour, ainsi que nous l'apprenons des propos d'Isidoré, le double de Willem, ennième projection littéraire de Mouawad :

> ISIDORE. Retourne à ta table ! Prends ton crayon et tranche-toi les veines ! Ta douleur est vive, je le sais ! […] Tu verras, tu sauras trouver la voie qu'il faut, et la musique qu'il faut te guidera pour parvenir à inscrire sur le papier les diamants les plus précieux de ton malheur[138].

---

136 *Ibid.*, p. 31.

137 *Ibidem.*

138 *Reves,* cit., p. 27.

Si l'écriture représente donc l'instrument pour exprimer la douleur profonde que Willem ressent au sujet du déracinement de sa terre natale – un exil qui l'amène à rêver de façon obsessive à la mer, à la beauté du ciel et aux plages ensoleillées de son enfance –, elle le conduit également à avouer être habité par une souffrance bien plus profonde, dérivant de son besoin intime d'aimer et d'être aimé : « Je suis devant l'amour / Comme l'assoiffé au milieu du désert[139]. », s'écrie-t-il.

Cette tension extrême à l'interrogation de soi, qu'on voit se déployer chez le héros de *Rêves*, cette méditation incessante autour de son identité plurielle et des besoins profonds qui le déchirent[140], tout en étant primordiale comme on l'a vu pour Mouawad, n'est pourtant pas le sens ultime de son activité d'écriture, car le dramaturge réalise que la souffrance est le legs de tout homme, ainsi que le montre la rencontre de Willem avec l'Hôtelière, confiant à son hôte inconnu sa désolation de mère à qui un destin cruel a ravi le fils :

> FEMME ENSEVELIE. La mère pleure son fils, le fils pleure sa mère, les morts et les vivants à jamais se pleurent, bras dans les bras, cœur dans les cœurs, et les vivants enterrent les morts ! Là, là est la source de toutes les colères, Willem, écoute ce que te dit la voix de l'autre[141].

Le fait d'avoir prêté l'oreille à la douleur de l'Autre réveille alors chez Willem la volonté de reprendre son activité d'écriture. En effet, quoique la création littéraire ne puisse fournir une réponse définitive à la poignante demande de sens qui surgit chez la femme[142], elle pourra prendre en compte le chagrin dérivant de la perte, pour le raconter, pour en faire part, pour le partager enfin, comme l'affirme Willem à la fin de *Rêves :*

> WILLEM, *ouvrant son cahier et se mettant à lire.*
>
> [...]
>
> Je suis debout, face à la mer. [...]
>
> Et je lui dis que je suis venu écrire la perte de chaque amour ! [...]
>
> J'écris toute la douleur dont je peux témoigner[143].

139 *Ibid.*, p. 31.

140 « Je me consume dans l'incapacité, / Je me consume dans l'ennui, / Je me consume dans cette écoute que j'ai de l'existence ! », *Ibid.*, p. 41.

141 *Ibid.*, p. 59.

142 « Comment vivre avec son image à lui au bout d'une corde, son corps au bout d'une corde ! », *Ibid.*, p. 63.

143 *Ibid.*, p. 63-64. L'italique est de l'auteur.

C'est donc uniquement à partir de cette 'traversée de la douleur', que le théâtre – et plus généralement la création littéraire – peuvent engendrer pour Wajdi Mouawad une méditation sur soi, qui aboutisse non pas à un repli intimiste, mais bien à la prise de conscience de son identité profonde, renouvelant ainsi les motivations d'un engagement qui est avant tout engagement vis-à-vis de l'existence : volonté de vivre, malgré la douleur qui nous oppresse ; triomphe sur l'aliénation et la mort qui nous entourent de toute part ; consolation profonde, enfin, surgissant de la rencontre avec l'Autre, qui nous ouvre une possibilité insoupçonnée de réconciliation avec nous-même et notre histoire, toute tortueuse qu'elle puisse être.

Par cette voie, l'altérité révèle à Mouawad la voie d'une humanité nouvelle, fondée sur la rencontre.

4. Une esthétique de la rencontre

La notion de la rencontre est au cœur de la pensée mouawadienne. Tout y mène et tout y converge, dans une tension constante à l'ouverture vers une altérité qui devient la raison même de l'existence. Mouawad s'en explique clairement, mentionnant l'influence que son éducation chrétienne a eue sur sa vision du monde :

> Cette religion nous révèle que, selon elle, le prochain est la personne la plus éloignée de nous. C'est une idée que j'ai toujours trouvée splendide. On voit bien ce que cela suppose, à la vie adulte, de difficultés, de haine, de colère, de rage, d'être en face de quelqu'un qui est très différent de soi et avec qui on est en désaccord. Qui nous étonne absolument. Cette idée me touchait. Elle a éveillé chez moi la passion, le goût pour l'aventure. Aller vers l'autre, parfois, c'est comme aller pénétrer dans une forêt vierge[144].

L'Autre se définit donc pour l'écrivain comme l'étranger, celui dont la diversité dérange, car elle secoue nos certitudes et notre torpeur pour les ouvrir à l'accueil, à la découverte, à la surprise. Pour nous permettre aussi de partager nos souffrances et de nous mettre à l'écoute des peines d'autrui.

Or, nous avons déjà décrit le parcours de la rencontre qui a lieu dans *Anima* entre Wahhch Debch et le coroner Aubert Chagnon. Bien que cette relation amicale soit sans l'ombre d'un doute au centre du roman, d'autres rapports d'amitié ponctuent le périple du héros et tous tirent leur

144 Jean-François Côté, *Architecture d'un marcheur*, cit., p. 52-53.

origine, comme dans le cas de Willem et de Théodora Breux, de la mise en commun de leur peine. En particulier, le lien qui s'établit avec Winona accompagnera Wahhch vers la découverte définitive de son identité et saura le consoler de ses blessures, tel un baume.

Arrivé à Ulysses, au Kansas, Wahhch rencontre une jeune fille du nom de Winona qui lui demande de l'aider à s'enfuir, de l'emmener avec lui, loin de ce village, situé au fin fond de la province américaine, où ne règnent que l'ennui et la violence. Affectée par une maladie de l'âme dans laquelle depuis des années « boulimie et anorexie ont été [ses] anges, ses seuls horizons[145] », Winona a soudain l'intuition de la sensibilité profonde qui caractérise Wahhch, un homme habité par le chagrin, et capable, précisément en vertu de ce qu'il a enduré, de la plus grande délicatesse. C'est pourquoi elle lui dévoile son secret :

> – Can I show you something ?
>
> – Yes.
>
> Elle a défait son bandeau, elle a saisi à pleines mèches sa longue chevelure ample et s'est mise à tirer dessus jusqu'à ce qu'elle la décroche et fasse glisser sa tête, laissant voir un crâne dénudé, chauve, rougi, écorché, lézardé de rainures profondes et sanguinolentes. Wahhch s'est figé. Winona, monstrueuse, avait perdu sa jeunesse. Les larmes ont inondé son visage. Elle lui a demandé pitié. Il était le premier humain devant qui elle se dévoilait. Il n'y avait pas d'explication. C'était comme ça. Elle avait été son propre massacre. [...]
>
> Il a pris sa main entre ses mains, il a prononcé son nom, Winona, le répétant plusieurs fois, et lui a demandé qui avait osé lui dire qu'elle était moche, vilaine. Personne. [...]
>
> – I told you my story because you told me your story.
>
> Elle voulait être quitte.
>
> Il lui disait oui, oui et il la berçait, l'appelant Petite sœur, Petite âme, Petite femme que je sauverais cette fois-ci, que je protégerais cette fois-ci. Je saurais, je le promets[146].

Le passage, dans la touchante beauté qui émane de la poésie des mots, est emblématique, à bien des égards, de la dynamique de la rencontre à laquelle s'intéresse Mouawad. Le héros d'*Anima* et sa malheureuse compagne de voyage se lient en effet, précisément à partir de l'aveu réciproque de leur douleur, qui devient l'élément unificateur, le ciment de leur lien amical, le

[145] Wajdi Mouawad, *Anima*, cit., p. 320.

[146] *Ibid.*, p. 325-326.

lieu d'un partage et d'un échange qui saura les rapprocher pour toujours, dans une solidarité qui est avant tout perception de la proximitié de l'Autre, de sa différence, certes, mais en même temps de sa similarité. Ainsi, tout en permettant à Winona, comme à Wahhch, de se réconcilier avec son histoire, cette certitude restitue chacun des deux personnages mouawadiens à son humanité, alimentant la conscience d'une fraternité foncière, primordiale.

On comprend bien alors dans quelle mesure la rencontre se pose chez Mouawad non seulement comme une possibilité de découverte de l'altérité, mais surtout comme le levier qui consent au sujet une opération spirituelle, fondamentale dans son chemin de maturation, à savoir la réconciliation avec son histoire et les traumatismes qu'elle comporte. Autrement dit, l'Autre est là pour révéler au 'je' son identité profonde qui ne pourrait émerger en dehors de cette relation, ainsi que le soutient Emmanuel Lévinas[147].

Il est aisé alors de voir dans la trajectoire du héros d'*Anima* les nombreux points de convergence avec le protagoniste de *Rêves*. Dans l'univers littéraire de Wajdi Mouawad en effet, l'Autre, dans sa bouleversante diversité, se situe à la fois au départ du parcours de la quête de soi – que l'on pense aux deux jumeaux de Nawal Marwan dans *Incendies*, ou à la relation de Wilfrid avec son frère dans *Littoral* –, mais aussi à sa culminance, car il n'est de connaissance possible qu'avec et par lui.

C'est bien la parabole que va accomplir Julie Jullien dans *Victoires*. Invitée par Victoire à aller se balader près du fort d'Aubervilliers, Julie, qu'une jalousie énorme éloigne de sa jeune et prometteuse camarade, découvre en effet, grâce à la sincérité et à l'acuité de celle-ci, son penchant homosexuel pour Lisa et cette révélation la délivre tout à coup d'un poids, qu'elle ne savait pas porter, ainsi que nous le comprenons de son récit :

> JULIE JULLIEN. Je lui ai demandé : « C'est toi ? » / « Ce n'est pas pour moi que je pleure, Julie, c'est pour toi. Le fort d'Aubervilliers, c'est le désir inassouvi. C'est ton cœur chagrin, c'est ton corps enduit du granit des cassures. » Puis, je ne sais pas comment, je ne sais pas qui, peut-être est-ce le fort lui-même qui s'est mis à parler, ou les voitures ou le béton ou le vent, je ne sais pas, mais ton prénom a surgi. Lisa, Lisa. « Laisse parler ton âme, Julie », me disait Victoire. « Comment tu pouvais savoir ce que j'ignorais moi-même », j'ai dit. « C'est ça le visage de l'autre, Julie, il est là pour témoigner de ce qui, au fond de nous, nous appelle par notre prénom. Ce désir infini, qui donne à la vie son élan[148]. »

---

147 Emmanuel Lévinas, *Humanisme de l'autre homme*, Paris, Fata Morgana, 1972, p. 49 et *sqq.*

148 Wajdi Mouawad, *Victoires*, cit., p. 42.

Les propos avisés de Victoire nous éclairent alors, quant à la conception anthropologique et esthétique de Wajdi Mouawad, et aux valeurs qui l'inspirent, parmi lesquelles la rencontre avec l'Autre est fondamentale, car elle représente la source d'une joie unique et profonde, à même de conférer de la saveur à l'existence. Une plénitude qui est synonyme de bonheur[149].

En guise de conclusion

L'analyse de quelques-unes des œuvres de Wajdi Mouawad nous a donc conduit à identifier, en prenant appui sur des textes échelonnés tout au long de sa carrière littéraire, certains axes de la pensée de l'auteur qui nous semblent essentiels, pour mieux en saisir l'apport, au sein du panorama littéraire contemporain.

En effet, tout en s'insérant dans le sillage des écrivains québécois des dernières générations, tels Robert Lepage, Michel Tremblay, René Ducharme ou Claude Gauvreau, Mouawad réactualise ses modèles, en les revisitant par son expérience, qui est tout d'abord celle de l'exil. Une expérience dont la dureté l'aura obligé à entamer une réflexion sur les grandes questions auxquelles est confronté l'homme contemporain, comme l'homme de tout temps : l'identité, le sens de l'existence, enfin, le rapport à l'Autre.

À côté de son vécu, le grand pilier sur lequel se régit la production mouawadienne est sans aucun doute la fréquentation des grands tragiques grecs – Eschyle, Euripide, mais surtout Sophocle – qui viennent envelopper ses œuvres, les parfumant de leur tragique beauté[150]. Mais là encore, l'écrivain réinvestit ses modèles par sa sensibilité et par son art, déclarant ainsi ouvertement son appartenance au contexte contemporain, comme on a essayé de le montrer dans les pages précédentes. Par cette voie, Mouawad atteint une incontestable originalité, plaçant son œuvre au croisement de l'art contemporain et de la tragédie ancienne, et restituant à l'écriture, et tout particulièrement à l'écriture théâtrale, sa dignité originaire, celle même qui poussait Aristote à y voir l'apogée de toute création artistique.

Toutefois, ce qui rend Mouawad si unique dans le panorama culturel contemporain, c'est le courage de ses prises de position et la cohérence interne que l'on peut discerner au sein de son esthétique, se focalisant

149 C'est bien ce qu'avoue le dramaturge au cours de la leçon, donnée le 10 juillet 2009 à l'Université d'Avignon et des Pays de Vaucluse, *cf.* Wajdi Mouawad, *Qui sommes-nous ? Fragments d'identité*, Préface d'Hortense Achambault, Éditions Universitaires d'Avignon, 2012, p. 53.

150 *Cf. World Nomades Lebanon, Talk with Wajdi Mouawad*, cit.

autour du thème de la rencontre avec l'Autre. Un Autre qui s'identifie avant tout à l'étranger, dont la bouleversante présence remet en question certitudes et conventions sclérosées, en soulageant dès lors le sujet du poids d'un quotidien, trop souvent dépouillé de signification et d'épaisseur, en raison de l'uniformisation accablante à laquelle la société soumet toute valeur. Voilà pourquoi sa présence est vue par Mouawad non simplement, en tant que source d'un enrichissement indiscutable, mais à plus forte raison en tant que ferment indispensable à la connaissance du "moi" et des traumatismes qu'il resserre.

L'œuvre romanesque et théâtrale de Wajdi Mouawad frappe par le fil rouge qui la traverse d'un bout à l'autre, montrant, comme rarement d'autres ont su le faire, l'exigence vitale de la rencontre avec l'altérité, qui ouvre de nouveaux horizons, appelant à l'exigence d'un dialogue qui, permettant de traverser ses douleurs, fait de l'amitié et de la réconciliation les seuls fondements d'une civilisation nouvelle.

Nouvelle, parce qu'elle rend la cohabitation pacifique. Nouvelle, parce qu'elle restitue l'homme à sa dignité. Nouvelle enfin, parce qu'elle revigore en lui la joie de vivre, comme l'affirme Emmanuel Besnault dans la scène finale de *Victoires*, lorsqu'il incite ses camarades à ne pas se résigner :

> EMMANUEL BESNAULT. Qu'est-ce que nous avons à reconquérir ? L'élan de vivre. Qu'est-ce que ça signifie, résister ? *Poser des actes d'une si complète audace, que même ceux qui les réprimeront devront admettre qu'un pouce de délivrance a été conquis pour tous.* Quels actes ? Inventer. [...] Je vais essayer dès lors de voir l'élan de la vie. [...] Je suis, moi, un point de départ pouvant conduire au centre. Le tout est de ne pas se décourager. Creuser, creuser au-delà de la tombe, au-delà des surfaces opaques, au-delà du béton, creuser avec le crayon, avec la couleur, avec la poésie. Creuser dans la plus noire des solitudes, creuser dans l'incompréhension et dans le mépris. [...] La durée de ma vie est la durée exacte pour atteindre enfin le centre. Cavité, chambre des miroirs, où se trouve peut-être cela que vous appelez, vous, l'identité. Elle atteinte, tout s'éteint. Le reste est chemin[151].

Dans cet appel passionné à reprendre le chemin se retrouvent tout le charme et la puissance de l'œuvre de Wajdi Mouawad, homme de l'étonnement et de la prise de parole, qui a trouvé dans la rencontre avec l'Autre la clé de voûte de sa quête du sens de l'existence.

---

151 Wajdi Mouawad, *Victoires*, cit., p. 99.

Chapitre 3

Vers un nouvel humanisme[152]

À Manuelle Peloille,
l'expression de ma profonde amitié

Ce qui est marquant à la lecture de l'œuvre théâtrale et romanesque de Wajdi Mouawad est l'univers fort sombre qui en émerge, un monde peuplé de personnages qui incarnent souvent l'atroce sauvagerie que l'être humain peut atteindre, lorsqu'il se laisse dériver dans l'abîme de la haine et de la violence. Néanmoins, à côté de personnages dont la bestialité suscite le dégoût, le lecteur habitué à fréquenter les textes de Mouawad se trouve également confronté à des figures, fulgurantes de beauté et de noblesse, qui frappent par leur capacité à réagir à un destin cruel, en indiquant à leurs semblables les voies d'un humanisme nouveau[153].

Au sein de la production mouawadienne, qui compte désormais plus d'une vingtaine d'ouvrages, on a choisi deux textes, qui nous paraissent hautement représentatifs, au niveau de la conception d'un humanisme nouveau, car ils sont marqués par la présence de héros ou héroïnes, auxquels Mouawad confie – nous semble-t-il – tant sa vision du monde et de l'Histoire, que l'appel profond et bouleversant qu'il ne cesse d'adresser à ses contemporains. Il s'agit des drames *Incendies* et *Forêts* (2009), constituant respectivement le deuxième et le troisième volet de la tétralogie *Le Sang des promesses*. Dans ces œuvres, nous pouvons discerner de façon évidente l'itinéraire qui conduit les personnages sortis de la plume de Mouawad à choisir une nouvelle manière de concevoir leur vie, tout en suggérant à leurs proches un modèle de coexistence pacifique, fondé sur l'accueil de l'Autre, de l'étranger, du différent.

---

152 Cet article est le fruit de la réélaboration de la communication, présentée au Colloque « Quel nouvel humanisme francophone ? », qui s'est tenu à la Sorbonne entre le 16 et le 18 juin 2016.

153 Dans son *Histoire de l'humanisme en Occident*, Abdennour Bidar résume en douze points les dimensions principales de l'humanisme ; en particulier, « l'humanisme de la dignité humaine » et « l'humanisme de la fraternité humaine » nous paraissent centraux dans la poétique mouawadienne, *Ibid.*, Paris, Armand Colin, 2014, p. 29.

Or, la prise de conscience de l'« humanisme de l'autre homme[154] » a lieu essentiellement, chez Mouawad, à travers quatre phases qui reviennent, telles des constantes, dans les ouvrages que nous nous apprêtons à analyser.

La première est celle que j'appellerai *la recherche de la vérité*, ressentie comme une urgence qui ne peut être aucunement procrastinée, car elle répond au désir de connaître et de se connaître ; le deuxième moment, essentiel afin que les personnages créés par Mouawad puissent jeter les bases d'un humanisme nouveau, est celle qui concerne *la subversion et parfois même le rejet de la tradition culturelle* qui leur est transmise par leur communauté d'appartenance.

Par ailleurs, ce refus partiel ou total de leur bagage culturel et des codes de comportements qu'il prescrit vont de pair avec *le choix délibéré d'un nouveau modèle de culture et d'éducation*, nécessaire à la fondation d'une manière de vivre digne d'être appelée humaine. Enfin, le parcours des figures que nous allons étudier est toujours marqué par *la découverte de l'amitié*, à laquelle leur créateur attribue une valeur fondamentale, en tant que signe distinctif de l'appartenance à l'espèce humaine.

De toute évidence, les phases ici décrites ne se succèdent pas de manière chronologique et linéaire dans les œuvres que nous allons examiner, mais très souvent elles s'y entremêlent et s'y superposent. Il vaut toutefois la peine de les isoler, afin de mieux en cerner la portée sémantique.

Les jeunes protagonistes d'*Incendies* et de *Forêts* se caractérisent par un énorme besoin de connaître la vérité[155]. Et une telle soif pousse ces personnages, souvent de manière traumatique, à quitter leurs occupations et leurs habitudes quotidiennes pour entreprendre une véritable "odyssée[156]" qui finit par leur révéler un fragment inconnu du passé, nécessaire, voire indispensable, pour reconstruire leur identité personnelle et pour éclairer leur appartenance culturelle[157].

---

154 Emmanuel Lévinas, *Humanisme de l'autre homme*, Paris, Fata Morgana, 1972.

155 Chantale Gingras, « Wajdi Mouawad ou le théâtre-odyssée », *Québec français*, n° 146, 2007, p. 42-46.

156 Mouawad établit une distinction entre la *quête* et l'*odyssée* : la première correspondrait à la tentative de découvrir le monde, alors que l'odyssée marquerait plutôt l'effort de tout être humain de « rentrer en soi », *cf.* Wajdi Mouawad, *Seuls. Chemin, texte et peintures*, Montréal/Arles, Leméac/Actes Sud, 2008, p. 45.

157 Les critiques ont souvent mis en évidence cet aspect fondamental de l'œuvre de Mouawad ; voir, à titre d'exemple : Yana Meerzom, « The Exilic Teens : on the intracultural encounters in Wajdi Mouawda's Theatre », *Theatre Research in Canada*, n° 30, Spring 2009, vol. 1/2, p. 82-110.

Dans *Incendies*, c'est, de toute évidence, le cas de Jeanne et de Simon, les jumeaux convoqués par le notaire Hermile Lebel pour l'ouverture du testament de leur mère, Nawal Marwan, décédée quelques jours auparavant[158]. Cette démarche légale révèle de façon inattendue à Jeanne et à Simon un fragment jusque là obscur de l'histoire de leur mère, longtemps jugée par les deux jeunes gens comme ayant été excessivement détachée d'eux, incapable de leur transmettre l'amour dont ils auraient eu besoin. Ainsi, loin de correspondre à un simple rite officiel, la lecture des dernières volontés de Nawal Marwan vient en revanche bouleverser l'image que ces jumeaux s'étaient fait de leur mère, en introduisant des éléments insoupçonnés de son passé, tels que la présence de leur père, qu'ils croyaient mort pendant la guerre de leur pays, et d'un frère dont ils ignoraient l'existence. L'ouverture du testament de leur mère pousse alors Jeanne – et Simon à sa suite – à partir à la recherche d'une vérité qui deviendra un point de non-retour, destiné à redessiner la structure même de leur foyer et à transformer totalement leurs vies.

Jeanne se rend donc à nouveau chez le notaire Lebel, envahie par le désir de creuser dans le passé de cette figure, frêle et énigmatique à la fois, qui semble pourtant demander – au-delà de son tombeau – qu'on apprenne à écouter son silence. La jeune mathématicienne quitte alors « le pays de la solitude[159] », où elle s'engage dans les régions arides de la spéculation théorique, pour rejoindre le pays natal de sa mère. Là, elle va parcourir à son tour les étapes douloureuses ayant conduit sa mère jusqu'au fond de l'abjection[160].

Tombée amoureuse de Wahab, un réfugié arrivé dans son village, Nawal, à peine adolescente, s'était vue obligée par sa mère à renoncer à sa relation avec le jeune étranger (un Palestinien ?) et à se débarrasser de l'enfant conçu de leur union, jugée inopportune, si ce n'est humiliante, par les anciens du village[161]. Trop fragile pour réagir à l'absurde abandon

---

158 Pour tout approfondissement quant à la notion de gémellité dans les œuvres de Mouawad et, plus particulièrement, dans *Incendies*, consulter : Françoise Croissard, *Wajdi Mouawad. Incendies*, Paris, Honoré Champion, 2014, p. 30-33.

159 Wajdi Mouawad, *Incendies. Le Sang des promesses / 2*, Montréal-Arles, Leméac/Actes Sud-Papiers, 2009, Coll. « Babel », p. 27.

160 « Au voyage dans l'espace correspond un voyage dans le temps pour comprendre les drames insoupçonnés d'une famille : miroir de ceux d'un pays. », Aude Campmas « "Comment rester vivant avec ce qui est mort en nous ?" L'Amitié et la promesse chez Wajdi Mouawad », *International Journal of Francophone Studies*, n° 15, vol. 1, 2012, p. 109.

161 Quoique d'origine arabe, Nawal appartient en effet à une famille et à un village chrétiens de culte maronite, alors que Wahab est un réfugié palestinien de religion islamique. Pour des raisons foncièrement historiques, les classes dirigeantes libanaises ont

de son enfant, Nawal, restée seule après l'arrestation de Wahab, est alors sollicitée par sa grand-mère Nazira à quitter son village, afin de se donner une instruction. La jeune fille abandonne alors sa terre natale, apprend à lire et à écrire, mais surtout part à la recherche de son enfant. Une recherche qu'elle poursuivra tout le long de sa vie. Mais la guerre éclate et son pays, jeté dans le chaos, est désormais entraîné dans une spirale de violence sans fin, aboutissant à la guerre civile.

Dans son périple sur les traces de l'enfant perdu, Nawal rencontrera Sawda, une jeune Palestinienne qui la prie de lui apprendre à écrire : en échange, Nawal pourra apprendre de Sawda, qui a une voix magnifique, l'art du chant. Les deux jeunes filles nouent ainsi une amitié sincère et d'autant plus profonde qu'elle fleurit sur les débris de la guerre. Décidée à tout mettre en œuvre, pour retrouver son petit, Nawal, qui a découvert que le village de Kfar-Rayat abrite un orphelinat, se dirige alors vers le sud du Liban, où sévit le conflit, dans le but de rejoindre le lieu où elle espère retrouver son fils. Entretemps, la famille de Sawda est trucidée par un groupe de miliciens chrétiens et Nawal, déterminée à entreprendre la voie du meurtre politique pour venger une telle atrocité, organise un attentat, au cours duquel périt le chef des miliciens. La jeune femme choisit délibérément d'agir seule, pour épargner la vie de son amie Sawda, plus jeune qu'elle. Nawal est alors arrêtée et mise en prison. Mais la guerre a achevé de défigurer son pays et l'orphelinat d'autrefois a été transformé en prison. C'est là que Nawal est internée avec le numéro 72 marqué sur sa veste verte. C'est là que la jeune femme subit toute sorte de tortures, d'abus, de viols.

Que reste-t-il de son amitié pour Sawda ? Que reste-t-il de ses études lui ayant permis d'inscrire sur le tombeau de sa grand-mère Nazira le nom de celle-ci et, plus tard, de jouer un rôle actif dans la résistance de son pays, en animant un journal clandestin où elle dénonçait la barbarie de la guerre ? Apparemment rien. Rien que ce chant, suave et mélancolique, que la prisonnière 72 ne cesse d'élever, dans sa cellule de Kfar-Rayat, de l'abîme de douleur où elle se trouve plongée. Ce chant est l'acte suprême de sa rébellion face à l'horreur et à la souffrance, auxquelles Nawal est condamnée ; il représente la marque, fragile et puissante à la fois, de sa volonté de réagir à la mort par la vie, à la sauvagerie la plus immonde par

---

toujours été de religion chrétienne maronite, montrant souvent un certain mépris vis-à-vis des minorités arabes musulmanes présentes dans leur pays. Au sujet de l'histoire libanaise, nous renvoyons à : Henry Laurens, *Le Grand jeu. Orient arabe et rivalités internationales depuis 1945*, Paris, Armand Colin, 1991, p. 327 et *sq.*, mais aussi à : Denise Ammoun, *Histoire du Liban contemporain, 1943-1990*, Paris, Fayard, 2005.

un besoin indompté d'humanité, à l'abjection la plus totale par un acte qui libère et recrée la beauté.

Ainsi, au plus profond de l'infamie où l'hostilité, la violence et l'indifférence d'autrui ont fini par la précipiter, Nawal apparaît enfin, à Jeanne et à Simon, comme un être qui a su réagir au mal par une force intérieure inouïe, lui ayant permis à la fois de dénoncer son bourreau et de le pardonner, tout en assurant à ses enfants la possibilité d'éviter à leur tour de répondre à la haine par la haine.

La recherche de la vérité, toute brutale et douloureuse qu'elle puisse être, s'avère donc essentielle pour Jeanne et Simon, car elle restitue à ces jeunes, avec un fragment indispensable de leur histoire familiale, l'identité profonde de leur mère et, par conséquent, une partie de la leur, comme le montrent bien les deux lettres que Nawal avait réservées pour le moment où ses enfants découvriraient leur origine[162]. J'en cite ici un passage pour montrer, à côté de la haute portée poétique, la profonde, émouvante humanité qui s'en dégage :

> 37. Lettre au fils
>
> *Simon donne son enveloppe à Nihad, qui l'ouvre.*
>
> NAWAL. Je t'ai cherché partout.
> Là-bas, ici, n'importe où.
> Je t'ai cherché sous la pluie,
> Je t'ai cherché au soleil
> Au fond des bois
> Au creux des vallées [...]
> Je t'ai cherché en creusant sous la terre pour y enterrer mes amis morts,
> Je t'ai cherché en regardant le ciel,
> Je t'ai cherché au milieu des nuées d'oiseaux
> Car tu étais un oiseau.
> Et qu'y a-t-il de plus beau qu'un oiseau ?
> Qu'un oiseau plein d'une inflation solaire ?
> Qu'y a-t-il de plus seul qu'un oiseau,
> Qu'un oiseau seul au milieu des tempêtes
> Portant aux confins du jour son étrange destin ?
> À l'instant, tu étais l'horreur.

162 *Cf.* à ce propos François Ouellet, « Au-delà de la survivance : filiation et refondation du sens chez Wajdi Mouawad », *L'Annuaire théâtral*, n° 38, Automne 2005, p. 158-172.

À l'instant tu es devenu le bonheur.
Horreur et bonheur.
Le silence dans ma gorge. […]
Dans ma cellule,
Je te racontais ton père.
Je te racontais son visage,
Je te racontais ma promesse faite au jour de ta naissance.
Quoiqu'il arrive je t'aimerai toujours.
Quoiqu'il arrive je t'aimerai toujours
Sans savoir qu'au même instant, nous étions toi et moi dans notre défaite
Puisque je te haïssais de toute mon âme.
Mais là où il y a de l'amour, il ne peut y avoir de haine.
Et pour préserver l'amour, aveuglément, j'ai choisi de me taire.
Une louve défend toujours ses petits.
Tu as devant toi Jeanne et Simon.
Tous deux tes frère et sœur
Et puisque tu es né de l'amour,
Ils sont frère et sœur de l'amour. […]
Au-delà du silence,
Il y a le bonheur d'être ensemble.
Rien n'est plus beau que d'être ensemble[163].

Dans cet extrait magnifique et bouleversant, Nawal a le courage d'avouer une vérité inconfessable. Mais cette femme, éprouvée par la vie, demeure avant tout une mère, capable d'accueillir ses enfants, de les protéger, comme elle le peut, de la misère physique et morale à laquelle on l'a condamnée. Elle s'avère encore capable de compassion, surtout à l'égard de Nihad, l'enfant perdu qui n'a jamais eu la possibilité de connaître celle qui lui a donné la vie. Voilà la grandeur de Nawal, une grandeur d'âme qui resplendit dans sa fragilité même, dans l'obstination de son silence, qui a su pousser ses enfants à entreprendre une nouvelle voie, afin d'adhérer à une vérité qui, toute blessante qu'elle soit, les ouvre à leur tour à l'accueil de l'Autre, à la tolérance, à la compréhension, plutôt qu'au jugement[164].

---

163 Wajdi Mouawad, *Incendies*, cit., p. 127-129. L'italique est de l'auteur.

164 *Cf.* Lydie Parisse, *Œdipe par temps de catastrophe :* Incendies *de Wajdi Mouawad*, dans Murielle Lucie Clément, Sabine van Wesemael (dir.), *Relations familiales dans les littératures française et francophone des XXe et XXIe siècles. La figure du père*, Paris, L'Harmattan,

La découverte de leur frère et des méfaits qu'il a commis envers leur mère Nawal devient ainsi l'occasion pour que les deux jumeaux comprennent que la vie vaut la peine d'être vécue, car au plus profond de l'abjection, elle permet la floraison magnifique et inattendue de liens d'amour et d'amitié que rien – même pas la mort – ne peut briser.

La quête de la vérité qui caractérise le parcours existentiel de Jeanne et Simon Marwan se trouve également au centre de l'itinéraire de Loup, l'héroïne de *Forêts*. Adolescente ennuyée et rebelle, Loup est contrainte par les événements à remonter à l'origine de sa famille, car les analyses médicales auxquelles on a soumis sa mère Aimée, atteinte d'un cancer, révèlent la présence d'une parcelle d'os dans son cerveau, responsable de la formation de la tumeur, mais qui, mystérieusement, n'est pas compatible avec la structure cérébrale de cette femme. Et, à l'instar de Simon, Loup nourrit envers Aimée une forme de refus, dû à la fragile structure psychologique de celle-ci qui l'aurait empêchée de vivre à fond sa vocation maternelle.

Malgré sa répugnance initiale, la jeune fille se laisse pourtant entraîner à la recherche de la vérité, sollicitée par le paléontologue Douglas Dupontel[165], qui désire mener à bien les études entamées autrefois par son père, au sujet d'un crâne ayant appartenu à une femme morte dans un camp nazi. Grâce à la compétence et à la sagesse de Douglas, Loup se dispose alors à reconstruire toutes les étapes de son histoire familiale, qui s'avère bientôt être un labyrinthe de relations enchevêtrées et souvent morbides, révélant à cette adolescente le côté foncièrement obscur de l'être humain.

Née de l'union d'Aimée et de son père Baptiste, Loup est en effet la dernière descendante de la lignée des Keller, une famille d'origine strasbourgeoise qui, au lendemain de la défaite française de 1871, avait décidé de prendre la nationalité allemande, afin de profiter des facilités économiques octroyées par le gouvernement prussien. C'est ainsi qu'Alexandre Keller avait bâti sa fortune, en produisant – à travers l'exploitation du travail des enfants, illégal en France – les locomotives et les chemins de fer qui contribueraient à faire de l'Empire prussien un état efficace et moderne. Dégoûté

2008, p. 340-341 et Marylin Matar, « "À la croisée des chemins, il peut y avoir l'autre". Lecture croisée de *Littoral* de Wajdi Mouawad, *Les Versets du pardon* de Myriam Antaki, et *Palestine* de Hubert Haddad », *Contemporary French and Francophone Studies*, n° 5, vol. 17, 2013, p. 512-520.

165 « DOUGLAS DUPONTEL. […] et si Ludivine, pour aider Loup à trouver un sens à sa vie, trouver sa place dans le monde, trouver son identité, a voulu lui dire quelque chose ? », *Forêts. Le Sang des promesses / 3*, Montréal-Paris, Leméac/Actes Sud-Papiers, Coll. « Babel », 2009, p. 104.

par le cynisme dont fait preuve Alexandre, son fils Albert décide alors de marier, contre la volonté de son géniteur, la demi-mondaine Odette Garine et de se construire, au beau milieu de la forêt des Ardennes, une demeure qui puisse protéger son foyer de la méchanceté du monde. Mais le rêve de créer un univers pacifique, où les hommes vivraient en accord avec les animaux les plus sauvages, se désagrège fatalement sous les coups de sa fragilité. En effet, ayant appris que les jumeaux Léonie et Edgar ont été engendrés non de son union d'amour avec Odette, mais de la relation secrète de celle-ci et de son père, Albert Keller cède à son penchant pour Hélène, sans avoir conscience de la nature incestueuse de cette relation[166].

Au début de la Première Guerre mondiale, lorsque le déserteur Lucien Blondel rejoint le fabuleux zoo au milieu des Ardennes, les cinq enfants d'Albert vivent donc dans une sorte d'univers parallèle, en attendant le retour de leur oncle Edmond, parti à la recherche d'un lieu où ils pourraient vivre. Mais Edmond ne reviendra jamais car, surpris par l'éclat de la guerre, il sombrera à son tour dans la folie. C'est en fait dans un asile pour malades mentaux que la jeune orpheline Ludivine, élevée par la famille Davre, le retrouve quelques décennies plus tard.

Au cours de la Deuxième Guerre mondiale, avec son inséparable amie Sarah Cohen, Ludivine se trouve à jouer un rôle actif dans la Résistance française, au sein du Réseau Cicogne, ayant pour mission d'aider les aviateurs anglais, américains et canadiens à regagner la zone libre, lorsque leurs avions ont été abattus. Quand les troupes allemandes se mettent sur les traces de Sarah, pour l'arrêter en raison de son origine juive, Ludivine, qui ne peut avoir d'enfants, échange alors son identité avec Sarah, afin d'épargner la vie de son amie et de l'enfant que celle-ci porte dans son ventre :

> LUDIVINE. Sarah ! Réfléchis ! Toi tu pourras encore donner la vie, mais moi, tout ce que je peux faire, c'est donner la mienne et à qui d'autre je voudrais la donner si ce n'est toi ? Tu ne peux pas m'enlever ça, tu comprends[167] ?

Juste avant d'être arrêtée, Ludivine confie la fille de Sarah à un aviateur canadien, dans l'espoir de la sauver et cette enfant, transportée au Québec, n'est autre que Luce, la mère d'Aimée et la grand-mère de Loup. Ludivine

166 « Enfermée dans la forêt, seule, sans le regard de l'autre pour retenir les passions, sans ce regard qui est conscience, la famille-monstre transgresse tous les tabous. Là-bas s'opèrent des métamorphoses, les hommes deviennent des bêtes jusqu'à l'accouchement d'un monstre véritable né du viol d'Hélène par son frère Edgar, le parricide. », Aude Campmas, « "Comment rester vivant avec ce qui est mort en nous ?" L'Amitié et la promesse chez Wajdi Mouawad », cit., p. 111.

167 Wajdi Mouawad, *Forêts*, cit., p. 154.

était en effet la fille de Léonie et de Lucien Blondel, le soldat déserteur, mort en essayant de délivrer Léonie et ses frères de leur captivité ardennaise. Elevée au Québec par le couple Davre, lors de son activité dans la Résistance, Ludivine a changé son nom en Brouillard pour éviter les contrôles de la police et, mystérieusement, au moment où elle a sacrifié sa vie pour sauver celle de son amie Sarah et de sa fille Luce, elle a laissé un fragment d'os de son crâne dans la tête d'Aimée, l'enfant que celle-ci a eue.

C'est alors que Loup se reconnaît une double appartenance identitaire : si en effet, au point de vue généalogique, elle descend de la lignée franco-allemande des Keller, à laquelle appartenait Ludivine, d'autre part, elle est aussi la dernière descendante de la juive Sarah Cohen. Ainsi, les deux ethnies longtemps ennemies au cours de la Deuxième Guerre mondiale – l'allemande et la juive – sont à jamais réunies en la personne de Loup. Dans cette double identité, que la perte de sa mère Aimée l'a obligée à découvrir, l'adolescente peut enfin comprendre son histoire et donner un sens à son existence.

Elle prend conscience en fait d'être le fruit de l'amour profond d'Aimée qui, apparemment incapable de lui transmettre son attachement maternel au moment de sa naissance, a préféré choisir de garder son enfant, plutôt que pratiquer l'avortement et pouvoir ainsi se soumettre à la chimiothérapie qui l'aurait sans doute guérie du cancer. Et, par cette voie, Loup est conduite à modifier, à l'instar des deux protagonistes d'*Incendies*, son jugement à l'égard de sa mère.

Mais la découverte de l'Histoire amène la jeune montréalaise encore plus loin, jusqu'à rencontrer la figure de Ludivine Davre/Brouillard qui appartenait, sans même le savoir, à la puissante dynastie des Keller. Celle-ci avait fondé sa richesse d'abord sur la production des chemins de fer vendus à l'Empire prussien, pour arriver ensuite à produire, au cours du deuxième conflit mondial, les fours dans lesquels périraient la plupart des déportés dans les camps nazis et dans lesquels Ludivine elle-même trouverait la mort, pour avoir échangé sa vie contre celle de son amie juive, Sarah Cohen.

L'adolescente Loup résume donc en elle-même tout un segment de l'Histoire mondiale, mais elle incarne surtout le symbole, le simulacre, de la réconciliation profonde qui a su interrompre la chaîne des crimes abominables, commis à tous les niveaux par ses ancêtres, permettant enfin une cohabitation pacifique entre races et cultures différentes, véritable prélude d'un humanisme nouveau[168]. Et cela n'a pu avoir lieu que grâce à l'exemple

[168] Lise Gagnon, « Imaginaire quantique : chantier autour de *Forêts* », *Jeu : revue de théâtre*, n° 117, vol. 4, 2005, p. 57-58.

lumineux du sacrifice de Ludivine, dont le prénom avait été choisi *ad hoc* par ses malheureux parents, Léonie et Lucien, pour indiquer la présence de la lumière divine, au sein d'un univers habité par la perversité et par la guerre : Ludivine, Lux divine[169].

Loup entreprend donc un itinéraire de découverte qui l'assimile aux deux héros d'*Incendies*. Et, à l'instar de Jeanne et de Simon Marwan, même Loup doit modifier sa manière d'envisager la vérité : celle qui concerne sa mère, comme celle qui a trait à sa famille et à l'histoire du XXe siècle. En effet, au plus profond de toutes les 'forêts', où s'enchevêtrent les fautes et les culpabilités de ceux qui l'ont précédée, cette adolescente retrouve avec admiration la splendeur du lien d'amitié qui, en unissant Ludivine et Sarah, non seulement a sauvé la vie de cette dernière, mais a permis à Loup d'identifier, dans le sacrifice de Ludivine, une manière de concevoir l'existence enfin digne de l'être humain. Et celle-ci trouve son fondement dans l'amitié qui « comme don de soi, libère les personnages [mouawadiens] d'un destin filial tragique. Ils gagnent un avenir. Au sang-héritage, Wajdi Mouawad substitue le sang des promesses et les enfants de la guerre, coincés jusqu'alors dans l'enfance, peuvent devenir adultes. Ils créent une nouvelle manière de penser la communauté, expurgée de la notion de filiation[170]. »

L'amitié est donc la clé de voûte qui, dans un univers de violences et d'abus sans fin, tel l'univers de la guerre, de toutes les guerres, parvient à sauvegarder la beauté, la noblesse, la grandeur dont tout individu – homme ou femme, peu importe – peut se rendre protagoniste, lorsqu'il choisit délibérément de vivre la rencontre avec l'Autre, en tant que source d'un échange réciproque et non en tant qu'une menace à sa propre identité, à sa propre survivance.

Ainsi qu'on a essayé de le montrer, tant dans *Incendies* que dans *Forêts*, émerge – nous semble-t-il – avec force, la volonté de Mouawad de faire appel à ses contemporains, afin qu'ils prennent conscience de l'urgence de la fondation d'un humanisme nouveau, assis sur la différence linguistique, culturelle, raciale, ethnique et religieuse, et par là même destiné à instaurer les bases d'une cohabitation pacifique entre les peuples du troisième millénaire.

L'écrivain semble indiquer les éléments principaux de ce nouvel humanisme, tout d'abord dans le rejet des traditions héritées du passé, lorsque

---

169 Wajdi Mouawad, *Forêts*, cit., p. 60.

170 Aude Campmas, « "Comment rester vivant avec ce qui est mort en nous ?" L'Amitié et la promesse chez Wajdi Mouawad », cit., p. 115.

ces dernières deviennent des barrières idéologiques infranchissables, qui empêchent la rencontre de l'Autre.

Cependant, ce qui s'avère central dans la pensée mouawadienne, c'est la problématique concernant la quête d'un passé personnel et familial trop souvent ignoré, oublié ou enseveli dans les replis de la mémoire. Pour Mouawad en effet la création d'un nouveau modèle d'humanisme ne peut avoir lieu qu'à condition de prendre le risque du recouvrement de la vérité, qui s'avère la plupart des fois extrêmement douloureuse et presque mortifère, mais qui revêt cependant la fonction essentielle de contribuer à la construction d'une identité solide.

Néanmoins, la quête de la vérité ne peut se réaliser – selon l'écrivain – que grâce à l'appropriation, de la part des protagonistes de ses œuvres, des outils culturels qui leur permettent de « prendre la parole », c'est-à-dire de dénoncer les abus et les violences qu'ils ont subis, ou dont ils ont été témoins, dans le but de briser le silence qui trop souvent a enveloppé les crimes innombrables, commis au cours de l'Histoire. Dans la perspective mouawadienne, la culture et l'éducation deviennent donc deux piliers indispensables à la fondation d'une conception nouvelle de l'homme et de son rapport au monde, car elles soulèvent la question plus générale de la transmission des valeurs aux jeunes générations, que l'auteur considère comme étant l'élément distinctif de la pleine maturité humaine, se déployant dans la prise en compte de l'Autre.

Sous cet aspect cependant, force est de constater que, aussi bien dans *Forêts* que dans *Incendies*, la transmission des valeurs de la part de la société adulte, loin de se réaliser par le biais de l'engagement d'une communauté entière, n'a lieu au contraire que grâce à l'action de personnalités isolées, déterminées pourtant à prendre en main leur destin et devenues des témoins irremplaçables, dans le geste d'indiquer la voie à ceux qui les entourent.

C'est le cas, bien entendu, de Nawal Marwan qui, après avoir quitté son village pour se mettre sur les traces de son enfant, participe de façon active à la résistance de son pays et finit par pardonner à son tortionnaire, au nom d'un amour qui ne peut s'arrêter, même face aux pires horreurs, laissant ainsi en héritage à Jeanne et Simon le legs d'une compassion patiente.

C'est aussi le cas de Douglas Dupontel, décidé à persuader Loup de ne pas renoncer à la recherche de la vérité, car elle seule peut restituer la justesse et la profondeur à la vie présente ; c'est le cas, là encore, de Ludivine Davre/Brouillard, se résolvant à sauver la vie de son amie Sarah au prix de la sienne, afin d'affirmer une fois de plus, contre la sauvagerie de la guerre, que la vie demeure sacrée et intouchable.

Amitié, diversité, tolérance, recherche de la vérité, culture, art, éducation à la cohabitation pacifique, transmission des valeurs, mais surtout capacité à témoigner de ces valeurs jusqu'au sacrifice de soi : voilà les éléments nécessaires, aux yeux de Wajdi Mouawad, afin que l'homme contemporain retrouve la plénitude de sa dignité et, à partir d'elle, puisse contribuer à l'édification de l'humanisme nouveau, nourri – on le voit – de valeurs éternelles, et d'autant plus urgent et nécessaire, que la société actuelle paraît sombrer, jour après jour, dans la sauvagerie la plus bestiale.

Chapitre 4

Jeux et enjeux intertextuels dans « Le Soleil ni la mort ne peuvent se regarder en face »[171]

1. « *Écrire dans les lacunes et les interstices de la tragédie grecque*[172] »

La gestation de *Le Soleil ni la mort ne peuvent se regarder en face* trouve son origine dans l'amitié et l'estime existant entre deux hommes de théâtre. Sollicité à plusieurs reprises par Dominique Pitoiset, metteur en scène et directeur artistique du Théâtre national de Bordeaux, Wajdi Mouawad affirme avoir commencé à travailler à la pièce qui devait paraître en 2008 chez Leméac[173], en essayant de faire sien le « rêve de Dominique », comme le dramaturge l'appelle dans la préface de son œuvre[174]. Ce dernier consistait essentiellement en le désir de raconter, à travers une sorte de collage de certaines tragédies d'Eschyle, de Sophocle et d'Euripide, l'histoire de Thèbes, depuis sa fondation jusqu'à sa décadence[175]. Toutefois, assez tôt, la difficulté, voire l'impossibilité, d'une telle création s'est révélée aux deux hommes de théâtre, en raison de la manière fort divergente dont chacun des grands auteurs tragiques de l'Antiquité concevait le rapport aux dieux. Mouawad observe en particulier à cet égard que :

> entre l'époque d'Eschyle et celle d'Euripide, il y a un déplacement qui crée une désillusion. Si pour le premier il faut toujours obéir aux dieux, pour le second

---

171 Cet article est paru d'abord dans *Parole Rubate*, n° 16, 2017, p. 209-233. On le publie dans le présent volume, avec quelques intégrations.

172 *Cf.* Daniel Loayza, *Entretien avec Dominique Pitoiset. Une histoire de regard*, 22 mars 2008, « Théâtre contemporain.net », www.theatre-contemporain.net/ spectacles/Le-Soleil-ni-la-mort-ne-peuvent-se-regarder-en-face/ensavoirplus/ (Consulté le 15.06.2016).

173 Voir Wajdi Mouawad, *Le Rêve de Dominique*, dans *Id.*, *Le Soleil ni la mort ne peuvent se regarder en face*, Montréal-Arles, Leméac/Actes Sud-Papiers, 2008, s. p.

174 *Ibid.*

175 Parmi ces tragédies, Mouawad cite *Les Phéniciennes* d'Euripide, *Les Sept contre Thèbes* d'Eschyle, *Œdipe roi*, *Œdipe à Colone* et *Antigone* de Sophocle.

> ceux-là, s'ils existent, se moquent de nous. Sophocle entretenant [...] la position la plus profondément complexe, va du doute à la conviction, de l'aveuglement à l'égarement. [...] Cette différence fondamentale du rapport au divin empêchait toute jonction entre les pièces écrites par l'un et par l'autre[176].

Si conjuguer les diverses œuvres des Tragiques grecs apparaissait impossible, la volonté de créer une pièce qui puisse s'insérer dans les interstices de la tragédie grecque et des légendes mythiques qu'elle véhicule[177], s'est néanmoins consolidée, permettant enfin à Mouawad d'identifier avec émerveillement ce moment, fondateur et mystérieux, dans le récit de l'enlèvement d'Europe par Zeus qui, tombé amoureux d'elle, ravit l'avenante jeune fille sur la plage de Sidon, la conduisant vers la mer.

Ce récit mythologique frappe l'imagination de Mouawad, moins parce qu'il constitue à ses yeux une sorte de légende primordiale, remontant à la source même de la civilisation grecque et plus généralement européenne, que parce qu'il est inextricablement lié à son pays d'origine, le Liban, qui s'y trouve placé au cœur de la culture occidentale, à laquelle il semble fournir ses lettres de noblesse. Car, c'est bien à travers l'imaginaire de sa terre natale, fait « du soleil, de sa chaleur, de la mer, des arbres fruitiers, de la parole échangée et de l'enfance[178] » que Mouawad parvient à s'immerger dans l'histoire d'Europe et de son frère Cadmos qui, lancé à sa recherche et débarqué en pays étranger, arrive à fonder la légendaire ville de Thèbes[179]. À partir donc de la fascination exercée sur le dramaturge par cette légende, située dans les contrées solitaires et ensoleillées du pays des cèdres, Mouawad a pu s'approprier le "rêve de Dominique" :

> Il a fallu cela, car sinon pas d'écriture possible. L'intimité, je l'ai trouvée dans le désir intuitif, inexplicable, de raconter encore l'histoire de Cadmos qui, parti à la recherche d'Europe, fonde Thèbes pour donner naissance à sa quête. Cadmos, c'était un territoire vierge, léger, comme un horizon dégagé. Aucune pièce d'Eschyle, Sophocle ou Euripide ne nous est parvenue pour raconter Cadmos, Laïos et Œdipe face au Sphinx[180].

---

176 *Ibid.*

177 Voir Jacqueline de Romilly, *La Tragédie grecque*, Paris, P.U.F., 1973, p. 15 *ssq.*

178 *Cf.* Wajdi Mouawad, *Le Chemin change*, dans *Id.* et Robert Davreu, *Traduire Sophocle*, Arles, Actes Sud-Papiers, 2011, p. 13.

179 Voir Roberto Calasso, *Le Nozze di Cadmo e Armonia*, Milano, Adelphi, 1988, p. 69. C'est bien dans ce volume, traduit en français et publié par Gallimard en 1991, que Mouawad puise, pour affirmer la centralité de la figure de Cadmos. Voir W. Mouawad, *Le Rêve de Dominique*, cit., s. p.

180 *Ibid.*

Ainsi l'auteur nous prévient-il que le rapport de son texte à l'hypotexte fondateur, représenté par les tragédies grecques et par les récits mythiques dont elles s'inspirent, se pose d'emblée sous le signe de la liberté et du désir de revisiter la tradition antique, afin de l'interroger et d'y discerner des réponses aux interrogatifs les plus cuisants qui tourmentent l'homme contemporain et qui demeurent étonnamment proches de ceux que les génies de l'Antiquité s'étaient posés. De cette confrontation avec les grands Tragiques anciens naît alors, sous la plume de Mouawad, un drame amplifié, acquérant bientôt les dimensions d'une trilogie, dont la représentation sur scène couvre pratiquement six heures de durée[181]. Il s'agit d'une œuvre vaste et articulée, focalisant tour à tour chacun des héros qui ont vécu dans leur chair la malédiction, l'exil, et la solitude. En un mot, la tragédie.

Toutefois, de son aveu explicite, Dominique Pitoiset avait pensé, au tout début du projet, pousser Mouawad à se concentrer surtout sur le personnage d'Œdipe, que le directeur du Théâtre national de Bordeaux envisageait en tant que figure emblématique de la recherche de l'identité, suivant laquelle « le tragique devient inhérent au bien le plus propre et le plus intime de l'être mortel, c'est-à-dire à sa propre conscience[182] ». En revanche, la composition de la trilogie mouawadienne a progressivement levé le voile sur des figures, aussi intéressantes et grandioses que celle d'Œdipe, que les fragments de la tradition tragique grecque parvenus jusqu'à nous n'avaient pas approfondies.

Voilà pourquoi le travail acharné d'écriture entrepris par Wajdi Mouawad, loin de nous éclairer uniquement sur les destins ultimes de la magnifique ville aux sept portes, finit par jeter une lumière nouvelle sur l'homme, fragile créature, basculant entre vie et mort, sagesse et folie, lucidité et aveuglement, vérité et mensonge, aujourd'hui comme à l'époque d'Eschyle, de Sophocle et d'Euripide[183].

L'analyse de *Le Soleil ni la mort ne peuvent se regarder en face*, que nous allons aborder dans les pages suivantes, a donc pour but de montrer, à travers l'interprétation que Mouawad donne de la tragédie grecque, l'enrichissement qui dérive de cette confrontation avec l'hypotexte

---

181 Notons, à cet égard, que Mouawad retrouve par là la structure originaire du théâtre grec, où chaque tragédie constituait la section indépendante d'une trilogie plus ample, permettant aux spectateurs de suivre le destin des héros qui y étaient représentés. *Cf.* Jacqueline de Romilly, *La tragédie grecque*, cit., p. 36 et *Id.*, *Le Temps dans la tragédie grecque : Eschyle, Sophocle, Euripide*, Paris, Vrin, 2009, p. 12.

182 *Cf.* Daniel Loayza, *Entretien avec Dominique Pitoiset. Une histoire de regard*, cit.

183 Voir Gilbert Durand, *Figures mythiques et visages de l'œuvre*, Paris, Berg International Éditeur, 1979, p. 28-29.

ancien, mettant clairement en relief l'originalité de sa création, mais aussi la dette que cet auteur entretient vis-à-vis des grands auteurs de l'Antiquité, non seulement du point de vue des contenus de son œuvre, mais aussi du point de vue stylistique. Comme si la fréquentation assidue de la tragédie ancienne parvenait à doter le dramaturge contemporain d'une possibilité d'expression nouvelle, où le souffle hautement lyrique des auteurs grecs contribue à vivifier la portée foncièrement poétique et épique de son théâtre[184].

2. *Cadmos, la fondation*

Lorsqu'on parle d'intertextualité ou plus exactement de transtextualité[185], une nécessité s'impose d'emblée au spécialiste : celle d'établir de quelle nature sont les liens que l'hypertexte – ou texte second – entretient avec l'hypotexte dont il s'inspire. Dans le cas de la trilogie de Wajdi Mouawad, il s'agit tout d'abord de l'intertextualité proprement dite et, en seconde instance, de la relation de paratextualité. Si la première d'entre elles se réfère à l'ensemble du texte mouawadien dans ses rapports aux tragédies anciennes et au contenu mythologique dont elles sont porteuses, la relation paratextuelle se rattache manifestement au titre du drame qui se fait l'écho d'une maxime de François de La Rochefoucauld[186].

Pour comprendre l'utilisation que Mouawad fait des textes des grands Tragiques grecs, il faut donc revenir à ce mythe fondateur qu'est pour l'auteur le récit de l'enlèvement d'Europe par Zeus, métamorphosé en un éblouissant taureau blanc aux cornes dorées, en forme de croissant de lune. Présent notamment dans l'*Œdipe roi* et l'*Œdipe à Colone* de Sophocle, dont il constitue pour ainsi dire la toile de fonds et l'antécédent diégétique, ce récit assigne à Cadmos un rôle central, puisque ce personnage est le seul qui, parti comme ses frères à la recherche d'Europe, conformément à la volonté de leur père Agénor, non seulement leur survivra, mais donnera naissance à une nouvelle descendance, en fondant la ville de Thèbes.

---

184 Voir Véronique Rubira, *Les mythes dans le théâtre de Wajdi Mouawad et Caya Makhélé*, Paris, Acoria Éditions, 2014, p. 14.

185 Voir Gérard Genette, *Palimpsestes. La littérature au second degré*, Paris, Seuil, 1982, p. 7.

186 *Cf.* François de La Rochefoucauld, *Réflexions ou sentences et maximes morales* (édition de 1678), dans Id., *Œuvres complètes*, Introduction par Robert Kanters, chronologie et index par Jean Marchand, Édition établie par L. Martin-Chauffier, revue et augmentée par Jean Marchand, Paris, Gallimard, 1964, Coll. « La Pléiade », p. 406, n° 26 : « Le soleil ni la mort ne se peuvent regarder fixement ».

Mouawad reprend alors à son tour la figure et l'histoire de Cadmos, dont il revisite certains mythèmes, en les approfondissant et en les réinterprétant. Avant tout, ce qui attire son attention c'est le nom du héros – Cadmos – qui en grec signifie 'l'oriental'. Or, cette provenance du personnage mythique d'une aire géographique qui n'est pas à proprement dire européenne, semble constituer aux yeux du dramaturge un élément extrêmement significatif puisqu'elle exalte le rôle hautement civilisateur de la culture orientale, vis-à-vis de la civilisation grecque et, plus généralement, occidentale. Une telle interprétation, bien qu'en ne s'écartant pas beaucoup de la *doxa*, met pourtant l'accent sur le rôle prépondérant que la civilisation orientale aurait joué, à l'origine, sur la grande culture hellénique, généralement considérée comme étant la source de la culture de l'Occident.

En effet, arrivé fortuitement en terre étrangère, Cadmos venu de la Phénicie (« L'étranger à jamais étranger / le barbare à jamais barbare »[187]) est accueilli avec bienveillance par la population autochtone de l'île de Samothrace, qui en fera bientôt son roi en raison de ses vertus et de sa sagesse. C'est alors qu'en s'unissant en mariage avec la splendide Harmonie, fille d'Arès et d'Aphrodite, et en obéissant aux ordres de la déesse Pallas, Cadmos fonde en Béotie la ville de Cadmée, plus tard appelée Thèbes, destinée à devenir l'une des villes les plus florissantes de la péninsule grecque. Là, il veut établir une loi nouvelle, celle de l'accueil :

> Vous m'avez fait votre roi
> c'est en roi que j'agirai
> mais c'est toujours en ami que je vous parlerai.
> [...]
>
> Rappelez-vous :
> cherchant partout ma sœur
> je suis arrivé dans votre contrée
> suivant les pas fragiles de la génisse.
> Je vous ai appris ce que je savais
> vivre comme les oiseaux
> rêver avec les oiseaux
> Et certains parmi vous ont cru à mes paroles.
> Je suis arrivé pour vous dire

---

[187] Wajdi Mouawad, *Le Soleil ni la mort ne peuvent se regarder en face*, cit., p. 42.

'C'est moi.
Construisons ensemble une ville'.
Certains ont hurlé ce mot :
'Étranger'
et la guerre a éclaté qui a tout détruit.
[...]
Écoutez ma voix
sur les ruines de nos discordes
nous reconstruirons les lois d'un monde nouveau.
Une ville ici s'élèvera et aura les couleurs de nos passions
et parce que le mot 'étranger' nous a séparés
l'étranger dorénavant sera notre Loi.
Cette ville aura sept portes
ouvertes chacune vers une des couleurs du ciel
et nous serons ainsi tournés
le jour la nuit durant
vers les mouvements de ce qui est autre et différent[188].

En évoquant son périple à la recherche de sa sœur Europe, Cadmos rappelle avoir été amené à suivre la génisse indiquée par Pallas, qui lui avait suggéré le lieu de la fondation d'une cité nouvelle et s'adresse amicalement aux habitants de la naissante ville de Thèbes, en les exhortant à ne pas oublier que l'édification a eu lieu au prix d'une guerre sanglante, causée par une violente hostilité envers l'étranger. Voilà pourquoi, une fois la paix rétablie, Cadmos désire fonder, sur les ruines et les cadavres laissés par un conflit qu'il juge absurde, une ville nouvelle, où la cohabitation pacifique de peuples différents sera établie par la loi et où l'accueil de l'étranger deviendra la seule règle en vigueur. Thèbes sera alors la ville de la tolérance et de l'union du natif avec le barbare.

Comme on peut le voir, Mouawad a volontairement modifié certains traits du récit mythique. Premièrement, Cadmos apparaît dans *Le Soleil ni la mort ne peuvent se regarder en face* comme le seul enfant d'Agénor et Téléphassa à avoir survécu à la quête d'Europe, non en raison de sa prouesse et de son habilité, comme c'était le cas dans la légende originaire, mais à cause de la requête avancée par ses frères avant de partir à la recherche de leur sœur. Persuadés d'aller à l'encontre de la mort, ces

188 *Ibid.*, p. 42-43.

derniers auraient supplié leur père Agénor de garder auprès de lui Cadmos, encore enfant, afin d'assurer leur descendance.

Quelques années plus tard, ayant découvert que tous les membres de sa famille ont péri dans la recherche vaine d'Europe, Cadmos adolescent décide de quitter la Phénicie[189]. Par son départ, le jeune héros trahit alors la promesse faite à ses frères de rester à jamais dans sa terre natale, car la disparition des siens lui a soudain révélé le manque de sens dans lequel est enveloppée la vie humaine. Dans les propos du héros résonne en effet, avec des accents tragiques, la douleur déchirante de la perte, exprimée par le biais d'une série d'anaphores, destinées à mettre en relief, à travers les recours allitératifs, les assonances et les nombreuses rimes dérivatives et même couronnées, la seule vérité inhérente à l'existence de tout homme. Notons en effet la richesse prosodique des vers cités ci-dessous, où les labio-dentales sourdes et sonores [t] et [d], les bilabiales sourdes et sonores [p] et [b], ainsi que les voyelles nasales postérieures [õ] reviennent systématiquement, en créant un réseau de sonorités sombres, qui traduisent parfaitement la notion de la destruction générale ayant dévasté son foyer :

> Tombe le monde
> tombent les promesses !
> Frère frère frère et père
> dorment dans leur tombe.
> Tombent tombent trop de tombes tombent
> avec elles les promesses !
> Je plante un couteau dans la trame de ma vie
> tout est abîmé
> ni promesse ni loi au jour du départ[190].

Confronté à l'évidence de la catastrophe qui s'est abattue sur sa famille, Cadmos quitte donc volontairement le pays des cèdres pour parcourir les contrées du monde dans l'espoir de retrouver sa sœur Europe. Ce détail est extrêmement significatif, lorsqu'on le considère dans l'économie générale de la conception mouawadienne, où tout héros abandonne son lieu d'origine, à la suite d'une perte grave, sinon irréparable, comme c'est

[189] Selon la légende, leur père Agénor avait péri aussi, se suicidant en proie à la folie, à cause de la perte de la fille Europe.

[190] Wajdi Mouawad, *Le Soleil ni la mort ne peuvent se regarder en face*, cit., p. 28.

le cas pour d'autres personnages sortis de la plume du dramaturge[191]. La perte, et par là même l'expérience de l'absurdité de l'existence que font ces héros, les pousse en effet à sortir douloureusement de leur quotidien, à s'exiler de leur terre natale pour s'ouvrir à la découverte du monde et de l'altérité[192]. Et une telle découverte s'avère généralement positive et enrichissante puisque, pour Cadmos comme pour d'autres figures créées par Mouawad, le chemin parcouru devient la source de rencontres inattendues et parfois révélatrices d'une beauté touchante.

C'est bien ce qui arrive à son héros, dans la première pièce de la trilogie mouawadienne, intitulée *Cadmos*, qui reconnaît en la splendide Harmonie le don que Zeus a voulu lui faire pour le récompenser de son courage.

À l'aubaine d'Harmonie, élargie par le père des dieux, Cadmos répond du reste par un autre don important : le don de l'alphabet que le Phénicien apporte en cadeau de noces à son épouse et au peuple dont il est fait roi. Grâce à l'écriture, la ville de Thèbes et ses habitants pourront alors laisser une trace de leur présence dans l'Histoire, en construisant une mémoire culturelle collective qui permettra à leurs descendants de rappeler leur passé, de connaître leurs racines et d'éviter leurs erreurs, en se projetant enfin vers un avenir meilleur :

> Mes amis
> écoutez-moi et ne vous chagrinez pas :
> notre ville brûlera un jour
> car toutes les civilisations brûlent.
> [...]
> Mais personne ne pourra effacer ce que je vous offre ici
> ce cadeau que je lance au milieu de vous
> don parmi les dons. [...]
> Trente pattes de mouches
> que vous apprendrez chacun ici à reproduire
> à prononcer et à répéter
> à déchiffrer et à réciter
> à comprendre et à aimer
> et à transmettre

191 Voir Françoise Coissard, *Wajdi Mouawad. Étude critique d'« Incendies »*, Paris, Honoré Champion, 2014, p. 55.

192 Voir Isabelle Patroix, « Identité et création dans l'œuvre de Wajdi Mouawad », Thèse de Doctorat, Université de Grenoble, 2014. French <NNT : 2014FRENL008>, p. 200.

génération après génération.
Voici les trente lettres de l'alphabet.
Lumière des lumières
chacun saura contempler dans ces formes noires
les vestiges les plus profonds de ses rêves
de ses désirs.
Depuis la première forme *Aleph*
jusqu'à la dernière *Ya*
nous sèmerons sur la terre de vos ancêtres
ces lettres mystérieuses
pour inscrire notre mémoire
sur la stèle du temps[193].

Cadmos nous apparaît donc dans la première pièce de la trilogie mouawadienne comme étant le fondateur, non seulement de la grandiose ville de Thèbes, mais par-dessus tout de la culture occidentale issue de l'hellénisme. Il est aussi l'homme du rêve, l'ami des oiseaux, qui sait s'élever au-dessus de la contingence, au-dessus de la violence et des guerres qui ponctuent l'Histoire, pour établir les assises d'une civilisation nouvelle, où les hommes venus de toute région de l'univers pourraient enfin vivre pacifiquement ensemble. Comme l'affirme du reste Mouawad :

> Je me rends compte que ce dont je suis convaincu, malgré moi, et que malgré moi je raconte, c'est que le seul tranchant sur lequel nous pouvons nous tenir debout, en conservant une sorte de légèreté, tout en gardant la mémoire des douleurs passées, c'est de ne pas faire de cette mémoire le lieu du chagrin, présent et futur. Si la mémoire sert uniquement à tenir éveillées les douleurs passées pour subjuguer le présent, c'est faire de la mémoire le lieu d'une douleur qui emprisonne toute possibilité d'avenir. Oublier totalement les catastrophes serait l'erreur opposée.
>
> Quand Œdipe finit par dire à ceux qui veulent jeter cette histoire : 'Nous vous en empêcherons', il le dit alors qu'il a tout perdu. Il reste debout sur le fil de la mémoire, sans faire de cette mémoire le lieu d'une oppression. 'Vous nous avez fait ça…', c'est ce qui se passe au Moyen-Orient, des deux côtés[194].

---

193 Wajdi Mouawad, *Le Soleil ni la mort ne peuvent se regarder en face*, cit., p. 44-45.

194 Jörn Cambreleng, *Entretien avec Wajdi Mouawad*, 10 mars 2008, « Théâtre contemporain.net », www.theatre-contemporain.net/spectacles/Le-Soleil-ni-la-mort-ne-peuvent-se-regarder-en-face/ensavoirplus/idcontent/12315 (Consulté le 15.05. 2016).

À travers un style élevé, fort poétique et parsemé de figures rhétoriques, mais en même temps dépourvu de tout signe de ponctuation, et parfois même marqué par la présence d'expressions populaires puisées au langage contemporain, Mouawad parvient alors dans la première pièce de sa trilogie à revisiter le mythe de l'origine, en lui conférant un sens totalement renouvelé. Au destin inéluctable et mortel qui sied dans la tragédie grecque à tout être humain et à toute civilisation, le personnage de Cadmos semble en fait opposer l'indication d'une voie inédite et nouvelle, celle de créer une civilisation, fondée sur une mémoire qui se veut prémisse d'un avenir de tolérance et de paix.

Une telle interprétation foncièrement positive du personnage de Cadmos se heurte cependant au destin qui touchera à sa descendance. Le fondateur de Thèbes n'est pas exempt en fait de l'erreur et c'est précisément en raison de sa faute que sa descendance sera soumise à la vengeance divine. Ce trait du personnage est bien mis en évidence par Mouawad dans les répliques finales de la première section de sa trilogie, au moment même où a lieu la célébration du mariage entre Cadmos et Harmonie, auquel – conformément à la légende originaire – assistent les dieux. Avant d'inviter ces derniers à prendre part au banquet, dans un mouvement d'orgueil, le Cadmos mouwadien affirme, face aux nobles et aux habitants de Thèbes, avoir la certitude que les dieux n'existent pas et que leur participation à cette fête nuptiale n'est que corollaire :

> Fêtons
> les premières noces de notre jeune histoire
> celles qui verront l'union de l'étranger
> avec le natif de ce pays.
> Cadmos avec Harmonie !
> Fêtons !
> Et nous qui savons que les dieux n'existent pas
> faisons semblant un instant qu'ils existent
> et pour une fois
> pour la seule fois
> pour l'unique fois
> invitons ce qui n'existe pas à se joindre à nous qui existons
> pour que l'illusion et la réalité
> ensemble réunies
> puissent se retrouver attablées autour de la même noce
> et célébrer la grande joie des hommes.

Faites entrer les dieux.

Entrent les dieux.
Ils rejoignent les hommes.
Ils s'attablent ensemble[195].

Ainsi se conclut la parabole accomplie par Cadmos, le fondateur de Thèbes, la magnifique. Ayant parcouru les contrées du monde pour retrouver sa sœur Europe, il a su affronter toute sorte de dangers, faisant montre d'une sagesse et d'un courage qui lui ont valu de devenir roi, même dans une terre étrangère. Néanmoins, la conscience de sa valeur conduit Cadmos à l'égarement, car il croit désormais être devenu le maître de son destin, abandonnant toute foi en les dieux, transformés à son banquet nuptial en de simples comparses qui assistent impassibles à l'existence humaine.

C'est donc à cause de ce suprême mouvement d'orgueil, qui finit par aveugler Cadmos, que la splendide cité aux sept portes sera condamnée à la destruction par les dieux et que la noble lignée, fondée par Cadmos, sera soumise à l'inéluctabilité du châtiment divin, comme le montrent bien les figures de Laïos et d'Œdipe qui dominent respectivement la deuxième et la troisième section de la trilogie mouawadienne.

3. *Laïos, la faiblesse humaine*

Dans la deuxième section de sa trilogie, Mouawad parcourt les étapes principales de l'histoire de *Laïos*, fils de Labdacos, né de Nictée, l'une des filles que Cadmos avait eues de son mariage avec Harmonie[196]. Ce qui l'intéresse, c'est tout d'abord le fait que Laïos est – une fois de plus – un exilé, un homme qui, comme son ancêtre Cadmos, est obligé à quitter sa terre d'origine afin de trouver refuge dans un pays étranger : ayant succédé à son père Labdacos sur le trône de Thèbes, Laïos se voit en effet enlever le pouvoir par les jumeaux Amphion et Zéthos, doit quitter son royaume et finit par trouver refuge à la cour du roi Pélops. Voilà le héros en proie

195 Wajdi Mouawad, *Le Soleil ni la mort ne peuvent se regarder en face*, cit., p. 46. L'italique est de l'auteur.

196 Labdacos est donc l'ancêtre éponyme de la dynastie maudite des Labdacides, à laquelle il donne son nom et à laquelle appartiennent Laïos, Œdipe, Étéocle, Polynice, Antigone et Ismène.

au désespoir, face à la menace qui pèse sur lui et qui l'oblige à oublier ses origines et à cacher son identité :

> LAÏOS. Je ne signifierai plus rien loin de ma patrie.
> LYCOS. Tu ne devras rien signifier !
> Tout taire
> tout cacher.
> Sur les routes barbares
> quand on te demandera ta source
> tu viens d'un pays où l'Étranger est roi[197].

Mouawad insiste sur le fait que Laïos est un être en fuite, un homme dont l'identité profonde ne dépend plus de son lieu d'origine, mais plutôt du chemin accompli pour s'éloigner de sa patrie natale où désormais sévissent la destruction et la violence :

> Je quitte ma patrie à la force de mes hanches
> j'entends les cris de ma cité
> ses pleurs et sa terreur.
> Le sang qui coule est autant de secondes pour sauver ma vie.
> Rage et enrage contre la mort de la lumière.
> Pied gauche et pied droit
> dans un instant d'envol
> en ciseaux dans le ciel
> dans la course de violence !
> Arrachement arrachement
> catastrophe catastrophe
> sois sage et sauvage
> parle parle
> ânonne
> dans la respiration hoquetante du malheur

197 Wajdi Mouawad, *Le Soleil ni la mort ne peuvent se regarder en face*, cit., p. 48. Il n'est pas inutile de relever que Mouawad assigne à Lycos, l'oncle d'Amphion et de Zéthos, le rôle de tuteur et de conseiller de Laïos : Lycos est en fait celui qui recommande au souverain légitime de Thèbes de s'enfuir, de quitter la ville, de sorte à échapper à la furie sanguinaire qui lui incombe. Cela semble constituer un écart assez important par rapport à la tradition mythologique, selon laquelle Lycos monta lui-même sur le trône de Thèbes et ne joua pas – semble-t-il – le rôle de précepteur de Laïos.

la puissance de la vie qui malgré tout continue et se poursuit. [...]
Cours Laïos
ta vie est dans ce geste répété de l'enjambée[198].

De toute évidence, Laïos incarne le type même du fugitif, de l'exilé volontaire de sa terre d'origine qu'il abandonne, la mort dans l'âme. À côté de l'emploi d'un style élevé et tragique, assurément digne d'un roi, la suite des recours sonores met en relief le sentiment de déchirement extrême éprouvé par le héros : la rage qui envahit cet homme, en train de quitter hâtivement son pays et les siens pour échapper à la violence dévastatrice de la guerre, est représentée par les allitérations et les répétitions tourmentées, présentes dans l'extrait cité.

Mouawad véhicule ainsi le tumultueux état d'âme du fugitif où, à un puissant instinct de vengeance et à une sourde rancune, se mêle également le désir impérieux de réagir à la mort, au néant, au manque de lumière qui l'assaillent et le poursuivent. Dans cette fuite débridée, dans cette course sans autre but que l'espoir du salut, réside donc toute la force du personnage de Laïos, dont la vitalité se résout dans « le geste répété de l'enjambée[199] ».

Dans le périple accompli par le fugitif, ce qui fascine Mouawad n'est pas seulement sa volonté d'échapper à la mort et aux horreurs de la guerre, mais aussi sa capacité hors du commun à conduire les chevaux[200]. Or, cette facilité à communiquer avec les animaux est un trait qui contribuera de manière déterminante à lui attirer la sympathie et l'affection des Îliens et, tout particulièrement, des enfants.

C'est en fait désespérément agrippé au cou d'un cheval que Laïos rejoint un matin la côte des îles où règne le paisible Pélops. L'accueil que lui réservent leurs habitants est si amical, que le roi invite Laïos à rester dans ses terres tant qu'il le désirera. Installé à la cour de ce dernier, où il est traité avec tout le respect qui sied à un souverain ami, Laïos apprend alors aux habitants à élever les chevaux qu'il chérit, gagnant par là la sympathie de Chrysippe, le fils de Pélops, dont il tombe éperdument amoureux. D'abord, le Laïos mouawadien paraît résister à son penchant pour l'enfant, mais lorsqu'il découvre que la reine Hippodamie est au courant de son

198 *Ibid.*, p. 49-50.
199 *Ibid.*, p. 50.
200 Une telle syntonie avec les animaux, présente déjà dans la figure de Cadmos, amis des oiseaux, est un élément cher à Mouawad. Il suffit de penser à Wahhch Debch, le protagoniste d'*Anima* (2012), qui dialogue avec des animaux de toute espèce. Voir : *Oralité humaine et oralité animale dans "Anima" de Wajdi Mouawad, Infra.*

secret, sa passion semble se déchaîner dans toute sa violence, dévoilant soudain son inclination coupable :

> Laïos !
> Je suis Laïos !
> C'est mon nom !
> Vérité horrible !
> Mon cœur est si lourd ;
> plein de désamour
> désamour des amours
> des amours inanimées ! [...]
> Chrysippe l'enfant hurleur
> est miracle parmi les miracles
> vertige pour mes larmes
> m'apparaissant
> il traverse la transparence
> courant jouant pleurant rêvant [...]
> Chrysippe fils de Pélops
> mon second père !
> Traître et lâche !
> Monstre ou monstre
> monstre !
> Je suis tout cela
> je ne suis que cela
> entre dégoût et bonheur
> douleur et extase !
> Le dévorer
> m'égorger !
> Le caresser
> m'écorcher[201] !

Dans ce passage, riche en figures rhétoriques, l'écrivain obtient un effet de bouleversement émotif extraordinaire, qui correspond certes au désarroi de son personnage, mais qui produit également chez le lecteur le

---

201 Wajdi Mouawad, *Le Soleil ni la mort ne peuvent se regarder en face*, cit., p. 67-68.

sentiment d'une catastrophe intérieure irréparable, causée par le dévoilement de la vérité[202]. Mouawad est très sensible à cet aspect de la personnalité complexe de Laïos, qui nous est ici présenté dans sa faiblesse la plus grande, laquelle fait de ce héros un être ambigu et contradictoire, mais aussi foncièrement humain.

Toutefois, ce n'est que l'intervention d'Hippodamie, la deuxième épouse de Pélops, qui précipite la chute du protagoniste. En effet la reine, jalouse des attentions que son mari réserve à Chrysippe, pousse Laïos à retourner dans son royaume en compagnie de son petit éphèbe[203] ; aveuglé par son amour, il oublie alors complètement la prédiction du devin Tirésias[204] et court à sa perte : sa passion l'entraînera à la déchéance morale, tout en causant une terrible guerre entre les Thébains et les Îliens, ainsi que le suicide de Chrysippe. Thèbes sera presque détruite et la malédiction jetée sur Laïos par les dieux retombera fatalement sur sa descendance.

Le dramaturge accentue donc, dans sa transposition, les éléments qui trahissent l'intime faiblesse de Laïos. Ce dernier nous apparaît comme un être en fuite, tristement à la merci de ses impulsions, au point qu'il est disposé à sacrifier la vie et la tranquillité de son peuple, dans le but de garder auprès de lui l'objet de ses désirs. C'est précisément cette passion qui le transforme en un individu lâche et inconséquent, incapable de réagir par un acte de responsabilité au sentiment qui l'emporte.

En même temps son penchant incontrôlable l'interpelle au sujet de la liberté de l'homme et de sa capacité de reconnaître sa faiblesse et d'y porter remède. Le même interrogatif, posé d'une manière encore plus poignante, préside d'ailleurs à la figure d'Œdipe, dont Mouawad fait le symbole même de l'abjection que l'homme peut atteindre lorsque, dans son intime désir de découvrir la vérité sur lui-même, finit par être entraîné fatalement à sa perte.

---

202 Sur la révélation de la vérité qui serait le propre du tragique ancien, voir Paul Demont, Anne Lebeau, *Introduction*, dans *Les Tragiques Grecs : théâtre complet avec un choix de fragments*, Traduction de Victor-Henri Debidour, Paris, Éditions L.G.F., 1999, p. 16.

203 Selon la tradition mythologique, Hippodamie, craignant l'ambition de son beau-frère Chrysippos, le fit assassiner et fut bannie.

204 Rencontré sur sa route, avant même de rejoindre les terres des Îliens, Tirésias lui avait en effet suggéré de se suicider, afin de sauver la cité de Thèbes et ses habitants d'une malédiction certaine. Là encore, Mouawad modifie quelque peu la légende traditionnelle, suivant laquelle Laïos serait allé consulter l'oracle de Delphes, en espérant connaître la raison pour laquelle il ne réussissait pas à procréer en s'unissant à Jocaste.

4. *Œdipe, la vérité*

Dans la troisième pièce de la trilogie, *Œdipe*, le protagoniste développe les traits majeurs qui caractérisent le héros sophocléen. Si dans l'*Œdipe roi*, le fils de Laïos et de Jocaste aspire de toute son âme à trouver l'être coupable ayant causé l'épidémie qui sévit dans la ville, dans le drame de Mouawad, le héros s'entretient avec son conseiller et ami Héléos au sujet de sa véritable identité : ce qui le hante, c'est l'urgence de savoir, car il voudrait connaître son origine, ses vrais parents, d'où il vient vraiment.

Dans l'interprétation mouawadienne, Œdipe est donc avant tout l'homme confronté au mystère de son origine, un mystère qui exige d'être dévoilé, car il va informer l'existence entière :

> ŒDIPE. Rien ne compte que la vérité. [...]
> L'HOMME. Ne fonde pas ta vie sur elle.
> Et vis dans l'amour de ceux qui t'aiment.
> Qu'importe la vérité.
> Qui peut dire connaître la source de son existence ?
> Savoir être né de-ci de-là
> cela n'atténue en rien le présent.
> HÉLÉOS. Tu es prince de Corinthe Œdipe
> tu en seras le roi.
> Un roi juste
> tous le pensent.
> Que t'importe cette rumeur ?
> ŒDIPE. Qui accepte de demeurer aveugle ? [...]
> HÉLÉOS. Que veux-tu faire ?
> ŒDIPE. Chercher.
> Trouver.
> Oracle[205] !

Si l'ami Héléos exhorte le jeune roi à aller de l'avant, à regarder à son futur, sans s'attarder sur le doute qui semble peser sur sa naissance, l'inconnu qui apparaît sur scène invite Œdipe à ne pas fonder son existence sur la découverte de la vérité, car, tout importante qu'elle soit, elle ne pourra jamais éclairer le sens ultime de son existence. La seule source

---

205 Wajdi Mouawad, *Le Soleil ni la mort ne peuvent se regarder en face*, cit., p. 94-96.

de bonheur, celle qui assure à la vie de tout être humain une signification véritable, la rendant digne d'être vécue, n'est que l'attachement de ceux qui l'aiment. Ainsi, connaître la vérité sur son origine – semble nous suggérer Mouawad – ne suffit pas à combler l'insatiable besoin d'amour qui est le propre de tout homme[206]. Mais Œdipe demeure sourd à cet avertissement.

Comme chez Sophocle, Œdipe incarne en effet l'incapacité de l'homme à voir la vérité telle qu'elle est. Si Cadmos, à l'apogée de son succès et de son pouvoir, avait été obnubilé par son amour-propre, arrivant à renier sa foi en les dieux ; si Laïos était marqué par un profond aveuglement, provoqué par sa passion coupable ; Œdipe est à son tour frappé par une forme d'égarement, comme si sa capacité de vision et son intelligence étaient enveloppées dans une brume épaisse.

Or, cette condition d'ignorance profonde, typique de tout homme, est pour Wajdi Mouawad l'essence même du tragique. Face à la prédiction terrible de l'oracle, Œdipe refuse donc de voir et poursuit son chemin, courant vers sa perte exactement comme son père, à qui il emprunte d'ailleurs les mêmes mots :

> ŒDIPE. Je serai qui je serai.
> Au chemin creux où je me trouve
> je fais promesse :
> jamais un pas en arrière
> jamais ne s'accomplira
> le misérable oracle.
> Je quitte ma patrie à la force de mes hanches.
> Pied gauche et pied droit
> dans un instant d'envol
> en ciseaux dans le ciel
> dans la course de violence
> arrachement arrachement !

---

206 Cet aspect revient dans toutes les œuvres de l'écrivain : d'*Incendies* (2009) à *Forêts* (2009) et *Littoral* (2009), de *Visage retrouvé* (2002) à *Un obus dans le cœur* (2007), pour arriver à *Anima* (2012), *Sœurs* (2015) et jusqu'au dernier *Tous des oiseaux* (2018). La quête de l'origine et la problématique identitaire se posent chez Mouawad avec une urgence poignante ; cette quête renvoie pourtant toujours les différents personnages à la découverte d'une vérité plus profonde, qui est celle de leur capacité d'aimer et du don d'être aimé, parfois d'une manière totalement inattendue et gratuite. Voir I. Patroix, « Identité et création dans l'œuvre de Wajdi Mouawad », cit., p. 192 *sqq*.

Catastrophe catastrophe !
Sois sage et sauvage
parle parle
ânonne
dans la respiration hoquetante du malheur
la puissance de la vie qui malgré tout continue et poursuit.
Dans ce chemin creux
étroit comme la vie
je mets dans mes mollets lourds
toute ma fuite
oracle n'est pas destin !
Dieu n'est pas homme !
Je porterai mon claudiquement
loin de ceux qui m'ont donné la vie
à jamais dans la défaillance de mes certitudes[207].

Voilà pourquoi Œdipe devient, aux yeux de Mouawad, l'emblème même de l'homme contemporain, seul face à la catastrophe qui est en train de s'abattre sur lui et qu'il n'accepte pourtant pas, persuadé comme il l'est de pouvoir modifier son sort. Œdipe est l'homme qui n'a plus aucune confiance en le Divin, qu'il arrive même à défier et dont il se sent le jouet ; un être qui finit par tomber dans son propre piège, aveuglé par son amour-propre et par sa puissance illusoire :

ŒDIPE. Rage et enrage contre la mort de la lumière !
Je serai qui je serai !
Je tuerai qui je tuerai !
Mais je ne rebrousserai nul chemin :
un pas en arrière
c'est le retour à l'oracle[208].

L'aveuglement d'Œdipe tient aussi au fait que ce héros s'avère incapable de soutenir la vision de la vérité, telle qu'elle se présente dans son essence terrible. Même si les dieux l'avaient prévenu quant aux crimes qu'il aurait pu commettre, Œdipe demeure en fait incapable de régir le poids de cette

---

[207] Wajdi Mouawad, *Le Soleil ni la mort ne peuvent se regarder en face*, cit., p. 99-100.
[208] *Ibid.*, p. 102.

révélation et une telle impuissance est clairement signifiée par le geste symbolique de s'aveugler, que l'on peut interpréter comme une forme suprême d'autopunition pour les crimes qu'il n'a pas su éviter.

Ce ne sera en fait qu'après que la catastrophe s'est abattue sur lui et sur les siens, qu'Œdipe accueillera enfin la vérité telle quelle, dans sa portée néfaste, avouant par là sa faute et les conséquences irréparables qu'elle a comportées. Et là réside pour Mouawad sa grandeur tragique :

> ŒDIPE. Qui peut dire ce qui se cache derrière ses yeux
> Si ce n'est celui qui en retourne l'accélération ?
> Les orbites déchirées
> immobilisées.
> Comme celui de la terre arrêtée dans sa course !
> Fracas
> cyclones d'images
> cauchemars qui déferlent.
> Je n'ai pas pu voir avant de voir !
> Tuant mon père
> je n'ai pas voulu reconnaître son visage.
> Pénétrant ma mère
> je n'ai pas voulu reconnaître son ventre.
> Les dieux m'ont conduit jusqu'au seuil de la catastrophe.
> J'ai vu.
> Révélation.
> Jocaste pendue
> Étéocle Polynice fratricides
> Antigone morte vivante
> Ismène exilée !
> Révélation[209].

Œdipe apparaît donc dans la section finale de la trilogie mouawadienne, encore davantage que dans les tragédies de Sophocle, comme l'homme de la conscience douloureuse du mal, l'individu qui, après avoir eu la révélation de sa faute, comprend enfin que son destin et celui de ses descendants est inéluctablement condamné à la destruction et à la mort,

---

209 *Ibid.*, p. 114.

car les dieux lui imposent un châtiment qui retombera inexorablement sur lui et sur une partie de sa lignée.

Ainsi s'expliquerait pour Mouawad la chute de Thèbes, la ville resplendissante aux sept portes, fondée par le courageux Cadmos, entraînée dans une guerre absurde par la faiblesse de Laïos et détruite enfin par l'épouvantable épidémie que les dieux ont déchaînée pour punir Œdipe des crimes commis.

Seuls ses épigones, rachetés par son profond repentir et par les souffrances endurées par les membres de sa famille, pourront sans doute un jour rappeler son histoire, en élevant ainsi un nouveau « palimpseste de beauté[210] » à leur ancêtre malheureux, qui ne désire désormais que parcourir les contrées du monde pour apprendre à ses semblables à reconnaître l'état d'aveuglement dans lequel vit tout être humain :

> ŒDIPE. Des hommes à tête de taureau
> débarquèrent sur cette plage
> pour enlever une femme à la chevelure splendide
> Europe sœur de Cadmos fondateur de ville
> Europe dont la disparition marqua pour ma civilisation
> le début de la grande catastrophe
> celle qui arracha les hommes à leur aveuglement
> pour les précipiter contre le mur éblouissant de la révélation[211].

5. *Le titre*

Le titre que Mouawad a choisi pour sa trilogie (*Le Soleil ni la mort ne peuvent se regarder en face*), tiré du célèbre recueil d'aphorismes de La Rochefoucauld, où l'auteur se plaît à dévoiler les mobiles profonds des actions et des pensées humaines, nous apparaît alors dans toute la plénitude de sa signification[212].

Tout en gardant la même structure syntaxique utilisée par le grand moraliste, Mouawad modifie toutefois légèrement l'hypotexte, en substi-

[210] *Ibid.*, p. 115.
[211] *Ibid.*, p. 117.
[212] Voir Gérard Genette, *Seuils*, Paris, Seuil, 1987, p. 87.

tuant l'adverbe « fixement[213] » par la périphrase adverbiale « en face », fréquente en français courant. Cette simple modification permet de focaliser l'instant précis où le regard de l'homme reçoit de façon directe la clarté et la chaleur des rayons du soleil, qu'il ne peut soutenir et qui l'aveuglent. Une telle réaction sera d'ailleurs suscitée chez l'être humain par la terrible vision de la mort qui représente son lot inévitable, une vision face à laquelle il succombe. Aussi, par le biais de cette petite variation sur le texte originaire, le dramaturge contemporain non seulement arrive-t-il à réactualiser sa portée sémantique, mais par surcroît l'applique du même coup à la leçon sophocléenne.

La maxime n° 26, selon les spécialistes, est en relation directe avec la maxime finale du recueil de 1678 :

> C'est nous flatter de croire que la mort nous paraisse de près ce que nous en avons jugé de loin, et que nos sentiments, qui ne sont que faiblesse, soient d'une trempe assez forte pour ne point souffrir d'atteinte par la plus rude de toutes les épreuves. C'est aussi mal connaître les effets de l'amour-propre que de penser qu'il puisse nous aider à compter pour rien ce qui le doit nécessairement détruire ; et la raison, dans laquelle on croit trouver tant de ressources, est trop faible en cette rencontre pour nous persuader ce que nous voulons ; c'est elle, au contraire, qui nous trahit le plus souvent, et qui, au lieu de nous inspirer le mépris de la mort, sert à nous découvrir ce qu'elle a d'affreux et de terrible[214].

Le message central, que le moraliste voulait donner, visait essentiellement à désabuser l'être humain. Il désirait en effet l'arracher à la fausse image qu'il s'était fait de lui-même : celle du vaillant stoïque, capable d'affronter la mort et l'effroi qu'elle engendre, par une sorte de désaveu qui lui ôterait son aura d'épouvante[215]. Et, pour ce faire, La Rochefoucauld n'hésitait pas à mettre en évidence le profond état d'aveuglement qui distingue l'esprit humain, toujours à la merci de son amour-propre.

C'est précisément un tel état qui a suscité l'intérêt de Mouawad, le poussant à faire de cette maxime le titre de sa trilogie. Cadmos se laisse en effet emporter par son orgueil, allant jusqu'à nier l'existence du Divin ; de même, Laïos, aveuglé par son inclination coupable vis-à-vis de Chrysippe et trop orgueilleux pour en demander pardon, finit par entraîner inuti-

213 Caractérisée, conformément à un usage fort littéraire, par l'omission de la particule *ni* devant le premier terme de la négation coordonnée.

214 François de La Rochefoucauld, *Réflexions ou sentences et maximes morales* (édition de 1678), cit., p. 470, n° 504.

215 Voir Pierre Campion, *Lectures de La Rochefoucauld*, Rennes, P.U.R., 1998, p. 29.

lement son peuple dans une guerre sanglante qui coûtera la vie à maints innocents ; enfin Œdipe, incapable de reconnaître la vérité, commet des crimes inouïs et finit par s'aveugler, ne pouvant soutenir la révélation brutale de son côté monstrueux.

Tous les héros de la trilogie mouawadienne, sont donc frappés de formes diverses d'aveuglement, lesquelles mettent en relief l'essence foncièrement tragique de la condition humaine, suspendue sur l'abîme de sa destruction et pourtant incapable de l'envisager et d'y croire[216]. Mouawad associe précisément l'aveuglement de l'homme contemporain face à la menace d'une catastrophe environnementale, à celle du héros sophocléen :

> Les Dieux disent à Œdipe, Tu vas à la catastrophe. Ils ne l'arrêtent pas. La catastrophe, la dernière strophe, la fin te révèlera ton erreur. Il n'y a pas d'autre solution. T'arrêter en chemin ne mène à rien. Tout est question de révélation. Les Dieux encouragent les hommes à se tromper le plus vite possible. Quand ils comprendront, il sera trop tard, mais ils verront. Ils auront le sentiment de la révélation, de la lumière brûlante. La question actuelle de l'environnement, c'est très grec[217].

[216] Voir Alessandra Ferraro, « Le Cycle théâtral de Wajdi Mouawad (Littoral, *Incendies, Forêts*) ou comment détourner le mythe d'Œdipe, *Ponts / Ponti*, n° 8, 2008, p. 41-56 et Andrea Rodighiero, *La promessa del sangue : motivi edipici, in « Incendies » di Wajdi Mouawad*, dans Francesco Citti e Alessandro Iannucci (a cura di), *Edipo classico e contemporaneo*, Hildesheim – Zurich – New York, Olms, 2012, p. 359-383.

[217] J. Cambreleng, *Entretien avec Wajdi Mouawad*, cit.

Chapitre 5

Fantômes et fantasmes de l'histoire dans *Anima*[218]

1. Fantômes et fantasmes

Que le protagoniste d'*Anima* de Wajdi Mouawad soit hanté par les fantasmes d'un passé inquiétant et nébuleux, nul ne peut en douter[219]. Dès l'*incipit* de l'œuvre, le lecteur est brutalement plongé dans un univers énigmatique, peuplé de présences inquiétantes, où la seule certitude semble être la violence[220]. Le deuxième roman de l'écrivain se présente en effet comme un polar peaufiné, écrit de longue haleine, dans lequel le héros conduit une bouleversante recherche du coupable. Toutefois, au fil des pages, la quête du protagoniste se transforme en une effrayante descente dans les abîmes de la mémoire[221].

L'intrigue est la suivante : rentrant chez soi un jour pareil aux autres, Wahhch Debch découvre le cadavre de sa femme Léonie F., assassinée avec une cruauté inouïe. L'horreur suscitée par cette découverte déclenche alors chez cet homme une kyrielle de doutes cauchemardesques sur sa propre implication dans le meurtre. C'est pourquoi il décide de se mettre sur les traces de l'assassin, comme il l'avoue au téléphone à Aubert Chagnon, le médecin coroner chargé de l'informer du déroulement de l'enquête menée par la Sûreté du Québec, qui deviendra le seul être humain en mesure d'accompagner le protagoniste d'*Anima* dans sa terrible aventure :

---

218 Cet article a paru dans *Ponts / Ponti*, n° 14, 2014, p. 61-77. Il est publié dans le présent volume avec quelques intégrations.

219 Wajdi Mouawad, *Anima*, Montréal-Arles, Leméac/Actes Sud-Papiers, 2012.

220 *Cf.* Charlotte Pudlovski, : « Wajdi Mouawad, à fendre l'âme », *Slate.fr*, 29/10/2012 : http://www.slate.fr/story/63897/wajdi-mouawad-litterature-anima-theatre-roman, (Consulté le 09.06.2014).

221 *Cf.* Georgia Maklouf, « La généalogie de la violence selon Mouawad », *L'Orient Littéraire*, 9/2012 : http://www.lorientlitteraire.com/article_details.php?cid=31&nid=3959 (Consulté le 04.06.2014).

> Je dois voir le visage du type qui lui a fait ça / Je ne comprends pas / [...] Je rêve / On fait quoi alors ? / Parce que tout est tellement irréel, sans point de vue possible, une soûlerie qui n'en finit pas avec les murs qui tournent et se déplacent et un trottoir en coton sous les pieds. J'ai l'impression que ce n'est plus de moi qu'il s'agit, comme si la réalité avait perdu de son adhérence, de sa colle. Je veux dire par là que je commence à douter. Aujourd'hui, je n'ai pas pu m'en empêcher, je suis repassé devant l'appartement, convaincu que j'allais la croiser. J'ai joué à rentrer chez moi pour la retrouver. Je jouais et je savais que je jouais mais je n'arrivais pas à m'arrêter. C'est comme si le temps glissait sur cette peau de banane que vous, vous appelez « le jour de sa mort », et tout recommençait encore, et quand j'essaie de trouver quelque chose, un visage, une main, sur quoi tout ce cauchemar pourrait rebondir, je ne trouve rien, ou bien je trouve mon propre visage, ma propre main, et c'est terrible parce que pendant une seconde, une seconde plus rapide que ma pensée, je me dis que c'est moi qui l'ai tuée, c'est moi l'assassin et c'est pour cette raison que vous ne l'avez pas encore arrêté, c'est moi qui ai planté et planté et replanté et replanté encore le couteau dans son ventre avant d'éjaculer dans la plaie, alors je m'assois sur le lit et j'attends que ça passe, mais ça ne passe pas parce que tout ça me paraît possible, me paraît plausible, voilà pourquoi, si vous me montriez un visage en me disant Voici celui qui a fait ça, il y a une chance que j'y découvre quelque chose qui saura me convaincre que ce n'est en effet pas moi qui l'ai tuée[222] /

Comme on peut le constater, si la barbarie avec laquelle Léonie a été tuée suscite chez Wahhch Debch un radical questionnement intérieur quant à son innocence et à sa véritable nature[223], elle va également raviver chez le héros d'inquiétants lambeaux de souvenirs, ensevelis au plus profond de son âme : bruits, voix, odeurs, images surgissent alors mystérieusement du magma de sa conscience, formant un *puzzle* indéchiffrable que seul le déroulement de l'intrigue contribuera à recomposer.

La douleur profonde qu'accompagne la résurrection de ces fragments de mémoire, les transforme bientôt en autant de fantasmes qui ne cessent de hanter Wahhch. Une scène, en particulier, revient systématiquement dans son esprit, tel un *leitmotiv* surgi du trou noir de la mémoire : elle

---

222 Wajdi Mouawad, *Anima*, cit., p. 37.

223 Mouawad s'explique clairement quant à l'*incipit* de son roman. Dans une interview donnée à Sylvain Diaz, il déclare en effet : « Ce qui m'intéresse dans les histoires, c'est le fait que le quotidien soit soudainement tranché. [...] C'est cette idée que le quotidien puisse s'effondrer à n'importe quel instant qui me travaille. En ouverture d'*Anima*, Wahhch rentre chez lui et voit la femme qu'il aime sauvagement assassinée de la manière la plus brutale. [...] Comment survit-on avec cela ? », Sylvain Diaz, *Avec Wajdi Mouawad. Tout est écriture*, Leméac-Actes Sud-Papiers, 2017, p. 95.

concerne l'instant où le héros, encore enfant, avait été enterré vivant, lors du carnage de Sabra et Chatila[224] :

> Lachânt le sac plastique jaune, le matin même elle lui avait dit de sa voix enjouée Tu achèteras du thon car le-thon-c'est-bon, il comprenait qu'elle était morte puisqu'elle avait les yeux ouverts, le regard fixe et tenait, entre ses mains, sa blessure, le couteau planté là dans son sexe.
>
> Ôtez la terre dessus ma tête, voulut-il hurler, comme au jour ancien où des hommes l'avaient enterré vivant. Il ne faut pas que je pleure, s'était-il répété, si je pleure, si je crie, ils recommenceront, me sortiront, me tueront et me remettrons dedans. Et là encore, debout au milieu du corridor de l'entrée, perdant la mesure du temps, il n'a pas bougé, n'a pas respiré, de peur que cela ne recommence, qu'elle ne meure de nouveau, ce qui était absurde enfin puisqu'elle était morte de toute évidence, les mains agrippées à la lame, bouquet de fleurs sur son ventre cassé[225].

Ainsi, à partir de l'instant fatal où il découvre le meurtre de Léonie, Wahhch s'enfonce dans une détresse infinie, qui le réduit à une silhouette creuse, abandonnée au flot douloureux de ses souvenirs[226] :

---

224 Comme on pourra le rappeler, le massacre de Sabra et Chatila constitue l'un des épisodes les plus terribles de la guerre civile libanaise, déclenchée le 13 avril 1975, lors d'un incident entre les Forces Libanaises (ou *Kataëbs*, fondées par Pierre Gemayel) et un groupe de Palestiniens. Plus spécifiquement, le carnage qui eut lieu à Sabra et Chatila les 16, 17 et 18 septembre 1982 s'insère dans la suite ininterrompue de représailles s'étant succédé au Liban depuis le début du conflit : après l'assassinat de Bachir Gemayel (14 septembre 1982), élu Président de la République en août 1982, les troupes israéliennes envahissent Beyrouth Ouest (la zone habitée par les musulmans), dans le but de détruire la présence palestinienne. Les Forces Libanaises (*Kataëbs*), aveuglées par la haine causée par le meurtre de leur chef, font alors irruption dans les camps palestiniens de Sabra et Chatila, massacrant les populations palestiniennes civiles, sous le regard inerte des militaires israéliens. Pour toute reconstruction de la guerre du Liban, nous renvoyons à : Henry Laurens, *Le Grand jeu. Orient arabe et rivalités internationales depuis 1945*, Paris, Armand Colin, Coll. « Histoires », 1991, p. 327 et *sqq* ; mais aussi à : Denise Ammoun, *Histoire du Liban contemporain, 1943-1990*, Paris, Fayard, 2005 et à : Yara El Koury, Anne-Lucie Chaigne-Oudin, *Guerre civile libanaise*, http://www.lesclesdumoyenorient.com/Guerre-civile-libanaise.html (Consulté le 08.05.2014). Quant au massacre de Sabra et Chatila, nous nous sommes référés à : Jacques-Marie Bourget, *Sabra et Chatila, au cœur du massacre*, *Photographies* de Marc Simon, *Préface* d'Alain Louyot, Paris, Éditions Erick Bonnier, Coll. « Encre d'Orient », 2012, ainsi qu'à : Aliah Gresh, Dominique Vidal, *Les 100 clés du Proche-Orient*, Fayard/Pluriel, Coll. « Grand Pluriel », 2011, p. 473-476.

225 Wajdi Mouawad, *Anima*, cit., p. 13.

226 Marie Parent, « L'exclusivité de la souffrance. Wajdi Mouawad, *Anima* », *Liberté : La contre-culture dans le Québec*, n° 99, 2013, p. 37.

> Il s'est de nouveau retrouvé seul. Je l'ai entendu se lever. Il a pris son manteau et l'a enfilé. Je l'ai entendu replacer la chaise. J'ai alors perdu la tête. Je me suis avancé et je suis sorti de mon réduit. Je suis resté dans l'obscurité, tapi entre le pied de la table et la plinthe. J'ai émis un couinement à peine audible. Il m'a entendu. Il s'est retourné. Il a d'abord cherché, puis, en se baissant, il m'a aperçu. Il s'est accroupi, il m'a regardé, je l'ai regardé, j'ai couiné, il a tendu sa main en ma direction et a dit Moi aussi ! Moi aussi ! sous terre, sous terre, et seul ! et il a éclaté en sanglots[227].

Comme on peut le remarquer dans l'extrait cité, ce qui renforce l'impression du chagrin et de la solitude radicale dans laquelle vit le protagoniste d'*Anima*, c'est la perspective dysphorique utilisée par Mouawad pour raconter l'intrigue. En effet, avec un expédient narratif on ne peut plus efficace et bouleversant, la recherche du meurtrier de Léonie, conduite par Wahhch dans son périple à la frontière entre le Québec et les États-Unis, est véhiculée à travers le regard dépaysant des différents animaux qu'il rencontre sur son chemin, envers lesquels l'homme se montre particulièrement sensible et attentionné : chiens, chats, souris, mouches, papillons, canaris, moineaux, mais aussi ours, orignaux, chevaux, castors, serpents, chauves-souris etc. défilent ainsi tour à tour sur la scène du roman, révélant à chaque fois un aspect jusque là inconnu de sa personnalité et de son histoire. Le point de vue étrange de chacun de ces animaux nous permet, en effet, – comme dans la citation qui précède – de percer dans l'existence de cet homme, habité par la douleur.

Cauchemars, rêves et fantasmes d'un passé, qui se configure de plus en plus comme un gouffre dangereux, se succèdent alors dans son esprit, évoqués et ressuscités par les événements qui s'enchaînent. Ainsi, après avoir été mordu par un chien, Wahhch, soigné par un vieux vétérinaire qui lui extirpe l'infection de la jambe malade, tombe dans un délire qui trahit les angoisses profondes, assoupies dans son inconscient et inextricablement liées à l'expérience horrible vécue pendant son enfance.

L'image de la mère revient alors, tel un fragment perdu dans l'océan trouble et dégoûtant de son passé et, avec elle, reviennent aussi les instantanés des animaux qui avaient partagé le triste sort de Wahhch ; c'est un cheval qui nous rapporte les gestes et les paroles du protagoniste d'*Anima*, en proie à la folie :

> Il acquiesce et tente de se calmer, de retrouver ses esprits, mais l'effroi grandit. Je vois ses yeux révulser. Il délire. Il fredonne. Il chantonne. Des chansons, des paroles anciennes, venues du plus profond de ses ténèbres ?

---

[227] Wajdi Mouawad, *Anima*, cit., p. 134.

> … Je ne savais pas que sous terre tout était noir, je ne savais pas que le noir ne se voyait pas, maman ! Maman, est-ce que tu as trouvé de la terre au fond de mon lit quand tu as défait les couvertures ? De la terre dans mes chaussures ! Tu n'as pas trouvé, dis, de la terre dans mes cheveux, longtemps après me les avoir lavés des années durant ? Maman, dans mes oreilles tu as trouvé des insectes ? Cafards pucerons blattes et chenilles escargots, toutes les bêtes qui couvrent les cadavres ?…
>
> Puis les mots se perdent dans le dédale des langues, nouvelles et anciennes : Kèn fi malak… metl-l malak…[228]

Pris dans le labyrinthe de ses souvenirs et de ses peurs, Wahhch semble comprendre petit à petit que du magma de sa conscience l'inattendu est en train de se manifester. Ahuri face à ce qui paraît s'annoncer, il a alors pour la première fois dans sa vie la perception de son identité double, de sa nature composite, une nature dans laquelle sensibilité et douceur, mélancolie et amertume, gentillesse et tendresse côtoient inexplicablement la rage, la violence et la haine[229], « selon une alchimie monstrueuse[230] ».

La duplicité foncière du personnage se dévoile complètement lorsque Wahhch se trouve confronté à Welson Woolf Rooney, l'assassin de sa femme. Ce dernier, avant de périr poignardé par Wahhch au cours d'une lutte violente, lui inflige une blessure horizontale qui marque son visage d'un bout à l'autre, le divisant barbarement en deux parties révélatrices de l'ambiguïté profonde du personnage[231] : « Sa balafre allait de sa joue tuméfiée à sa joue tuméfiée et passait par la crête de sa lèvre supérieure, traçant une ligne de démarcation entre le haut et le bas de son visage[232]. »

---

228 *Ibid.*, p. 157.

229 À cet égard, il n'est pas inopportun de souligner que, dès la parution d'*Anima*, les commentateurs ont mis en relief la duplicité foncière du héros ; c'est le cas, par exemple, de Michel Bélair, qui voit dans le personnage de Wahhch Debch « une sorte d'étranger au sens camusien du terme. Étranger au monde, il se dissocie de ce sinistre univers au point de se faire, presque, volontairement schizophrène pour en arriver à supporter la douleur qui l'afflige. », Michel Bélair, « Bienvenue dans l'enfer du monde », *Le Devoir*, 22 septembre 2012 : http://www.ledevoir.com/culture/livres/359751/bienvenue-dans-l-enfer-du-monde (Consulté le 03.06.2014).

230 Wajdi Mouawad, *Anima*, cit., p. 162.

231 La nature double du héros est soulignée d'ailleurs par le nom que Wahhch Debch impose à celui qui deviendra son animal totémique, Mason-Dixon Line, un chien sauvage, trouvé par Wahhch à proximité de la frontière qui séparait les États nordistes et libertaires des États sudistes, favorables à l'esclavage, lors de la Guerre de Sécession américaine.

232 Wajdi Mouawad, *Anima*, cit., p. 273.

Pour découvrir toute la vérité sur son passé, Wahhch prend alors la résolution d'interroger son père, car il se sent presque habité par un autre homme, par un autre lui-même. Tout se passe comme si sa configuration intérieure révélait tout à coup une présence paradoxale à la fois inconnue et familière, qu'il lui faut maintenant connaître une fois pour toutes. Comme si la réalité démentait petit à petit le récit de sa libération de l'enfer, un récit que son père adoptif avait savamment agencé, de manière à l'aider à accepter la perte des siens. La figure du père se révèle alors incontournable dans ce processus de recouvrement du passé et c'est à elle que Wahhch doit se mesurer.

Or, quittons un instant le niveau de la diégèse pour considérer le niveau méta-diégétique d'*Anima*. Nous serons alors frappés par la transformation générique qui s'opère au sein du roman de Mouawad, lequel change lentement de sens, en glissant du polar au roman d'une conscience qui, pour accomplir son itinéraire d'auto-connaissance, doit nécessairement se mesurer à ses fantasmes et affronter les fantômes d'un ailleurs spatio-temporel qui le tourmentent. Ainsi, l'œuvre créée par l'écrivain se révèle comme étant un roman issu de la contamination des genres traditionnels, savamment mélangés, de sorte à donner origine à un ouvrage totalement nouveau. Nous verrons par la suite que, loin de constituer un aspect secondaire, le mélange générique ici évoqué représente au contraire la clé interprétative du roman, à tous les niveaux.

2. Portrait du père en creux

Lors d'une conversation téléphonique avec son père, Wahhch lui pose des questions sur le massacre de Sabra et Chatila, au cours duquel il avait été enterré vivant, et tout particulièrement sur l'instant où il avait été sauvé par Maroun Debch, présent sur le lieu du massacre, en raison de son métier d'infirmier. Wahhch désire en effet connaître les détails du carnage, de façon à se convaincre que, non seulement il n'a pas tué Léonie – et qu'il n'est donc pas un assassin –, mais que par surcroît il a été adopté par un homme vertueux qui, pendant cet épisode sanglant de la guerre du Liban, avait essayé de réagir à la violence, en secourant les civils massacrés.

De cette manière, Wahhch espère mettre fin aux fantasmes cauchemardesques qui l'angoissent et se sentir finalement rassuré quant à son origine. Toutefois, un lourd silence de la part de son père accueille sa demande de connaître tous les détails de l'immense boucherie, insinuant le doute que la réponse à un tel interrogatif puisse confiner à l'inouï, à l'indicible, à l'inavouable. Voilà pourquoi Wahhch se résout à rendre visite à son géniteur adoptif, Maroun Debch, qui réside depuis longtemps à Las Vegas, aux États-Unis.

Arrivé à Carthage (Missouri), le héros d'*Anima* se trouve au beau milieu d'une manifestation organisée pour célébrer le 4 juillet, à l'occasion de laquelle le musée municipal a préparé une exposition photographique autour du thème des différentes guerres civiles survenues dans le monde, dans le but de montrer les horreurs provoquées par de tels conflits fratricides. Visitant à tout hasard cette exposition, Wahhch s'arrête sidéré devant une photo du conflit libanais, sur laquelle il reconnaît tout à coup la maison de ses parents naturels, dévastée pendant l'hécatombe de Sabra et Chatila, hécatombe qui avait coûté la vie à son père, sa mère, son grand frère et à sa sœur.

Un nouveau flot d'images surgit alors chez l'homme qui, au fur et à mesure qu'il égrène le chapelet de ses souvenirs – sa libération, son adoption, sa vie avec la nouvelle famille, ses études à Montréal et sa vie heureuse avec Léonie – se rend progressivement compte d'avoir mené une vie en quelque sorte inauthentique, une existence qui n'était pas la sienne, puisque ses parents naturels étaient des Palestiniens musulmans, massacrés par des miliciens chrétiens. Wahhch évoque alors les fragments éclatés de son histoire[233] :

> Il a commencé par dire qu'il n'avait jamais eu six ans. Ensevelie, son heure s'était arrêtée, fixée au fond de la terre. Il est devenu semblable à un immeuble hanté par un locataire dont il ignore tout. Qui éteint et rallume les lumières ? Dans quelle langue ? Il a raconté les parcelles de sa mémoire, une mer bleue, des plaques de ciel encore plus bleues, coquillages et innocence, tout cela bonbons trop sucrés, happés par le vacarme brutal du sang. Irruption soudaine d'un autre Wahhch, prenant sa place, vivant à sa place, souffrant à sa place, décalcomanie d'un lui-même déguisé en lui-même. Depuis, c'était la dérive, variation lente d'une grandeur, jusqu'au départ, l'arrachement et l'arrivée en terre étrangère où il a fallu réapprendre à vivre avec soi comme on vivrait avec un trou. S'habituer à ce trou jusqu'à toucher du doigt le sentiment de la normalité. [...] [Enfin] ouvrir la porte pour se retrouver à nouveau enterré vivant et comprendre que rien n'aura davantage de consistance que cet ensevelissement parmi les bêtes, et voilà, et pourtant, que s'est-il passé à Montréal des années durant ? L'existence heureuse et joyeuse qu'il a connue, où était-elle ? Où donc tout était parti ? Les amis, les désirs, les passions, les paysages, les hivers, les rues, les ruelles ? [...] Est-ce que cela avait existé ? Comment

[233] Henry Laurens, *Le Grand jeu. Orient arabe et rivalités internationales depuis 1945*, cit., p. 473.

> répondre quand on se sent comme ce fou qui tente de saisir à pleines mains le verbe être conjugué au présent concassé ? Que faire des fragments éclatés de son histoire ? Fragments qu'il ne cesse de ressasser, incapable d'en raccorder les parties puisque le seul témoin de son désastre, qui l'a sorti de la fosse et l'a sauvé de la mort, ce père qui n'est pas son père mais qui l'a élevé comme son propre fils, refuse de parler de ce qu'il a vu et de ce qu'il a vécu, refuse de témoigner pour lui[234].

La recomposition du *puzzle* de l'histoire s'avère donc impérative pour que Wahhch puisse démêler une fois pour toutes l'écheveau compliqué de son origine, qui l'a vu appartenir tour à tour à deux familles, à deux cultures, à deux langues, à deux *credo* religieux. Seule une telle connaissance consentirait au protagoniste d'*Anima* de sortir de l'anonymat dans lequel il vit, étant donné que le petit garçon que Maroun Debch avait tiré des débris de la tuerie de Sabra et Chatila ne possède même pas son nom : « on ne connaît pas son nom parce que personne ne l'a appelé par son nom[235] ».

En effet, si le monde dans lequel il a vécu apparaît soudain à Wahhch comme étant habité par des ombres, par des fantômes plutôt que par des êtres humains, c'est que lui-même se rend compte d'avoir existé jusqu'à ce moment à l'état d'un fantôme, petit Palestinien adopté par un chrétien maronite et par là-même contraint à vivre une existence qui n'est pas la sienne et qui lui dévoile tout à coup une inconsistance foncière, en faisant de lui une marionnette détraquée, une épave sans nom, mystérieusement épargnée du carnage, un pauvre guignol voué au malheur.

Le questionnement intérieur de Wahhch se transforme alors en un lourd interrogatif sur la nature de Maroun Debch, ce géniteur qui, après l'avoir arraché à l'horreur du massacre, lui aurait donné, avec une famille et une existence respectables au Québec, même son propre nom.

Or, dans le dédale des rencontres que le héros d'*Anima* fait sur la route qui le conduit à Las Vegas, une place spéciale est réservée à celle avec Josie et Jean Gaborieau, un couple d'historiens du Moyen-Orient que Wahhch contacte, afin de découvrir quelques éléments ultérieurs sur son origine. Grâce à leur disponibilité et à leur compétence, Wahhch découvre en effet, non sans étonnement, le signifié du nom et du prénom hérités de son père adoptif : si le nom de famille *Debch*, rare au Liban, signifie *Brutal*, son prénom, *Wahhch*, désigne quelque chose de *Monstrueux*. L'accouplement de deux adjectifs – *Monstrueux Brutal* – paraît d'ailleurs

234 Wajdi Mouawad, *Anima*, cit., p. 324-325.

235 *Ibid.*, p. 365.

considérablement étrange de la part du père adoptif de Wahhch, fervent croyant, qui avait entre autres fixé la date officielle de sa naissance le 9 février 1977, jour de la fête chrétienne de saint Maron, dont l'ancien infirmier Maroun Debch porte le nom.

Wahhch réfléchit alors pour la première fois au fait que le nom qu'il porte ne correspond pas exactement au nom de son père, car l'accouplement de Wahhch Debch – *Monstrueux Brutal* –, indiquerait à vrai dire le surnom de bataille d'un des chefs des miliciens chrétiens qui avaient participé à l'invasion des camps de réfugiés de Sabra et Chatila. Pour éclairer le plus possible les éléments de sa propre origine, pour reconstruire son propre portrait et reconnaître enfin son identité, il devient alors indispensable pour Wahhch de jeter de la lumière sur l'identité de son père qui s'avère de plus en plus problématique et lacuneuse.

La recherche de son origine se métamorphose ainsi pour Wahhch en la quête de la vérité et cette dernière se transforme en la découverte de l'Histoire, car le destin individuel ne peut être, pour ceux qui, comme Wahhch et Maroun Debch, sont nés en terre libanaise, écarté de la destinée d'un peuple martyrisé par la guerre civile[236]. La vérité s'avère alors posséder les traits d'un masque bestial.

Notons enfin, à nouveau, qu'au point de vue méta-diégétique, le roman de Mouawad subsume ici le polar et le roman intime dans le roman historique, parfaitement fusionnés en un riche métissage générique, qui manifeste incontestablement le génie de l'écrivain, capable de revisiter les trois genres romanesques traditionnels dans une perspective contemporaine.

Ayant su qu'un Libanais vit à Paradise Hill[237] (Nouveau Mexique), Wahhch s'y rend, désormais disposé à tout, afin de résoudre le mystère

---

236 Pour Mouawad, la vie de tout homme ne peut être retranchée, à l'heure présente, de la vie collective, ainsi qu'il l'affirme : « Notre rapport intime au collectif ne fait que grandir, surtout dans un monde à ce point médiatisé. […] Notre propre réalité concrète et quotidienne – il faut payer le loyer, rentrer à la maison, régler les divorces, prendre soin des enfants, etc. –, est une réalité qui n'intéresse que nous, mais qui est inscrite dans un monde global et virtuel qui touche tout le monde. C'est absolument majeur pour moi. », Sylvain Diaz, *Avec Mouawad*, cit, p. 99.

237 Les toponymes, relatifs au périple accompli par Wahhch Debch à travers l'Amérique du Nord, recouvrent une signification profonde dans l'économie du roman, dans la mesure où la plupart d'entre eux sont choisis de manière à véhiculer une amère ironie. C'est le cas du chapitre relatant la rencontre entre Wahhch et Fadi Melki, installé, comme on l'a dit, à Paradise Hill (littéralement en français : *Colline du Paradis*). Établi dans cette localité, Fadi Melki a investi une partie de ses biens dans la construction de l'église maronite, afin d'expier le péché d'avoir pris part au carnage de Sabra et Chatila.

qui enveloppe son identité. Là, il réussit à rencontrer Fadi Melki, ancien soldat des Forces Libanaises (*Kataëbs*) qui, ayant participé à la boucherie de Sabra et Chatila, lui raconte ce qui eut lieu en septembre 1982. Après l'assassinat de Bachir Gemayel, les miliciens chrétiens étaient en déroute et, nourrissant une haine profonde vis-à-vis des Palestiniens jugés responsables du crime, avaient cherché l'appui des troupes israéliennes qui leur avaient procuré les armes nécessaires pour mener à bien l'attaque des camps de réfugiés de Sabra et Chatila[238].

Les troupes chrétiennes étaient alors commandées par un homme sanguinaire, chef de la section qui procurait la drogue aux miliciens, et qui était surnommé Maroun El Debch, « le monstre brutal », à cause des aberrations dont il était capable et de la sauvagerie qui le distinguait. À ses ordres, les jeunes soldats des Forces Libanaises avaient envahi les camps de Sabra et Chatila, surexcités par la consommation des stupéfiants qui leur avaient permis de faire « le sacrifice de leur âme ». En effet, comme le leur disait Maroun El Debch, le plus grand sacrifice, le véritable sacrifice pour un chrétien était « le sacrifice de son âme », ce qui lui permettrait de tuer et de torturer ses ennemis – hommes, femmes, enfants –, en se complaisant à les faire souffrir, comme le rappelle Fadi Melki à la présence de Wahhch :

> « Maroun nous disait d'éteindre notre âme, de la sacrifier pour Bachir. Et on cherchait ce qu'on pouvait pour réussir à éteindre nos âmes. Maroun disait que quand on ne ferait plus de différence entre un sac poubelle et un Palestinien, alors notre âme serait sacrifiée, on aurait réussi. On est arrivés dans un endroit où il y avait une écurie. Avec des chevaux pour la boucherie. Maroun était en tête. Il est entré. Il est ressorti avec une famille. Un couple, leur fille et leurs deux garçons. La fille devait avoir dix-huit ans, le fils dix et le dernier quatre ans. Quelque chose comme ça. On les a plaqués contre le mur. On était sept. On commençait à s'ennuyer. Tout ce qu'on pouvait faire, on l'avait fait : violer, torturer, découper, manger… on voulait plus… […] Maroun a dit qu'on allait faire du théâtre. Quand il était petit, il aimait faire du théâtre avec les

---

L'édification de l'église maronite de Paradis Hill peut donc être lue, ayant regard au personnage de Fadi Melki, comme la tentative de racheter son âme et de gagner son 'paradis' et, ayant regard au personnage de Wahhch, comme l'amère prise de conscience que le 'paradis' légué par son père adoptif n'est en fait qu'un enfer sans fin. De là, la signification foncièrement ironique du titre du chapitre.

238 Les troupes israéliennes étaient d'ailleurs déjà présentes sur le sol libanais, étant donné qu'en 1978 elles avaient envahi le Liban du Sud, suite à une attaque palestinienne, provoquant la fuite de 200 000 Libanais, réfugiés dans les camps de Beyrouth et Saïda. *Cf.* Jacques-Marie Bourget, *Sabra et Chatila, au cœur du massacre*, cit., p. 31 et *sqq*.

frères franciscains. Ça nous a amusés. On allait les tuer l'un après l'autre en les obligeant à regarder le spectacle. On a pris notre temps[239]. »

Au dire de Fadi Melki, le tortionnaire farouche, qui avait ordonné le massacre des camps palestiniens, avait pu jouir de l'amnistie de 1991[240] et avait voulu garder son surnom. Cet homme est donc à n'en pas douter son père adoptif, celui qui prétendait l'avoir sauvé de l'enfer, celui qui lui avait permis une existence digne dans un riche pays étranger, celui qui lui avait assuré une bonne éducation, celui enfin qui lui avait donné son nom. Ou, pour mieux dire, cet homme était celui qui lui avait imposé son surnom de bataille, en l'élevant dans l'imposture et en le persuadant de sa bonté, comme si le mensonge pourrait engloutir une vérité trop incommode pour être avouée[241] :

> Fais ce que te dit ton papa, plus tard tu comprendras. Tu dois rester objectif et malheur si tu cherches à briser les mensonges que j'échafaude pour toi, moi qui t'aime et qui ne veux que ton bien. J'ai tout sacrifié pour toi, j'ai tout donné pour ton bonheur, quitté mon pays, quitté mes amis, ne brise pas le mensonge, mon fils, mon fils bien-aimé, source de ma joie, consolation de ma vie, ne brise pas l'artifice, il est ta protection contre la défaite, rempart à ta perdition[242].

Au visage affectueux d'un père se substitue alors dans l'imaginaire de Wahhch le faciès horrible d'un monstre ensanglanté, fantôme épouvantable qui depuis toujours tourmente le héros d'*Anima* : c'est le masque du bourreau de son véritable père, dont la perception fait sombrer Wahhch dans les abysses de la haine.

Maroun Debch n'est autre en fait que ce *Wahhch El Debch*, individu monstrueux et brutal qui, lors du carnage de Sabra et Chatila, loin de prendre soin des blessés comme il l'a toujours affirmé, avait fait tuer toute la famille de Wahhch sous le regard du petit. Abasourdi par la douleur, ce dernier avait été ensuite enterré vivant avec les chevaux qu'on avait abattus dans la boucherie qui se trouvait près de sa maison, pour être enfin délivré quelques heures plus tard par le commandant en second de Maroun, chargé de le remettre dans les mains de son chef. Voilà le récit inavouable du massacre de ses chers, authentique baptême du sang qui scelle « la deuxième naissance » de Wahhch :

---

239 Wajdi Mouawad, *Anima*, cit., p. 361.

240 *Cf. Interview à Wajdi Mouawad*, http://www.francecuture.fr/reecouter?play=4508977 (Consulté le 23.02.2014).

241 Georgia Maklouf, *La généalogie de la violence*, cit.

242 Wajdi Mouawad, *Anima*, cit., p. 351.

> Il y avait une fosse à purin. On l'a creusée avec le bulldozer, c'est devenu un grand trou. [...] Maroun est allé chercher la fille. À moi, il m'a dit de tenir le plus petit pour qu'il ne s'enfuie pas. J'ai fait ce qu'il m'a dit. Il ne devait pas avoir quatre ans, mais quand on est venus l'arracher à sa sœur, il s'est débattu de toute sa force. J'ai dû le mettre au sol et l'accrocher avec mes bras et mes jambes pour arriver à l'immobiliser. Il appelait sa sœur. Je dois dire que c'était déchirant. Je me disais que j'avais encore une âme. Il appelait « Hala ! Hala ! » et moi je voulais qu'il se taise. Je ne peux pas l'oublier. Ça se voyait que c'était elle qui s'occupait de lui [...]. Maroun a déshabillé la fille et il a dit à ses hommes de s'amuser. Elle était vierge. [...] L'enfant, lui, il s'était calmé. Il ne pleurait plus. Il regardait mais il n'était pas agité. Comme s'il regardait un match de football. Je crois qu'il était frappé par ce qu'il voyait. Il ne savait pas que ça pouvait exister. Moi, je crois, que mon âme s'est éteinte à cet endroit. Pas d'avoir tué et fait souffrir, mais d'avoir obligé ce petit à regarder ce qu'on faisait à sa grande sœur qui devait être la personne qu'il aimait le plus au monde[243].

Engendré dans la violence la plus extrême, né du sacrifice de ses parents, de son frère Issâam et de sa sœur Hala, Wahhch est donc contraint malgré lui à reconnaître que son identité porte les marques, non seulement d'une duplicité foncière, mais surtout d'une blessure mortelle, aussi terrible que paradoxale.

Sa vie, jusque là apparemment solide, se dévoile à Wahhch comme un édifice bâti sur des assises mensongères, voire inexistantes, qui ont achevé de le réduire à l'état d'un fantôme. La sienne d'ailleurs n'est même pas digne d'être nommée « une vie » : elle ressemble plutôt à une longue agonie, vécue dans l'attente d'une vérité insupportable. Ainsi, loin de lui avoir consenti de vivre, son géniteur l'a condamné au contraire à une mort perpétuelle qui le pousse à rejeter son identité inauthentique. C'est pourquoi il déclare à Nabila, l'aînée de ses sœurs adoptives, qu'il ne peut plus être son frère.

Néanmoins, en refusant l'existence aisée qu'il connaît et la fausseté qui la fonde, Wahhch se trouve face à l'irréversibilité de son histoire et de l'Histoire : il ne peut plus retrouver l'enfant palestinien qu'il avait été avant la tuerie de Sabra et Chatila, simplement parce que cet enfant n'est plus. Tout ce qui reste du petit à l'heure présente, c'est Wahhch Debch, un homme assommé par la perception d'une vérité affreuse qui, trop longtemps passée sous silence, maintenant implore justice :

---

243 *Ibid.*, p. 361-362.

> Il roulait en hurlant, en pleurant, invoquant des noms, des prénoms, des bêtes, oiseaux, insectes, poissons, reptiles, fauves, bovins, frappant contre le volant, rouant de coups sa poitrine, sa tête, son visage, et laissant entendre les cris anciens, tus, avalés, enfoncés au creux de son ventre, ensevelis sous les croûtes défaites de sa mémoire[244].

De toute évidence, ce qui reste des bribes de la figure de l'enfant que Wahhch avait été et dont l'identité n'a jamais pu s'épanouir, c'est uniquement un masque répugnant de douleur. Et pourtant – fatale contradiction ! – une telle prise de conscience finit par amener Wahhch Debch à adhérer à l'essence profonde que Maroun Debch lui a imposée avec son nom : *Monstrueux Brutal*, ce monstre féroce, enfanté lors de la boucherie dans laquelle sa véritable famille a été massacrée.

Ainsi la nature sanguinaire du géniteur s'est-elle collée à l'âme de son fils adoptif, en le condamnant à la haine. Une telle adhésion entraîne cependant une conséquence majeure, dans la mesure où Wahhch est poussé, comme lui, à sacrifier son âme, au nom d'une vengeance qui prétend rendre justice à ceux qui ont été tués et ensevelis en silence. Là semblerait s'achever la parabole du héros mouawadien, qui dit symboliquement adieu à sa sœur Najma, dans l'extrême tentative de retrouver l'enfance perdue, l'identité perdue, le nom perdu et de ressusciter ses chers morts :

> – Najma…
> – Quoi ?
> – On ne se reverra peut-être plus, on se reverra peut-être dans très longtemps, ne t'inquiète pas surtout. Sois certaine que la vie est à moi dorénavant.
> – Qu'est-ce qui se passe Wahhch ?
> – Non ! Prends soin de Nabila. Réconcilie-toi avec elle et fais-la parler, oblige-la à te raconter ! Promets-le-moi !
> – Je te le promets.
> – Embrasse-moi.
>
> Elle l'a embrassé. Elle tremblait, effrayée par l'état de son frère qui s'est levé […].
>
> – Où vas-tu ? Wahhch, où vas-tu ?
> – Faire le sacrifice de mon âme[245].

---

244 *Ibid.*, p. 366.
245 *Ibid.*, p. 369.

Dans un petit village du Nouveau Mexique, appelé significativement *Animas*, a lieu en effet la dernière rencontre entre Wahhch Debch et Maroun Debch, qui y périra par la main de celui qu'il aimait comme son propre fils. L'ayant attiré sur le sommet d'une montagne isolée au milieu d'une vaste plaine désertique, Wahhch abandonne le bourreau de ses chers à son destin, après l'avoir émasculé, puis ligoté de façon à ce qu'il ne puisse pas s'enfuir.

Ainsi, livré à une mort douloureuse et macabre, Maroun Debch reçoit son châtiment de la main de celui qu'il avait prétendu épargner du carnage. Et, de son côté, Wahhch inflige la mort à celui qui l'a accouché dans le mensonge, à celui qui a défiguré son visage et effacé à jamais son passé, l'initiant à la violence. C'est au coroner Aubert Chagnon, invité par Wahhch à le rejoindre dans cette localité perdue au fin fond du désert mexicain, de rédiger le récit du spectacle macabre auquel il se trouve confronté :

> La plaine glissait vers le sud, vers le Mexique, dont on pouvait distinguer les premières étendues. L'écho lamentable de la rumeur ne cessait d'augmenter. [...] Les gémissements étaient déchirants. Ils m'ont semblé si proches ! [...] J'ai commencé à lancer des appels tout en me disant que ce devait certainement être les cris de détresse d'une bête, puisque je ne percevais aucun mot. Un humain aurait laissé entendre une voix, une langue, en anglais, en espagnol, qu'importe. J'ai pensé aux clandestins mexicains qui tous les jours tentent de traverser les frontières, j'ai pensé à Wahhch, j'ai pensé aux renards des plaines, aux loups des prairies, à une vache égarée, un cheval évadé, j'ai envisagé mille et une possibilités, mais jamais je n'aurais pu imaginer ce qui m'attendait au bout de ma course lorsque, finissant de dévaler le flanc de la montagne, contournant une grande dune de cailloux, j'ai abouti dans un ancien bassin asséché, sorte de plateau creux, pierreux, au milieu duquel s'agitait, dans une mare de sang, le corps dénudé d'un homme sauvagement mutilé. [...] Je pleurais de rage, [...] je jetais des pierres pour chasser les oiseaux, parvenant à en effrayer quelques-uns qui revenaient aussitôt vers leur proie, quand brusquement, sans qu'un seul signal ne soit donné, je les ai vus s'abattre sur l'homme, sauvagerie des sauvageries, dans un grand bruissement d'ailes, froissant ensemble leurs plumages confondus, s'acharnant sur le corps qui se tournait et retournait. Ils l'ont lacéré, l'ont déchiré, se battant les uns contre les autres avec des cris furieux, des cris barbares, des cris rauques et macabres, ils se coursaient, des fragments de chair entre le bec, ils se volaient leur part, ils se mordaient avant de s'élancer à nouveau sur la dépouille. [...] Ils se délectaient de tout, enfonçaient leur tête à l'intérieur de la carcasse, farfouillaient dedans comme s'ils cherchaient à atteindre l'âme de l'homme et la dévorer. Mais d'âme, il n'y en avait pas, il y avait simplement ceci qu'il fallait nettoyer la charogne et à cette tâche, ils s'appliquaient avec attention, avec

> colère, et plus ils se repaissaient, plus leur rage était grande. J'avais l'impression d'assister à un rituel dirigé contre l'humanité toute entière. Les oiseaux étaient fous de haine, de ressentiment, de rancœur, d'aversion. [...] Il ne restait plus rien de l'être humain qui se trouvait là et j'avais assisté, impuissant, à sa mise à mort et à sa disparition. [...] Wahhch Debch m'avait fait venir à Animas pour que je sois témoin de la mort de son propre père dont il avait dû attacher les mains pour l'empêcher de se défendre[246].

La scène finale d'*Anima* paraît donc achever définitivement la métamorphose du héros, qui provoque un renversement de rôles, sur la base duquel la victime d'autrefois devient maintenant le bourreau.

Toutefois, cette identification au bourreau de la part de Wahhch comporte de sa part le renoncement à la vie, étant donné qu'il est déterminé à immoler son âme, à la « sacrifier » comme Maroun l'avait sacrifiée. Autrement dit, Wahhch choisit délibérément de vivre comme un fantôme, pour que les fantômes de ses chers puissent être vengés, pour que les fantômes du massacre de Sabra et Chatila puissent prendre consistance, surgissant de l'abîme de l'oubli dans lequel ils ont été relégués, pour témoigner de l'horreur face au monde.

Or, la transformation négative du héros est emblématiquement signalée, d'ailleurs, par le toponyme du petit village du Nouveau Mexique où a lieu la rencontre des deux natures bestiales du père et du fils : le hameau d'*Animas*, avec un -s final, qui en anglais indique un pluriel, donnera le titre même du roman, *Anima*, au singulier, comme si l'âme monstrueuse de Maroun Debch avait été transmise à jamais à l'enfant dont il a fait son fils, un enfant qui, après l'avoir recomposée dans la souffrance, a voulu écrire son histoire, afin de montrer à la postérité la bestialité que l'être humain peut atteindre lorsqu'il se laisse entraîner par la rancune.

3. En guise de conclusion : « Il faut casser le fil[247] »

Arrivés à ce point de notre argumentation, il n'est pas inutile de se demander ce qu'une telle métamorphose du héros signifie dans l'économie générale d'*Anima* ou – plus exactement – ce qui, aux yeux de Wajdi Mouawad, réduit les hommes à l'état de fantômes.

---

246 *Ibid.*, p. 384-385.

247 Wajdi Mouawad, *Incendies. Le Sang des promesses / 2*, Montréal-Arles, Leméac/Actes Sud Papiers, Coll. « Babel », 2009, p. 42.

À cet égard, ainsi que nous l'avons observé plus haut, l'emploi du singulier dans le titre du roman nous semble fort prégnant, dans la mesure où il évoque la trajectoire globale accomplie par Wahhch Debch qui, en poursuivant le chemin de la violence tracé par Maroun, a délibérément opté de renoncer à son intériorité et, par là-même, à son humanité.

Par conséquent, du dire de Mouawad, ce n'est pas tant le manque de son vrai nom et le trou de son histoire qui convertissent son personnage en un fantôme ; c'est surtout sa volonté d'adhérer au modèle de conduite imposé par son père adoptif, modèle suivant lequel la prépotence justifie toute sorte de vexations et la violence en appelle fatalement à une violence plus grande, créant une chaîne ininterrompue d'hécatombes. Bien évidemment, par cette voie, l'inconsistance de ce père-fantôme acquiert les contours du fauve assoiffé de sang, mais, de façon spéculaire, la douleur du fils finit à son tour par se figer dans les traits effrayants du tortionnaire, prolongeant par là la suite incessante des représailles.

Une dernière remarque pourra enfin nous aider à percer le signifié profond de l'acte de vengeance commis par Wahhch et partant de saisir le sens du roman mouawadien. En effet, si le récit d'*Anima* est raconté – comme on l'a observé – du point de vue des différents animaux rencontrés par le héros au cours de sa quête, le chapitre final est relaté au contraire à partir du point de vue du coroner Aubert Chagnon, véritable porte-voix de Mouawad. En conséquence, il est intéressant de relever l'attitude du médecin à l'égard du châtiment infligé par Wahhch Debch à son géniteur, puisqu'elle nous révèle la position de l'auteur vis-à-vis de la problématique dont il traite dans son roman.

Or, quoique le vieux policier montre de comprendre à fond la tragédie vécue par le protagoniste d'*Anima*, il ne s'en détache pas moins nettement, désireux, d'une part, de rapporter les faits de manière objective et, de l'autre, d'en fournir une interprétation possible, ce qui a lieu dans les pages finales du roman, qui s'avère être la version imprimée du manuscrit que Wahhch Debch en personne avait envoyé au vieux coroner une année après la mort de son père. Dans la fiction maouawadienne, *Anima* ne serait donc que le récit, rédigé par le protagoniste, de sa découverte de la vérité, de sa quête d'identité, de la douloureuse descente dans l'enfer de son passé. *Anima* est donc – comme l'affirme Chagnon – un « livre de fiction qui raconte les faits[248] », mais qui, après avoir reconstruit le *puzzle* d'une vérité déchirante, en offre une interprétation, comme il sied d'ailleurs à tout roman historique.

---

[248] Wajdi Mouawad, *Anima*, cit., p. 388.

De fait, le roman prend certes ses racines dans l'histoire personnelle de Wahhch Debch, mais il débouche sur l'histoire libanaise et sur l'Histoire de l'humanité en tant que telle, considérée comme une succession ininterrompue de guerres fratricides et de massacres, auxquels les hommes de toutes époques et de toutes latitudes n'ont pas su, ni voulu, mettre fin.

Aussi, face à la dévastation et aux morts provoqués par chaque conflit, toute interprétation s'avère partielle et insuffisante aux yeux de Mouawad, puisque les victimes d'antan sont devenues les bourreaux d'aujourd'hui et les tortionnaires d'autrefois se changent soudain en martyrs, sans qu'on puisse établir exactement qui sont les coupables. Vis-à-vis des débris de la guerre du Liban, et plus généralement du conflit israélo-palestinien et de toutes les guerres survenues au fil des siècles, on ne peut donc que chercher à écouter les cris de souffrance qui surgissent de l'Histoire, comme le fait Aubert Chagnon, pour avertir les hommes d'éviter de tomber dans la spirale auto-destructrice de la violence. Toutefois, pour ce faire, il faut inventer « des mots nouveaux[249] », qui permettent de créer une société plus fraternelle. Mais quels sont ces mots nouveaux, capables de restituer à l'homme l'humanité perdue ?

Mouawad semble dire par son roman que ces mots sont « vérité » et « pardon[250] ».

Vérité, car il est nécessaire d'arriver à une connaissance la plus exacte possible des massacres qui se sont produits au cours de l'Histoire, pour que les hommes de l'avenir sachent à quelle abjection, à quelle désolation, peut conduire la chaîne implacable de la haine. Cela éclaircit ultérieurement l'intention de Mouawad qui, par son métier d'écrivain, s'assigne la fonction spécifique de contribuer à faire connaître la vérité sur le conflit libanais et en l'occurrence sur l'épisode sanglant de Sabra et Chatila, carnage inhumain qui semble avoir été oublié, à la fois en raison de sa portée bestiale et du rôle incommode, joué par plusieurs de ses acteurs historiques[251].

Pardon enfin, car le recouvrement de la vérité, pour épouvantable qu'elle soit, confronte inévitablement les hommes, les peuples, les sociétés

---

249 *Ibid.*, p. 389.

250 C'est ainsi que Mouawad s'en explique, interrogé par Sylvain Diaz : « Le miracle auquel je crois, c'est celui de la réconciliation ; je crois que même au seuil de la mort, il est possible, peut-être, que la réconciliation se fasse par un geste ou par un pardon. », Sylvain Diaz, *Avec Mouawad*, cit., p. 72.

251 « Je sens que je suis moi-même dépositaire de choses qui ne m'appartiennent pas. Comment mettre les maux en mots, quand on n'a accès ni aux uns ni aux autres ? Il faut nécessairement redevenir enfant, parce que ce sont toujours les enfants qui posent des questions à leurs parents […]. », *Ibid.*, p. 97.

au dilemme de choisir entre le pardon et la vengeance, entre la réconciliation et la guerre, entre l'amour et la haine. Entre le prolongement des représailles et la possibilité de les interrompre.

À cet égard, les propos finaux du coroner Chagnon nous amènent à conclure qu'à côté de la résurrection d'un passé douloureux, Mouawad s'attribue également la tâche de parler « une langue nouvelle », une langue capable justement de reconduire les hommes dans l'Eden perdu où, bien qu'en appartenant à des ethnies et à des cultures différentes, ils vivaient en paix. Et *Anima*, écrit en français, mais dans lequel coexistent également l'anglais et le libanais, constitue comme on l'a vu, à un niveau méta-diégétique, cette tentative de métissage linguistique et culturel qui permettrait à l'écrivain et à ses contemporains de prononcer les "mots nouveaux" de la vérité et du pardon qui, tout « en cassant le fil[252] » de la rancune, puissent jeter les bases d'une cohabitation pacifique.

Mais "mot nouveau", *Anima* l'est aussi au point de vue strictement littéraire, en tant que synthèse inattendue et réussie de traditions romanesques différentes. Œuvre multiple et hyper-stratifiée, le roman mouawadien se présente – ainsi qu'on l'a remarqué au cours de notre analyse – tout d'abord comme un roman policier qui évolue au fil des pages, se métamorphosant ensuite en roman d'introspection, pour s'ouvrir enfin à la perspective historique, qui confond l'histoire individuelle de Wahhch Debch avec l'Histoire contemporaine du Liban. Roman des romans, issu de la contamination des genres, l'œuvre de Mouawad, caractérisée par un enchevêtrement d'épisodes de violence, se présente en effet au niveau macro-structurel comme un amas de rapports de force, où la vengeance dispute la scène à la répression, en transformant continuellement le bourreau en victime.

Une telle suite ininterrompue de faits de sang permet donc de montrer le propre de l'univers libanais, l'écheveau complexe que sont l'histoire et la société libanaises contemporaines, dans lesquelles Mouawad ne voit qu'un déroulement incessant de massacres, au sein duquel il est désormais impossible de distinguer innocents et coupables.

252 C'est bien le message que Nawal, l'héroïne du drame *Incendies* confie à ses enfants, comme on peut le constater dans les propos qui suivent : « Il faut casser le fil. / Jeanne, Simon, / Où commence votre histoire ? / À votre naissance ? / Alors elle commence avec l'horreur. / À la naissance de votre père ? / Alors c'est une grande histoire d'amour. », Wajdi mouawad, *Incendies, Le Sang des promesses / 2*, Montréal-Arles, Leméac-Actes Sud, Coll. « Babel », 2009, p. 131.

Ainsi, la seule solution possible est – comme l'affirment à l'heure présente à l'instar de Mouawad plusieurs intellectuels libanais[253] – celle de « casser le fil », c'est-à-dire de briser le mécanisme pervers de la haine qui ne conduit nulle part, si ce n'est à l'anéantissement réciproque. Seulement dans la vérité et le pardon réciproque, la perspective d'une cohabitation fraternelle devient alors possible, mais cela demande de la part de bourreaux et victimes le courage viscéral de prononcer ces "mots nouveaux", qui à vrai dire sont des « mots anciens », comme le suggère Aubert Chagnon en songeant au destin de Wahhch Debch :

> Que jetteront-ils dans le tumulte des vagues ? Que voudront-ils confier aux abysses ? Quelle douleur ? Quel chagrin ? Il existe, tout au fond des mers, des poissons monstrueux doués de parole, gardiens d'une langue ancienne, oubliée, parlée jadis par les humains et par les bêtes aux rivages des paradis perdus. Qui osera jamais plonger pour les rejoindre et apprendre auprès d'eux à reparler et à déchiffrer ce langage ? Quel animal ? Quel homme ? Quelle femme ? Quel être ? Celui-là, s'il remontait à la surface, aurait à l'intérieur de sa bouche bleuie par le froid les fragments d'une langue disparue dont nous cherchons inlassablement et depuis toujours l'alphabet. Nous réapprendrions à parler. Nous inventerions des mots nouveaux. Wahhch retrouverait son nom. Tout ne serait pas perdu[254].

[253] Nous citons à titre d'exemple l'essai de Ghassan Tuéni, *Enterrer la haine et la vengeance. Un destin libanais*, Paris, Albin Michel, 2009, qui développe justement la double thèse de la vérité et du pardon.

[254] Wajdi Mouawad, *Anima*, cit., p. 389.

Chapitre 6

Oralité humaine et discours animal dans *Anima*[255]

Publié en 2012 chez Leméac/Actes Sud, *Anima*, le deuxième roman de Wajdi Mouawad, se présente comme le bouleversant récit de la recherche de l'assassin de sa femme par le héros, Wahhch Debch[256]. En réalité, ce qui rend si passionnante l'intrigue du roman, c'est que la narration y est constamment conduite à partir du point de vue, non pas des différents individus que croise le protagoniste sur son chemin, mais au contraire à partir du point de vue – dysphorique, ou tout au moins dépaysant –, des nombreux animaux qui viennent à sa rencontre[257].

Si l'on peut objecter que la brillante trouvaille narrative de Mouawad contribue sans aucun doute à alimenter l'intérêt de lecteurs et critiques

---

[255] Cet essai a paru dans *La Torre di Babele*, n° 12, 2016, p. 51-87. Nous le présentons ici, avec quelques intégrations.

[256] Wajdi Mouawad, *Anima*, Montréal-Arles, Leméac/Actes Sud-Papiers, 2012.

[257] Mouawad a expliqué un tel expédient narratif de la sorte, en se référant explicitement à l'*incipit* du roman : « Il y a une grande projection de moi-même et de ce qui m'entoure dans ce roman. D'où la question : qui raconte ? Ce ne peut être moi, parce que si de telles choses m'arrivaient, elles seraient trop lourdes pour que je puisse les raconter. […] Nous avions un chat dans notre appartement. Alors ce sera raconté du point de vue du chat. Je connais bien les chats pour les avoir souvent côtoyés et l'idée me semblait juste. Je lui ai donné une langue très articulée, qui pouvait correspondre à ce chat-là. Sauf que ce chat ne pouvait être partout pour porter le récit et en être ainsi toujours le narrateur. La scène suivante se déroulant à l'hôpital, ce félin n'était pas en mesure de témoigner. Qui pouvait raconter ce fragment ? Eh bien, ce seraient les oiseaux sur le bord de la fenêtre. […] Mais une fois cette forme trouvée, je sentais la nécessité vitale de comprendre la raison qui impose de tels narrateurs. Une raison liée à l'histoire du personnage. J'ai fait confiance à l'histoire, me disant que la raison allait apparaître d'elle-même avec l'écriture. Effectivement, au fil du temps, les intuitions se sont précisées, et lorsque la ligne d'ensemble s'est dévoilée au bout d'une dizaine d'années, la confirmation a été d'une grande force. », Sylvain Diaz, *Avec Mouawad. Tout est écriture*, Montréal-Arles, Leméac/Actes Sud-Papiers, 2017, p. 65-66. Voir aussi à ce sujet : Guy Achard-Bayle, Léda Mansour, *Mise en fiction, texte et hors-texte dans* Anima, dans Claire Badiou-Monferran, Laurence Denooz, *Langues d'*Anima, Paris, Classiques Garnier, 2016, p. 65.

pour un récit qui se déroule comme un *noir* inquiétant, en vertu du curieux renversement de perspectives qui voit les animaux observer et juger les humains, il convient toutefois d'analyser la fonction que l'auteur assigne à la 'langue des animaux', puisque, des conséquences pour ainsi dire ontologiques qu'elles comporte, découle l'une des significations majeures de l'œuvre de Mouawad.

1. Langage humain versus langage animal

Ainsi que zoologistes, ornithologues et entomologistes l'affirment, toute espèce animale possède un code de communication qui permet aux différents membres de chaque race d'échanger des messages entre eux pour prévenir, par exemple, leurs semblables du danger, pour leur signaler la présence de nourriture ou encore pour en ordonner la fuite[258]. Néanmoins, un tel code, tout articulé qu'il soit, est loin de reproduire la complexité et les nuances qui caractérisent le langage humain[259]. Surtout, le code animal demeure lié à l'instinct de survivance[260], ce qui marque une différence essentielle par rapport au langage des hommes dont le trait distinctif est au contraire la liberté d'expression.

Or, dans *Anima*, Mouawad semble vouloir pénétrer au-delà de la communication ordinaire entre exemplaires d'une même espèce, dans une sphère inconnue, capable pourtant de révéler les profondeurs insoupçonnées de 'l'âme animale' afin de nous restituer le point de vue, la 'pensée', de chaque bestiole rencontrée par Debch, ainsi que sa manière de percevoir la réalité et de considérer les êtres humains[261]. Tout en défendant alors résolument la spécificité animale, dans son roman, Mouawad a constamment recours à une forme d'antropomorphisme, grâce auquel il cède volontiers aux différentes races animales des sentiments, des considérations, des remarques qui les apparentent plutôt à

258 *Cf.* Wilfrid Westheide, Reinhard Rieger, *Zoologia sistematica*, Bologna, Zanichelli, 2011, p. 670.

259 Voir à ce sujet : Noam Chomsky, *Nuovi orizzonti nello studio del linguaggio e della mente*, Milano, Il Saggiatore, 2005, p. 52.

260 À propos du langage animal, *cf.* Thomas A. Sebeok, Alfred. S. Hayes, Mary C. Bateson, *Paralinguistica e cinesica*, Milano, Bompiani, 1970, p. 16.

261 *Cf.* Sylvie Camet, *Animateur / Animataire. Animalités lectrices / animalités narratrices dans* Anima de *Wajdi Mouawad*, dans Claire Badiou-Monferran, Laurence Denooz, *Langues d'*Anima, cit., p. 81-93, mais aussi : Baptiste Liger, « L'avis des animaux », *Lire*, n° 408, Septembre 2012, p. 38.

l'espèce humaine, douée depuis toujours dans l'imaginaire commun de rationalité et d'esprit de finesse[262].

C'est pourquoi l'étude analytique du discours animal et du discours de l'homme et de leur juxtaposition constante dans les pages d'*Anima* nous a paru essentielle à la compréhension du roman et, d'une façon plus générale, de la poétique mouawadienne qui s'y dessine.

2. Oralité et discours des humains

Lorsqu'on parle d'oralité, on a affaire – suivant Catherine Kerbrat-Orecchioni –, à un « discours-en-interaction », dont il vaut la peine de rappeler brièvement les caractéristiques principales, car elles fournissent le soubassement théorique de notre argumentation.

Suivant la spécialiste, le « discours-en-interaction » présuppose en premier lieu l'« *existence d'un contact direct* [...] *entre les interlocuteurs*, ce qui entraîne une forte implication du locuteur et une inscription du destinataire dans le discours (par le biais des termes d'adresse, des expressions phatiques, des prises à témoin ou à partie, etc.)[263] ». Deuxièmement, le discours oral apparaît comme étant marqué par une « *dépendance des énoncés par rapport à leur contexte d'actualisation*[264] », ce qui comporte généralement que la mention du cadrage externe soit inscrite dans ce type de discours. Une troisième caractéristique de l'oral implique par ailleurs la parfaite « *concomitance entre planification et émission du discours*[265] », surtout lorsqu'il s'agit de ce que Kerbrat-Orecchioni appelle « l'oral prototypique, c'est-à-dire improvisé[266] ». Enfin, il faut tenir compte que « le discours oral exploite plusieurs canaux sensoriels (essentiellement les canaux

262 Que l'on songe à la fameuse définition de l'homme, donnée par Aristote, suivant laquelle ce dernier est un animal rationnel et politique, c'est-à-dire à même de vivre et de communiquer avec ses semblables ou encore aux nombreuses bestioles que La Fontaine fait interagir dans ses *Fables*, *cf.* Aristote, *Constitution d'Athènes*, Paris, Le Livre de poche Classique, 2006 et Jean de La Fontaine, *Œuvres. I : Fables et Contes*, Jean-Pierre Collinet (dir.), Paris, Gallimard, 1991. Sur l'analogie des hommes et des bêtes, consulter aussi Claire Badiou-Monferran, *Introduction. Du style de Wajdi Mouawad : entre partage mythique et partage littéraire de l'Histoire*, dans *Ibid.*, Laurence Denooz, *Langues d'*Anima, cit, p. 13-36.

263 Catherine Kerbrat-Orecchioni, *Le discours en interaction*, Paris, Colin, 2005, p. 29. L'italique est de l'auteure.

264 *Ibid.*, p. 30. L'italique est de l'auteure.

265 *Ibid.*, L'italique est de l'auteure.

266 *Ibid.*

auditif et visuel), et plusieurs systèmes sémiotiques : 'verbal', 'para-verbal' et 'non-verbal'[267] ».

Comme le note encore la spécialiste, les propriétés de l'oral que l'on vient de mentionner ne sont évidemment pas sans influencer l'organisation générale du discours, où l'on assiste fréquemment à des structures phrastiques, ponctuées d'interjections, d'hésitations, de formules d'adresses à l'interlocuteur, relevant du registre familier[268].

Or, il est évident que les divers échanges verbaux, présents dans l'œuvre de Mouawad, revêtent la forme de dialogues littéraires, ne constituant par conséquent que « des simulations (ou des simulacres) de conversations que les romans, et plus généralement les discours fictionnels, nous donnent à voir et à entendre[269]. » Kerbrat-Orecchioni avoue d'ailleurs que, dans la gamme très variée des discours fictionnels, le dialogue romanesque s'éloigne tout particulièrement des conversations naturelles, en vertu du fait qu'il se réalise sous une forme écrite et qu'il est enchâssé dans le récit, dont il ne représente qu'une composante textuelle parmi d'autres. C'est pourquoi le dialogue romanesque se situe dans une double relation : il est d'une part décrit par la linguiste en termes du rapport mimétique que ce dernier entretient avec la conversation orale fictive qu'il est censé reproduire ; d'autre part, il est compris en tant que relation syntagmatique avec l'environnement narratif dans lequel il est inséré.

Quoiqu'il en soit, ce qui nous paraît essentiel pour une correcte compréhension du dialogue littéraire, c'est sa nature préconstruite : en effet, même lorsque l'auteur vise à imiter l'improvisation, produisant certains 'effets-de-spontanéité', typiques du « discours-en-interaction », il est clair que ces derniers sont de l'ordre du construit, de l'artificiel et que, par voie de conséquence, ils contribuent largement à cette saturation du sens qui est le propre du texte littéraire[270]. Enfin, bien qu'en apparence les destinataires du dialogue romanesque semblent échanger leurs propos avec les divers personnages fictionnels qui les entourent, leur discours s'adresse en aval au lecteur, qui demeure le destinataire final de la communication littéraire.

Toutes les caractéristiques que l'on vient d'énumérer à propos du « discours-en-interaction » se trouvent représentées dans les multiples dialogues qui se succèdent dans *Anima* et contribuent sans aucun doute à construire l'identité psychologique et culturelle de chacun des interlocu-

---

[267] *Ibid.*

[268] *Ibid.*, p. 33.

[269] *Ibid.*, p. 315.

[270] *Cf. Ibid.*, p. 316.

teurs de Wahhch Debch, ainsi que celle du héros lui-même, désespérément lancé à la poursuite du meurtrier de sa femme.

Le premier (et le dernier) de ces interlocuteurs est le médecin coroner Aubert Chagnon qui, arrivé au seuil de sa retraite, est chargé de découvrir le meurtrier de Léonie F. Son discours, rapporté à travers les perceptions du poisson doré, voltigeant dans le grand bocal de verre de son bureau, se distingue à la fois par son allure scientifique et par une capacité d'empathie envers Wahhch, qui s'avère rare chez les humains avec qui le protagoniste d'*Anima* entrera en contact. En effet, étant donné la cruauté avec laquelle Léonie a été tuée, poignardée cinq fois dans l'abdomen et violée par son assassin dans sa plaie même, Chagnon conseille d'abord à Wahhch de ne pas consulter le rapport d'autopsie et arrive jusqu'à lui interdire de regarder les photos de la jeune victime, afin d'épargner à l'homme, déjà éprouvé, une peine ultérieure, comme on peut l'apprendre de la citation suivante :

> C'est à vous de voir. Des gens disent que plus on en sait, plus le deuil est facile. Je ne sais pas. Je n'en sais rien. C'est vous qui décidez. L'enveloppe est là, tout le rapport de l'autopsie se trouve dedans, mais sincèrement je vous conseille de ne pas y toucher. L'essentiel, vous le savez déjà. Elle est morte. Les détails n'y changeront pas grand-chose. Asseyez-vous. Donnez-moi votre manteau. L'hiver ne finira donc jamais. Les tempêtes au mois d'avril, c'est à vous faire brailler matin et soir. Bon. J'aimerais pouvoir vous dire quelque chose de réconfortant, mais tout ce que je peux faire, c'est vous assurer que je vais tout mettre en œuvre pour que la police le retrouve le plus vite possible. Ça ne la ramènera pas à la vie, mais ça peut vous apporter un peu de paix. Je ne suis pas censé entretenir un rapport affectif avec les gens à l'intérieur du cadre de mon travail, mais ce dossier est le dernier dossier de ma carrière de coroner. Je me sens concerné malgré moi[271].

Il est assez aisé de voir que la plupart des marqueurs du dialogue romanesque, indiqués par Kerbrat-Orecchioni, reviennent dans le passage en question : la présence forte du locuteur, soulignée entre autres par le recours à des interjections et à un registre familier, ainsi que par la réitération du pronom de deuxième personne ; enfin, l'indication du contexte situationnel, au sein duquel a lieu le dialogue entre Chagnon et Debch, véhiculé à travers la mention du manteau, du froid hivernal, mais aussi de l'implication affective du coroner, une implication certes dictée par la férocité avec laquelle Léonie a été assassinée, mais aussi par le fait

---

[271] Wajdi Mouawad, *Anima*, cit., p. 21.

que ce cas, si tragique et difficile, devrait clore la carrière du médecin, en en asseyant définitivement le mérite.

La citation suivante, où le coroner essaie une première reconstruction du meurtre, met cependant en relief un autre aspect de sa personnalité, qu'il vaut la peine de relever, à savoir sa professionnalité :

> Votre femme est décédée à la suite des blessures infligées à son abdomen et à ses organes sexuels à l'aide d'un objet tranchant. Le vagin a été déchiré à trois reprises, la vessie a été perforée. L'hémorragie qui s'en est suivie a provoqué le décès au bout d'une quinzaine de minutes. La mort a eu lieu entre 16 h et 16 h 30… […]
>
> La disposition des meubles suggère qu'il a dû la pousser violemment pour la projeter au sol et se ruer sur elle. On pense qu'il l'a frappée à nouveau pour la maîtriser et la déshabiller. Il lui a d'abord planté son couteau dans l'abdomen, entre le thorax et le nombril, et a coupé de bas en haut. Il a ouvert une plaie d'une longueur de quatre centimètres. Il a retiré son couteau et a introduit son pénis dans la plaie. La douleur qu'elle a dû ressentir a rassemblé en elle toutes les forces qu'il lui restaient. On croit qu'elle l'a mordu à la joue, jusqu'à arracher un lambeau de chair, le forçant à se retirer d'elle. Elle n'a pas dû le lâcher. Il a repris son couteau. Il l'a planté à quatre reprises dans le sexe de votre femme. La quatrième fois il a traversé le ventre pour fixer la lame dans le bois du plancher. Il a introduit à nouveau son pénis dans l'abdomen. Il l'a violée dans le sang de la plaie. Il a éjaculé. Il s'est retiré. Il s'est enfui. […]
>
> Wahhch, écoutez-moi. Essayez de prendre soin de vous. Malgré tout. Vous avez des choses à faire, faites-les. Je ne veux pas qu'il vous arrive du mal[272].

On le voit : le récit de la cruauté sauvage – bestiale ! – avec laquelle Léonie a été assassinée avec l'enfant qu'elle portait dans son ventre, est agencé par Aubert Chagnon de façon objective, neutre, dépouillée de tout commentaire, comme il se doit à un coroner professionnel, vantant une longue expérience. La succession précise des actes ayant provoqué le décès de l'épouse de Wahhch est relatée en fait suivant l'ordre chronologique que l'on a pu établir à partir de l'examen scientifique du cadavre et de la salle de séjour où le meurtre a eu lieu. En outre, la description détaillée des actions commises par l'assassin de Léonie est reconstruite avec une grande minutie par Chagnon, attentif à n'oublier aucun des détails qui pourraient révéler tant soit peu l'identité du meurtrier. Ce qui montre la grande professionnalité de cet homme.

---

[272] *Ibid.*, p. 22-24.

Néanmoins, l'absurde bestialité des gestes accomplis par l'assassin de Léonie, conjuguée à l'absence apparente de tout mobile, conduit le médecin à se pencher sur le destin cruel de Debch et à s'inquiéter de son état psychologique ; c'est justement dans cet esprit qu'il exhorte l'homme à ne pas succomber au chagrin et à prendre soin de lui. Ainsi, après avoir présenté de façon objective et linéaire, dans un discours dépourvu de toute émotivité et à forte dominante référentielle, les faits tragiques ayant conduit au décès de la femme, le professionnel expérimenté cède la place à l'homme âgé, au père de famille qui, ayant connu la méchanceté des hommes, s'abandonne au besoin insupprimable de soulager la douleur de Wahhch Debch, car, derrière la sauvagerie de ce meurtre, il soupçonne la présence d'un individu extrêmement dangereux[273].

C'est bien cette participation intime à la douleur qui taraude Debch, ce désir sincère de partager son sort, auquel Chagnon a été associé tout à fait par hasard, qui amènent le protagoniste d'*Anima* à interpeller le vieux coroner, après de longs mois de silence, pour l'inviter à le rejoindre à Animas, un coin perdu au fin fond du Nouveau Mexique. Dans ce petit « village improbable, au nom tout aussi improbable[274] », la vie d'Aubert Chagnon va subir un changement irréversible, modifiant à jamais sa façon de percevoir la réalité et, partant, sa manière de s'exprimer. Dans ce hameau abandonné au milieu du désert, le coroner expérimente en fait pour la première fois d'une manière viscérale une forme d'identification totale à cet homme malheureux, en vertu de laquelle il sent surgir en lui une langue nouvelle, à même de traduire le déchirement intérieur de cet être, blessé par la vie :

> Je n'entendais plus les mots dans ma tête, je ne ressentais plus la parole, ou alors c'étaient des mots nouveaux, une parole nouvelle, qui étaient en vérité les mots et la parole de Wahhch que je ressentais en moi et qui me transperçaient, tout à coup, pour avoir touché de trop près à sa douleur. J'avais l'impression de respirer à son rythme et de parler avec sa langue et, en cet instant même où, penché à ma table, je tente de décrire à nouveau cette étrange transfiguration, les mots, sur le papier, semblent me glisser de la main de la même manière qu'ils doivent glisser de la sienne[275].

En raison de cette assimilation intérieure entre les deux hommes, Chagnon parvient alors à recomposer les fragments douloureux de l'his-

[273] *Cf.* Marie Parent, « L'exclusivité de la souffrance », *Liberté*, n° 299, 2013, p. 37 et François Busnel, « Anima », *L'Express*, 20 mars 2015, p. 89.

[274] Wajdi Mouawad, *Anima*, cit., p. 377.

[275] *Ibid.*, p. 379.

toire de Wahhch Debch, non plus suivant le protocole froid et détaché, employé habituellement par le coroner, non plus avec la langue neutre et objective, typique du rapport médical, mais avec la conscience accrue de pénétrer dans un abîme de souffrances qui demande de sa part une délicatesse profonde et une parole 'nouvelle', capable d'accueillir la douleur de son ami et de la redire. Car la perte tragique de Léonie n'a fait que rouvrir les blessures les plus intimes, cachées dans l'âme de Wahhch et ensevelies dans un passé traumatique, que Chagnon découvre être étroitement lié à l'histoire du peuple palestinien, auquel l'homme appartient et auquel son père – Maroun Debch – l'avait arraché tout petit[276].

Cet idiome nouveau, que seules la proximité et la fréquentation de Wahhch savent susciter chez le vieux coroner, transforme alors la langue orale de Chagnon en un code écrit, proche de celui du manuscrit que Wahhch expédie au vieux médecin et dont celui-ci s'imprègne, pour en faire l'instrument privilégié du récit des tueries qui ont ponctué l'histoire libanaise et qui, trop souvent, ont été passées sous silence[277].

Mais ce n'est pas tout. Car le parcours initiatique suivi par Debch vers la découverte de la vérité sur sa famille conduit le protagoniste d'*Anima* à rencontrer d'autres individus qui, comme lui, ont été les victimes de violences et d'abus, ou bien gardent la mémoire des atrocités commises par leurs semblables au fil de l'histoire. Eux aussi, comme les parents naturels de Wahhch, trucidés pendant le carnage de Sabra et Chatila[278], ou comme les Indiens massacrés par les Blancs lors de la conquête du Nouveau Monde et réduits à l'heure présente à se survivre dans les réserves nord-américaines, ou encore comme les Noirs, prostrés à l'état d'esclaves par les colons européens et exploités jusqu'à la mort dans les plantations de l'Amérique du Sud, eux aussi exigent d'être rappelés, non seulement parce que des milliers d'innocents demandent encore que l'on fasse justice, mais également parce que les viols, les génocides, les massacres, les tortures, les

276 Voir à cet égard ce qu'en dit Mouawad dans : *Crise*, dans Sylvain Diaz, *Avec Mouawad*, cit., p. 94-99.

277 Nous ne partageons pas la lecture que donne Claire Badiou-Monferran de l'identification empathique entre Aubert Chagnon et Wahhch Debch, car elle tendrait à exclure que la participation du coroner aux traumatismes du héros puisse le délivrer de ses formes d'aliénation, *cf.* Claire Badiou-Monferran, *Introduction*, cit., p. 25.

278 À l'égard des divers massacres cités dans le roman – et tout particulièrement de ceux ayant eu lieu au Liban –, consulter le discours tenu par Mouawad, lors de la réception du prix Phœnix, qui lui a été décerné au Liban en 2012, pour *Anima*, *cf. L'émotion de Wajdi Mouawad*, https://www.youtube.com/watch?v=26UZt0PnkU8. Voir aussi : www.lorientdesivres.com/actualités-detail-3.htm (Consulté le 12.06.2016).

meurtres sans nom, perpétués au fil des siècles, témoignent de l'abjection bestiale à laquelle l'être humain peut rétrocéder[279]:

> [Dans le manuscrit envoyé par Debch,] tout était fidèlement rapporté, tout était réel [...]. Pourtant, plus rien ne me semblait vrai. J'ai déposé le manuscrit sur la table et j'ai entendu le grand silence qu'il a produit en moi d'où ont émergé, comme le dirait un de ces animaux, cheval, mouche ou cochon, les cris de tous ceux qui sont morts dans le silence et l'oubli, enfants, femmes, hommes, bêtes et dieux, qui tapissent par couches épaisses les siècles et les ciels[280].

Voilà pourquoi la langue que Chagnon emprunte désormais à son ami Wahhch, si elle a perdu quelques-uns des traits de son oralité originaire, a assurément gagné en profondeur et en poésie, se métamorphosant en un idiome foncièrement humain, en condition de pénétrer la souffrance d'autrui et de l'exprimer avec sensibilité et participation. Cette langue, semble nous dire Mouawad, est la seule qui puisse aider l'homme – à condition, bien sûr, qu'il s'en réapproprie – à retrouver cette capacité de dialogue avec tous les vivants qui, depuis l'origine du monde, fait de lui un être de relation :

> Il existe, tout au fond des mers, des poissons monstrueux doués de parole, gardiens d'une langue ancienne, oubliée, parlée jadis par les humains et par les bêtes aux rivages des paradis perdus. Qui osera jamais plonger pour les rejoindre et apprendre auprès d'eux à reparler et à déchiffrer ce langage ? Quel animal ? Quel homme ? Quelle femme ? Quel être ? Celui-là, s'il remontait à la surface, aurait à l'intérieur de sa bouche bleuie par le froid les fragments d'une langue disparue dont nous cherchons inlassablement et depuis toujours l'alphabet. Nous réapprendrions à parler. Nous inventerions des mots nouveaux. Wahhch retrouverait son nom. Tout ne serait pas perdu[281].

Bien différente, on le verra, est en revanche la langue utilisée par la plupart des individus que Wahhch croise sur son chemin. Parmi ces derniers, les diverses figures de Mohawks qui accueillent Wahhch à l'entrée de la

---

279 *Cf. Hors-champ*, interview de Laure Adler à Wajdi Mouawad, diffusée sur France Culture le 10 décembre 2012, https://www.youtube.com/watch?v=CMbw39TMYg0 (Consulté le 10.09.2016). Voir aussi : Guy Achard-Bayle, Léda Mansour, *Mise en fiction, texte et hors-texte dans* Anima, cit., p. 74-77 et Florian Alix, *Le Tragique de la relation dans* Anima. *Wajdi Mouawad au prisme d'Édouard Glissant*, dans Claire Badiou-Monferran, Laurence Denooz, *Langues d'*Anima, cit., p. 120.

280 Wajdi Mouawad, *Anima*, cit., p. 388.

281 *Ibid.*, p. 389.

réserve de Kahnawake, nous paraissent particulièrement intéressantes. Le héros d'*Anima* s'y rend, dans l'espoir de retrouver celui qu'on a identifié comme étant le meurtrier de sa femme : Welson Woolf Rooney, un Natif, connu parmi les siens en raison de sa férocité.

Arrivé à Kahnawake par un soir gelé d'hiver, Debch entre dans le bar où se donnent habituellement rendez-vous plusieurs des membres de la communauté Mohawk. Voilà comment ils s'expriment, selon le point de vue surprenant de l'araigneé qui les observe :

> La porte s'est ouverte et deux hommes sont entrés faisant se lever tous ceux qui étaient assis. Jim Rice a lancé « Johnny ! Heyheyhey ! » [...] Et Mitch et Johnny répondaient « Eddy ! Jim ! Ron ! Shan... Hi guys ! ». Ils ont défait leurs manteaux et Johnny, le plus grand et le plus gros des deux, s'est retourné vers le comptoir. L'apercevant, il s'est immobilisé.
>
> – Who's that ?
>
> – Frenchy...
>
> – I see... Frenchy, hein ? Hey, Mitch, d'you see that ? On a de la visite, un Français !
>
> – Yeah ! Les touristes sont en avance cette année !
>
> – C'est le réchauffement climatique, man ! Tu comprends pas ça ? C'est scientifique ! Mary ! Give us five bottles of rye, glasses and ice for everybody ! Hey, on va parler le français pour montrer que nous autres les Mohawks nous savons vivre, OK ? [...]
>
> Des vibrations très fortes ont résonné contre la rambarde de bronze, conséquence des cris qu'ils se sont mis à pousser. Ils ont dégagé les tables et tiré les chaises pour mieux se regrouper. Johnny, souverain, a pris la place du centre.
>
> – You hear about Jerry's love story, guys ?
>
> – No way ! Jerry's in love ? a répondu quelqu'un.
>
> – Yeah ! With a smelly woman... him, Freddy and the Black brothers, they fucked her every way, in all her fucking holes !... But in fact, it's her who fucked them... she was a shunk !
>
> – No way !! a hurlé quelqu'un.
>
> – Elle leur a chié dessus, pissé dessus, puis elle a pissé dans le char à Jerry[282] !

Ce qui frappe de prime abord dans ce dialogue est le bizarre mélange d'idiomes qui caractérise le parler des Mohawks, rassemblés dans le petit *saloon* situé à l'entrée de la réserve. Si la coexistence du français et de l'anglais constitue, comme chacun le sait, la marque distinctive du sta-

---

[282] *Ibid.*, p. 52-53.

tut linguistique canadien, leur mixtion à l'intérieur d'une même phrase est pourtant l'indice d'un métissage linguistique qui trahit entre autres les difficiles conditions de vie qui distinguent la réserve et le faible taux d'instruction de ses membres.

En outre, lorsqu'on s'arrête à considérer les arguments présentés dans ce dialogue, on s'aperçoit vite qu'il s'agit d'un échange inconsistant, où un pourcentage très réduit d'information passe, si ce n'est l'insistance portée sur la présence de cet étranger, qui a pénétré dans les territoires indiens à la recherche de Woolf Rooney, de même que la vulgaire histoire sexuelle vécue par Jerry. Les phrases du dialogue se succèdent en effet suivant un rituel prévisible, qui rend compte des rapports de force existant à l'intérieur du clan et le type d'oralité qui gouverne les échanges entre les Natifs témoigne d'un usage forcé de la langue, poussée presque au paroxysme, comme si, de sophistiqué instrument communicatif propre aux êtres humains, cette dernière était réduite à un ensemble de cris sauvages, dont le seul but est de manifester la bassesse des insticts de ce groupe d'hommes, rétrocédés presque au rang de bêtes.

En somme, l'image de ces individus qui se détache dans l'esprit du lecteur est engendrée par un type de discours qui, tout en gardant certaines marques du dialogue romanesque, est loin de nous rappeler le langage empathique et professionnel d'Aubert Chagnon. Ce dialogue dénonce, bien au contraire, à la fois par le mélange d'idiomes qui le distingue, par la banalité des arguments traités, par l'utilisation d'un registre délibérément vulgaire, par le récit à forte composante sexuelle qui y est rapporté, ainsi que par l'insistance avec laquelle on s'adresse à Wahhch comme à un *outsider* indésiré, l'énorme potentiel de violence qui règne dans la réserve de Kahnawake et qui est sur le point de happer le héros.

De telles observations sont d'ailleurs pleinement confirmées dans la citation suivante, où Johnny décrit avec arrogance l'accueil réservé à Debch, avant même qu'il franchisse le seuil de la réserve :

> Johnny racontait sans cesse la même histoire, cerclé des mêmes rires et des mêmes éclats.
>
> – Ils ont repéré un gars, un Blanc, entré dans la réserve vers le milieu de la soirée. Ils ont pensé que c'était une police qui se faisait passer pour un Français. Ils voulaient lui casser les jambes puis le jeter dans le fleuve, lui faire vraiment peur, you know ? Ils ont fini par le coincer dans la grande courbe de la Hospital Lane, et c'est là que ça s'est passé. Ils sont sortis du char, ils étaient bien décidés, sûrs de leur affaire, tout le kit, sauf qu'ils se sont retrouvés face à une mouffette enragée qui était pas de bonne humeur et qui leur a fait sentir.

> Une évidence est apparue à leur esprit. Ils se sont figés avant de se tourner vers le comptoir. […]
>
> – C'est toi l'étranger qui rameute les mouffettes par ici ?
>
> – C'est moi.
>
> – C'est une nouvelle tactique de la police ? Vous avez troqué vos chiens pour des mouffettes ? Ou bien c'est juste pour les Mohawks ? Pour régler le mal par le mal ! À ce qui pue, faut envoyer ce qui pue ? C'est-tu ça la logique[283] ?

Ainsi qu'on peut le constater, les différents membres de la tribu adoptent à l'égard de Debch une attitude de méfiance, visant essentiellement à l'élimination de cet homme, soupçonné d'avoir été envoyé auprès des Mohawks par la police, afin d'enquêter non seulement sur l'identité de Woolf Rooney, mais aussi sur les trafics illégaux qui ont lieu dans les territoires indiens[284]. Ce qui émerge dans le passage cité, c'est une fois de plus l'habitude de Johnny et de ses compagnons à la raillerie vulgaire, qui manifeste chez eux une disposition instinctive à la violence. Par ailleurs, le discours tenu par le groupe d'Indiens présents dans le *saloon* trahit, par l'utilisation systématique d'un registre argotique, une incapacité foncière à la réflexion. En effet, ce n'est qu'après avoir débité plusieurs fois de suite l'anecdote saugrenue, relative à la tentative de leurs confrères d'assaillir l'inconnu, que Johnny et les autres s'aperçoivent – ironie du sort ! – d'être en sa présence.

Vulgarité, propension à la violence, tant verbale que physique, incapacité à agencer une réflexion, allant de pair à l'exaltation presque animale des instincts les plus bas, mais en même temps peur d'être la proie des pièges tendus par les policiers : voilà autant d'éléments qui, dans le discours des Mohawks, contribuent à en peindre un tableau aux teintes sombres, qui finit par rapprocher ces individus à des bêtes sauvages, épouvantées et donc prêtes à l'attaque. Aucune capacité chez eux d'accueillir l'étranger, aucune volonté de connaître son histoire, ses besoins, sa souffrance. Aucun désir de communiquer. C'est à une humanité perdue que l'on a affaire dans le passage cité. Une humanité perdue et qui se sait perdue, et sans espoir de rédemption, empêtrée qu'elle l'est dans le mal, comme Johnny du reste ne manque pas de le remarquer.

283 *Ibid.*, p. 54.

284 *Cf.* à ce sujet : Florian Alix, *Le Tragique de la relation dans* Anima. *Wajdi Mouawad au prisme d'Édouard Glissant*, cit., p. 118.

D'un point de vue strictement linguistique, les marqueurs de l'oralité dont parle Kerbrat-Orecchioni, loin de nous restituer un discours linéaire, fruit de la réflexion ordonnée d'êtres doués de la faculté de la pensée et préoccupés de leur interlocuteur, nous présentent en revanche un échange verbal où la communication demeure difficile, voire presque absente, étant prise dans les engrenages du discours routinaire et stéréotypé qui distingue le clan Mohawk, où seule la prépotence domine. Cet idiome, que l'on pourrait assimiler au code traditionnel des Natifs, s'en détache en réalité en raison de sa vulgarité et de l'extrême violence verbale dont elle est porteuse[285].

En somme, l'analyse du passage cité tend à ranger les divers représentants de la tribu Mohawk du côté des bêtes, plutôt que du côté des êtres humains, mettant en relief, avec la superficialité de leur faculté de jugement, leur incapacité foncière à communiquer et, en dernière instance, leur perte d'humanité.

Nous verrons tout de suite que l'absence de communication, relevée chez ce groupe de Natifs, s'avèrera être le trait saillant du discours de Maroun Debch, le père adoptif de Wahhch. Et cela nous permettra de mesurer jusqu'à quel point ce manque total de dialogue est révélateur de la nature profondément bestiale du personnage.

Ce que le lecteur déduit du géniteur de Debch, dès les premières pages du roman, c'est que cet homme est probablement doué d'un tempérament dur, puisque le dialogue entre Wahhch et sa sœur Nabila, révèle qu'au cours d'une dispute, Maroun Debch s'étant fâché contre sa fille aînée Najma, avait juré qu'il ne lui adresserait jamais plus la parole.

L'un des rares dialogues insérés dans *Anima*, entre Wahhch et son père adoptif, est représenté par une conversation téléphonique, dont le lecteur ne peut cueillir que les répliques du héros. Le choix d'une telle astuce narrative, ayant pour fonction de véhiculer le réalisme extrême de la scène, est d'ailleurs renforcé par l'adoption du point de vue d'un animal tout à fait singulier : la *Periplaneta americana*. Cette blatte, dont le comportement en cas de danger est celui de dévorer ses propres œufs, fournit alors un indice révélateur et en même temps repoussant, quant à la personnalité de Maroun Debch et à sa manière de concevoir la paternité[286].

---

[285] Sur les caractéristiques du langage des Natifs, voir : Robin G. McGrath, *Aboriginal Literature. Native and Métis Literature*, dans Eugene Benson, William Toye (dir.), *The Oxford Companion to Canadian Literature*, Toronto-Oxford-New York, Oxford University Press, 1997, p. 6.

[286] *Cf.* Rieger Westheide, *Zoologia sistematica*, cit., p. 452.

En outre, la stratégie utilisée par Mouawad pour nous présenter cette conversation téléphonique a l'avantage de parcelliser le « discours-en-interaction », montrant explicitement les répliques d'un unique interlocuteur, en l'occurrence Wahhch. En effet, le dialogue entre père et fils, que depuis le début du roman l'on sait être ardu ou tout au moins lacunaire, semble confiner le rôle du géniteur à quelques phrases de circonstances, qu'on devine être prononcées par Maroun, au sujet de la mort violente de Léonie :

> Papa ? c'est Wahhch / Ça va ça va, t'en fais pas / Ça va je te dis / Pas encore / Il se protège dans les réserves indiennes / Je t'avoue que je ne cherche pas trop à comprendre / Je prends du temps pour moi / Ne t'en fais pas / Je voulais te poser une question / Sabra et Chatila / Tu connaissais mes parents ? / Les miliciens, tu les connaissais ? / Je veux dire, tu les as vus tuer mon père et ma mère ? / Oui… Oui… / Mais toi, comment ça se fait que tu étais là ? / Tu m'avais dit que les chevaux étaient sur moi / L'enchevêtrement / C'est comme si je me souvenais de tout / Comme si, au moment où j'ai vu Léonie étendue dans son sang, j'ai eu un sentiment de déjà vu / Tu ne comprends jamais ce que je dis quand il s'agit pour moi de te poser des questions à ce sujet / Ce n'est pas grave, je ne t'appelle pas pour t'embêter / Je pensais passer à Vegas / J'en profiterai pour rendre visite à Najma / Nabila m'a dit que vous vous êtes disputés ? / Je ne dirais pas ça / Elle te respecte mais elle est aussi entêtée que toi / Toi non plus tu ne vas pas la voir / Tu pourrais / San Diego n'est pas loin / Tu pourrais aller passer quelques jours là-bas / … / Elle en fait des efforts / … / Ce n'est pas la peine de t'énerver / Bon, tu as raison / OK / Allez / À bientôt[287].

Ainsi, bien que les indicateurs principaux du dialogue romanesque soient présents dans l'extrait cité, il est clair que nous nous trouvons face à un dialogue manqué, faussé par la présence d'un interlocuteur qui, quoique sollicité, refuse de participer à cet échange, préférant le silence à toute parole. Autrement dit, là où le discours de la bande Mohawk dénonçait l'absence de toute volonté de communication, reléguant Wahhch au rang d'un intrus qu'il fallait éliminer le plus vite possible, la conversation entre ce dernier et Maroun Debch approfondit ultérieurement le gouffre qui sépare le protagoniste d'*Anima* de ses semblables, recréant sous ses yeux le trou obscur qui l'éloigne de ce père adoptif.

Le mutisme entêté avec lequel Maroun réagit aux multiples questions posées par son fils est en effet révélateur, non seulement de la réticence avec laquelle il se laisse habituellement questionner au sujet de l'hécatombe de Sabra et Chatila, mais aussi de la froideur irritée avec laquelle il traite

---

[287] Wajdi Mouawad, *Anima*, cit., p. 219.

normalement ce fils, fragilisé par les traumatismes de son histoire personnelle. Rien, dans ce que l'on devine des répliques de cet homme, lors du dialogue téléphonique avec Wahhch, ne trahit de sa part l'affection, l'amour, la participation empathique aux immenses souffrances que la vie a réservées, dès le plus jeune âge, à celui qui est devenu son fils. Bien au contraire, Maroun Debch semble s'aigrir à l'égard de Wahhch, précisément à cause de l'insistance avec laquelle ce dernier lui pose des questions à propos de son origine.

De toute évidence, on se trouve face à un personnage qui est loin d'incarner les traits les plus typiques de la paternité. Et ce manque total, délibéré, de communication envers son fils adoptif devient vite le signe de l'énorme mensonge qui enveloppe Maroun Debch et son passé, un passé tissé d'une cruauté si bestiale qu'elle lui a valu le surnom de « *Wahhch el Debch* », c'est-à-dire « le monstre brutal ». Le mutisme prolongé de Maroun, son détachement froid et sa dureté vis-à-vis des siens ne sont alors que les indices de sa véritable identité : celle d'une bête sauvage abreuvée de sang[288]. C'est lui en effet qui, lors de la tuerie de Sabra et Chatila, aurait ordonné le massacre de la famille de Wahhch, sous les yeux terrifiés du petit, enterré vivant et enfin délivré par Maroun qui deviendrait son géniteur adoptif.

La découverte de cette terrible vérité achève alors le parcours initiatique du protagoniste d'*Anima*, conduisant parallèlement le lecteur à prendre conscience de la sauvagerie indicible à laquelle peut parvenir l'être humain, lorsqu'il se laisse dominer par ses instincts les plus bas, renonçant à tout échange avec ses semblables, rejetant toute possibilité de dialogue, choisissant la violence en tant que seul code communicatif.

Au degré le plus bas de l'échelle qui réduit l'être humain à l'animalité, nous trouvons enfin Welson Woolf Rooney, le sauvage meurtrier de Léonie. D'entrée de jeu, il convient de préciser que ce personnage, véritable moteur narratif du récit, ne prend pourtant jamais directement la parole dans le roman. Par conséquent, aucun des paramètres du dialogue romanesque que l'on a mentionnés auparavant ne peut être relevé en relation à ce personnage. Cela constitue bien évidemment un élément majeur dans la perspective de l'oralité qui nous intéresse, étant donné que l'absence de

---

288 Pour tout approfondissement quant à la figure du père de Wahhch Debch, nous renvoyons à : *Fantômes et fantasmes de l'Histoire dans* Anima, *Infra*. À propos des différentes figures paternelles qui peuplent l'œuvre théâtrale de Mouawad, voir aussi : François Ouellet, « Au-delà de la survivance : filiation et refondation du sens chez Wajdi Mouawad », *L'Annuaire théâtral*, n° 38, Automne 2005, p. 158-172.

toute forme de dialogue chez Rooney manifeste la nature foncièrement bestiale de cet individu qui, né au sein de la communauté Mohawk, s'en est désormais retranché, en raison de son implication dans les trafics illicites ayant lieu dans les territoires indiens, de sa consommation habituelle de drogues et des multiples crimes dont il s'est rendu responsable.

Le lecteur connaît en fait sa figure grâce au point de vue des autres personnages qui ont affaire à Rooney – Indiens de la réserve Mohawk, policiers de la Sûreté du Québec et autres personnages croisés dans ses incessants déplacements – mais aussi à partir du point de vue des nombreux animaux qui, flairant souvent le danger de sa présence, regardent et jugent sa conduite. Hommes et bêtes s'accordent en tous cas pour souligner la nature profondément sauvage de cet individu, d'ailleurs significativement confirmée par son nom : Woolf, c'est-à-dire « loup », fauve dont la qualité de chasseur est inégalable parmi les bêtes qui peuplent la forêt[289]. Son langage est donc loin d'être doué des caractéristiques typiques du discours des humains et semble se limiter au contraire à la suite ininterrompue d'actes criminels qui scandent son passage, lançant un seul et triste message : « Je suis un prédateur ».

Le premier contact avec le personnage de Rooney se produit pour le lecteur d'*Anima*, lors de la reconstruction, tentée par le coroner Chagnon, du meurtre de Léonie, dont on a déjà traité dans les pages précédentes. La succession des actions ayant provoqué le décès de la femme de Wahhch met en évidence la cruauté sauvage de l'Indien, rendue d'autant plus alarmante par l'absence apparente de tout mobile. Woolf Rooney tue en effet par le simple plaisir de supprimer ses semblables.

Cependant, en ce qui concerne l'assassinat de l'épouse de Debch, la chronologie des faits semble manifester chez l'Indien une volonté délibérée de tourmenter la jeune femme, de la vexer et de la dominer, d'abord par la réitération des coups de poignard, ensuite par le viol bestial qu'il commet dans sa plaie ensanglantée. Dès le début du roman, Welson Woolf Rooney nous apparaît alors comme un être repoussant qui, ayant perdu tout lien avec ses semblables, est réduit désormais au rang d'une bête sauvage, qui attaque violemment pour le goût d'assujettir l'autre et de l'éliminer.

---

289 Dans la culture des Natifs d'Amérique du Nord, le loup a toujours représenté un animal doué de pouvoirs extraordinaires, surtout en ce qui concerne la chasse, des pouvoirs qu'il était censé transmettre à tout guerrier, se montrant assez courageux pour s'approcher de la bête. Pour cette raison, le loup figure parmi les formes animales les plus représentées dans l'art amérindien. *Cf.* Hilary Stewart, *Looking at Indian Art of the Northwest Coast*, Madeira Park – British Columbia, Douglas and McIntyre, 2013, p. 46.

Revenu pour trouver refuge à la réserve Kahnawake, où il avait été élevé par Coach, le père de Janice, Woolf n'hésite pas à supprimer la fille du grand chef qui voyait en lui l'un des guerriers les plus prometteurs de son peuple. En réalité, Rooney a désormais renoncé à appartenir à sa communauté et à adhérer aux valeurs traditionnelles qui la gouvernent, telles la solidarité entre ses membres et la protection offerte aux êtres blessés[290]. Les seuls soucis de cet individu sont représentés par l'instinct de survivance et par un besoin inéluctable de soumettre l'autre et de l'anéantir, en lui infligeant des tortures qui excitent son sadisme[291]. Si donc le personnage de Welson Woolf Rooney nous apparaît loin d'incarner les caractères distinctifs de l'humanité, sa figure manifeste d'ailleurs tous les traits d'une bête sauvage et par là même rejoint celle de Maroun Debch, dont il constitue en quelque sorte le double rajeuni[292].

Il convient d'aller un peu plus loin dans le parallélisme que nous venons de tracer. En effet, à l'instar de Maroun Debch, qui avait ordonné le massacre de la famille de Wahhch, épargnant ce dernier dans l'intention d'en faire le fils qu'il n'avait jamais pu engendrer, à cause de sa stérilité, de façon analogue, lorsqu'il s'abandonne à l'impulsion de tuer une femme, Woolf ne fait qu'obéir à l'instinct de la domination totale d'autrui, qui l'amène jusqu'à en prolonger l'agonie, pour en obtenir l'excitation qu'il ne réussit pas à éprouver lors de l'acte sexuel[293]. Il est donc licite de conclure que, dans le cas de Maroun Debch, comme dans celui de Welson Woolf Rooney, la violence et la cruauté tirent leur origine d'une déficience qui nourrit leurs frustrations, tout en aggravant leur gigantesque complexe d'impuissance[294]. Autrement dit, tant Welson Woolf Rooney que Maroun Debch ont rétrocédé au degré de la brutalité la plus bestiale, en raison

---

290 En effet, suite à la décision de Coach de faire de Chuck, l'ami fraternel de Rooney, son premier collaborateur, Woolf abandonne la réserve indienne et s'adonne à l'abus et au commerce des stupéfiants, devenant entre autres le principal délateur de la police québécoise. La haine qu'il nourrit désormais vis-à-vis de la communauté Mohawk, et tout particulièrement à l'égard de Chuck qui, à ses yeux, aurait usurpé le rôle qui devait lui appartenir, pousse par ailleurs Rooney à tuer sauvagement ce dernier.

291 *Cf.* Wajdi Mouawad, *Anima*, cit., p. 200.

292 À l'égard de la figure de Welson Woolf Rooney, plusieurs critiques remarquent que le corps entièremente tatoué de l'Indien renvoie à sa nature foncièrement animale ; c'est le cas, entre autres, de Stefania Cubeddu-Proux dans : *Langues d'*Anima *et langue animale. Dialogue avec l'Amérique et l'Amérindien*, dans Claire Badiou-Monferran, Laurence Denooz (dir.), *Langues d'*Anima, cit., p. 162.

293 Voir à cet égard : Vittoria Puledda, « Viaggio nel lato oscuro dell'anima umana », *La Repubblica – Sera*, 26 mars 2015.

294 Une telle remarque est du reste confortée par la description du puissant physique de Rooney, dont le corps – on l'a vu – est entièrement couvert de tatouages, représentant

d'un manque qui, au lieu d'être reconnu et assumé comme faisant partie de leur identité personnelle, est devenu la cause de leur perte progressive d'humanité. C'est donc à partir de cette incapacité à accepter leur état d'êtres humains imparfaits, que ces deux figures se métamorphosent en bêtes sauvages[295].

Certes, l'on ne peut réduire l'univers d'*Anima* aux seuls personnages dont on a étudié ici les qualités de l'oralité, en montrant la violence et la brutalité dont leurs discours sont imprégnés ; en effet, dans le roman mouawadien, il existe d'autres figures, capables – comme Chagnon – de compréhension et de solidarité, vis-à-vis de Debch.

S'il nous est impossible d'entamer ici l'analyse de leurs discours, étant donné les limites imposées à la présente étude, notons qu'il s'agit très souvent de personnages qui tirent leur solidarité profonde envers Wahhch de leur vécu douloureux. C'est le cas de Winona, qui a beaucoup souffert à cause du manque d'amour dont elle a été l'objet, ou bien du couple indien incarné par Shelly et Willy, qui révèlent à Debch les malversations et les abus subis par les différentes tribus natives de la part du gouvernement canadien[296], ou encore de l'hécatombe provoquée par la guerre de Sécession américaine, dont la Mason Dixon Line offre encore de nos jours le triste témoignage. Et pourtant, malgré ces figures douées d'une grande humanité, l'univers mouawadien demeure fortement marqué par la présence de ces personnages sombres, dont le seul langage est celui de la violence, de la haine et de la toute-puissance ; Mouawad nous offre ainsi

des oiseaux, des reptiles, des fauves, à l'exception du pénis qui en est dépourvu, sans doute à cause de son impuissance à créer. *Cf.* Wajdi Mouawad, *Anima*, cit., p. 244-245.

295 Une interprétation tout à fait proche de celle-ci a été donnée, à propos des récents attentats djihadistes, dans Soren Seelow, « L'orientation sexuelle à l'épreuve du djihad », *Le Monde*, 27 juillet 2016, p. 8 ; *cf.* aussi : Katia Ippaso, « Quando le bestie sono meno feroci dell'uomo », *Cronache del Garantista*, 5 avril 2015, p. 15.

296 Mouawad se réfère ici à la loi approuvée par le Gouvernement canadien en 1951, visant à l'abolition de l'*Indian Act*, loi par laquelle on voulait modifier le statut spécial des Indiens, afin de les insérer à plein titre dans la société canadienne. Toutefois, cette mesure rencontra les oppositions des représentants des tribus de Natifs, qui n'ayant pas été consultés à ce sujet, craignaient que ce projet d'assimilation n'apporte pas de véritables garanties d'égalité sociale et économique aux Amérindiens. En fait, comme le rappelle Mouawad dans son roman, les enfants des Amérindiens étaient arrachés à leurs familles et à leur culture originaire, dans le but d'être intégrés le plus possible à la culture canadienne blanche, *cf. Hors-champ*, https://www.youtube.com/watch?v=CMbw39TMYg0 (Consulté le 09.07.2016). Pour tout approfondissement sur ce chapitre de l'histoire canadienne, nous renvoyons à : Luca Codignola, Luigi Bruti Liberati, *Storia del Canada. Dalle origini ai giorni nostri*, Milano, Bompiani, 1999, p. 694.

dans *Anima* la fresque inquiétante d'un monde habité par des êtres qui semblent avoir renoncé à leur nature humaine, se réduisant tragiquement à l'état de bêtes sauvages.

Or, l'analyse de l'oralité animale, que nous nous apprêtons à exécuter dans les pages suivantes, nous amènera à constater que les représentants de bien des espèces animales sont doués de caractéristiques de jugement, de réflexion et de compassion, étonnamment plus développées que celles de certains des individus rencontrés par Wahhch Debch le long de son périple. À travers eux, Wajdi Mouawad semble donc vouloir mettre en garde ses contemporains du danger énorme qui incombe à l'humanité entière, menacée à présent de perdre jusqu'à son essence.

3. Oralité et discours des animaux

Les divers animaux qui croisent Wahhch Debch dans son vagabondage à la poursuite du meurtrier de sa femme montrent, à travers leurs récits, qu'ils possèdent des attitudes bien différentes les uns des autres, en raison de la race à laquelle ils appartiennent, mais aussi de la relation qu'ils arrivent à instaurer avec le protagoniste d'*Anima*[297]. Ce sont assurément les animaux domestiques qui s'avèrent doués d'une intelligence aiguë, apte à saisir et à interpréter les réactions de Wahhch, un individu qui nous apparaît sous des lumières multiples, et parfois même discordantes, selon le point de vue de la bête se rapportant à lui[298].

La première bestiole qui se charge de nous faire part des sentiments éprouvés par le héros[299], suite à la macabre découverte du cadavre de sa femme, est Pitô, le chat appartenant au couple Wahhch-Léonie, classifié à l'instar de tous les autres animaux qui prendront la parole dans le roman, conformément à sa dénomination scientifique, à savoir *Felis Sylvestris*

[297] Rappelons que Wahhch Debch possède une capacité hors du commun de se rapporter à tout animal, à cause de l'expérience terrible, vécue dans son enfance, lorsqu'à l'âge de quatre ans il avait été enterré vivant dans une fosse avec des chevaux, des mouches, des blattes et d'autres insectes.

[298] *Cf.* Sylvie Camet, *Animateur / Animataire. Animalités lectrices / animalités narratrices dans* Anima *de Wajdi Mouawad*, dans Claire Badiou-Monferran, Laurence Denooz, *Langues d'*Anima, cit., p. 88 et Guy Achard-Bayle, Léda Mansour, *Mise en fiction, texte et hors-texte dans* Anima, cit., p. 68.

[299] Sylvie Camet propose, pour sa part, de qualifier les différents animaux qui prennent la parole dans *Anima* non de narrateurs, mais d' « anima-teurs », *cf.* Sylvie Camet, *Animateur / Animataire. Animalités lectrices / animalités narratrices dans* Anima *de Wajdi Mouawad*, cit., p. 82.

Catus Carthusianorum[300]. Cela est manifeste dans la citation reproduite plus haut (chapitre…, page…), où la simple prononciation du nom de Léonie est associée au vol des libellules. Nous en citons ici la partie finale :

> Je ne peux pas dire combien de temps il est resté sans bouger, combien de temps est passé avant qu'il n'aille s'agenouiller à ses côtés. Je le voyais dans la lueur jaunâtre des lampadaires extérieurs qui éclaboussaient, par taches, une partie du salon. Il a approché son visage de son visage, chaque instant nous éloignait d'elle Léonie était pâle comme une étoile trop lointaine, bleuie par les ténèbres de la nuit. Il s'est dressé, a relevé la tête, il a cherché son souffle et, se prenant le ventre de ses bras croisés, comme pour calmer une crampe aiguë, il a eu un gémissement, ni cri ni pleur, davantage un vomissement rauque, créant une vibration telle que les vitres de l'appartement se sont mises à trembler dans leur cadre de bois[301].

Observons, dans l'extrait cité, certaines caractéristiques typiques du discours animal, que nous retrouverons chez des exemplaires appartenant à d'autres espèces, mais qui assument ici une connotation particulière, du fait que Pitô semble connaître à fond non seulement les habitudes, mais surtout le lien intime qui existait entre Wahhch et Léonie.

Tout d'abord, parmi les indicateurs de l'oralité que nous avons cités plus haut, certains paramètres paraissent avoir subi une modification profonde, par rapport à ce qu'on avait relevé au sujet de l'oralité humaine. En effet, si Kerbrat-Orecchioni définit le « discours-en-interaction », comme étant marqué par la présence forte du locuteur et de son interlocuteur, le discours du chat Pitô – et plus généralement le discours animal – paraît privé d'un destinataire direct, qui puisse intervenir dans le dialogue, pour confirmer ou contredire les arguments illustrés et les faits racontés[302].

Tout se passe alors comme si le langage animal tendait à s'identifier plutôt à la pensée de chacun des exemplaires rencontrés par Wahhch Debch, se résolvant – bien avant de se faire véhicule de communication – dans l'aptitude foncière de chacune de ces bêtes à la réflexion. Ce qui fait

---

300 Ainsi, chacun des 100 premiers chapitres d'*Anima* (qui en compte 141 au total) est indiqué non pas par un chiffre ou par un titre, mais par la dénomination latine de l'animal qui y prend la parole, dénomination qui reprend la classification de Linné. À cet égard, Guy Achard-Bayle et Léda Mansour montrent bien qu'un tel choix transforme, dans *Anima*, la fonction thématique traditionnellement attribuée au titre en une fonction rhématique, par laquelle chaque titre est posé comme une énigme, *cf.* Guy Achard-Bayle, Léda Mansour, *Mise en fiction, texte et hors-texte dans* Anima, cit., p. 65.

301 Wajdi Mouawad, *Anima*, cit., p. 13-14.

302 Voir à cet égard : Sylvie Patron, *Narrations d'*Anima. *Un récit non naturel ?*, dans Claire Badiou-Monferran, *Langues d'*Anima, cit., p. 48.

diverger la parole animale de la parole humaine, souvent marquée dans le roman mouawadien par une étonnante inaptitude au raisonnement[303].

Pour revenir au passage en question, on s'aperçoit qu'il manifeste de façon claire la 'sensibilité' avec laquelle le chat relate la découverte tragique de la mort de Léonie, dont le nom même, prononcé mille fois par jour par Wahhch, possédait une si grande douceur que, dans l'imaginaire du chat, il ne pouvait qu'être assimilé au vol délicat des libellules. Et cette métaphore confirme à elle seule l'amour profond qui liait Debch à sa femme, ainsi que la beauté que cet amour savait solliciter, même chez un chat, habitué à y assister tous les jours.

La métaphore très poétique des libellules est ultérieurement mise en valeur par la réitération des labiales sonores, présentes simultanément dans le comparant « Léonie » et dans le comparé « libellules », comme réverbérés et prolongés tout au long de la phrase par les allitérations en liquides, polyvibrantes et nasales [l], [R] et [m] et par les assonances en [y] et en [ɛ], qui semblent susciter sous nos yeux la suavité de ce vol. Le discours de Pitô arrive donc à nous faire part des 'sentiments' qu'il éprouve, par le biais d'une langue extrêmement soignée, ayant volontiers recours aux différents effets de style, caractéristiques du lyrisme[304].

À la teneur poétique de cette première partie de la citation, correspond la description détaillée, objective, mais non froide, ni détachée, de la deuxième partie de l'extrait cité ci-dessus, où Pitô peint chacune des actions mises en place par Wahhch, après les longs instants de paralysie qui l'avaient cueilli, lors de la découverte du cadavre de sa femme, chez qui il cherchait encore en vain un faible souffle de vie. Dans la suite des gestes accomplis par l'homme, le lecteur apprend, à partir du point de vue du chat, que ce dernier a la perception nette et immédiate de l'énorme douleur dont le héros est assailli : non un cri de désespoir, mais un gémissement sourd nous est décrit, se traduisant en « un vomissement rauque », physique, venu de ses entrailles, si profond et violent qu'il est à même de secouer les vitres des fenêtres.

Ainsi, à côté d'une langue soutenue, capable de puiser dans les diverses ressources de la poésie, Pitô nous semble doué d'une faculté hors du commun de cueillir les mouvements psychologiques les plus intimes de son

303 C'est bien ce qui a lieu chez d'autres écrivains contemporains, tels Coetzee et Gowdy, *cf.* Onno Oerlemans, « A Defense of Anthropomorphism : Comparing Coetzee and Godwy », *Mosaic*, n° 40, 2007, p. 181-196.

304 Mouawad parle de la « langue savante » de certains animaux. *Cf.* http://www.franceculture.fr/player/reecouter?play=4548057 (Consulté le 09.05.2016).

maître et de les restituer au lecteur avec fidélité, lucidité et participation[305]. Rien à voir donc avec la violence et la vulgarité des propos qui marquent le discours des Mohawks, rencontrés par Wahhch dans la réserve indienne.

Cette capacité insoupçonnée de pénétration de l'âme humaine et cette aptitude à participer à la souffrance des hommes, de la part du genre animal, revient également dans le passage suivant, où une mouffette observe Wahhch, en proie à une tristesse qui confine au désespoir et, face au danger qui le menace, ressent le désir impératif de venir en son aide :

> Sans songer à un quelconque danger, obéissant à mon instinct, j'ai filé dans sa direction, bondissant, réalisant en un éclair combien, lui comme moi, étions indésirables au sein de la communauté.
>
> Je le suivais comme on suit son semblable et je ne savais plus si je cherchais à lui nuire ou à le protéger. Là et là des familles, là et là des chaleurs, là et là des mondes étrangers, interdits. Lui traçait sa route, tête baissée, jusqu'au bout du terrain où il a trouvé une rue moins fréquentée. Il y avait une courbe. Au moment où il s'y est engagé, la camionnette a surgi du noir et s'est arrêtée en crissant devant lui, manquant de le heurter de front, dérapant de quelques mètres sur la chaussée verglacée. Les portières se sont ouvertes et les quatre hommes avec lesquels il venait de s'entretenir, armés de bâtons, ont bondi en jetant leurs ombres détraquées à droite et à gauche dans la lumière aveuglante de leurs voitures. Ils allaient le casser. Lui, au lieu de fuir, est resté figé, immobile, paralysé, tétanisé. Sauve-le ! m'a ordonné mon sang et, obéissant, je me suis mise à courir avec une rapidité dont je ne me savais pas capable, grondant et sifflant de toutes mes forces. Ils n'ont pas eu le temps de comprendre ce qui leur arrivait. J'ai aspergé le premier sur lequel j'ai grimpé pour sauter au visage du deuxième que j'ai griffé et sur lequel j'ai uriné puis, giclant sur les deux autres, je suis entrée dans la camionnette, j'ai évacué toute l'urine qui me restait, j'ai déféqué avant de fuir dans les hurlements et les cris. J'ai regagné le terrain vague où j'ai été me tapir. Protégée par l'obscurité, j'ai vu qu'il avait profité de mon attaque pour s'évader à son tour et j'en fus satisfaite. Je suis retournée dans ma tanière avec le sentiment d'avoir défendu un de mes semblables[306].

Le récit de la mouffette reprend – on le voit – l'épisode de l'assaut subi par Wahhch Debch juste avant son entrée à Kahnawake. Cependant, l'épisode acquiert une signification toute nouvelle, du fait d'être relaté à partir du point de vue de l'animal qui se montre particulièrement attentif, non

---

[305] *Cf.* Isabelle Patrois, « Identités et création dans l'œuvre de Wajdi Mouawad », Thèse, Université de Grenoble, 2014, French. <NNT : 2014GRENL008>, p. 58 et *sqq.*

[306] Wajdi Mouawad, *Anima*, cit., p. 49.

seulement au lourd fardeau de souffrances dont le héros semble accablé, mais aussi aux menaces qui lui incombent.

Premièrement, la mouffette se sent assimilée à cet individu, en vertu de sa nature 'indésirable' : ainsi que Debch, émanant l'odeur âcre de la mort, se sent exclu de ses semblables, de même, la mouffette se sait exclue des autres espèces animales, à cause de la substance malodorante qu'elle secrète[307]. Deuxièmement, la conscience de la similarité de leur condition 'd'étrangers' sollicite chez la mouffette l'instinct de protéger cet homme de la violence qui est en train de s'abattre sur lui. En effet, bien avant que Wahhch ait compris ce qui va se produire, bien avant qu'il ait tenté de se défendre, la mouffette, obéissant à son instinct, intervient, mettant en place une suite comique d'actes qui finissent par immobiliser les assaillants, permettant ainsi au héros de prendre la fuite.

Du point de vue strictement linguistique, le discours de la mouffette manifeste, comme celui de Pitô, une remarquable justesse, mais tandis que le chat domestique se montrait doué d'une étonnante capacité de réflexion et de pénétration dans la psyché humaine, la mouffette, elle, possède l'intelligence typique d'un être d'action qui, ayant l'intuition exacte de ce qui se passe, est en condition d'intervenir immédiatement.

En effet, au-delà de la minutie avec laquelle la bestiole a su prévoir le moment où Wahhch va subir l'assaut du groupe d'Indiens, dans la solitude et le silence de cette nuit glacée, force est de constater la rapidité et la précision avec laquelle l'animal passe en revue les multiples actions qu'il a mises en place, afin de le protéger, ainsi que l'orgueil éprouvé pour avoir su défendre cet inconnu, qu'il sent pourtant foncièrement proche de lui. Et ce qui frappe dans le récit de cet épisode, c'est que par deux fois, la mouffette déclare avoir obéi à son « sang », un sentiment qui paraît ici contredire nettement le lieu commun, suivant lequel toute race animale répondrait avant tout à son instinct d'autoconservation.

L'opposition entre le comportement de la mouffette et l'attitude, montrée envers Debch par la bande des Mohawks, surgit alors tout naturellement dans l'esprit du lecteur, en mettant en relief la cruauté qui caractérise la conduite des humains, plus préoccupés de soumettre l'autre que de l'accueillir, de sauvegarder leur existence que de sauver celle d'autrui.

---

307 *Cf.* Sylvie Camet, *Animateur / Animataire. Animalités lectrices / animalités narratrices dans* Anima *de Wajdi Mouawad*, cit., p. 90, où la spécialiste affirme : « L'approche de l'autre passe par l'odorat, un odorat qui va au-delà de ce que l'enveloppe de la peau cèle et masque usuellement [...]. L'acuité sensorielle interroge la notion d'intimité, comme si elle fouillait au plus profond, là où l'individu ne peut pas voir, comme si elle révélait ce que l'on ne veut en aucun cas montrer. »

Ainsi, s'accomplit une fois de plus, dans le roman de Mouawad, ce renversement axiologique dont on a déjà parlé, à propos de certains des personnages qui peuplent l'univers romanesque d'*Anima* : ce ne sont pas les hommes qui interviennent pour défendre leurs semblables, mais les animaux qui s'avèrent capables d'une compréhension et d'une participation inattendues à l'égard des humains.

Or, parmi les nombreuses espèces animales, cotoyées par Wahhch Debch au cours des ses vagabondages, une place particulière est certainement occupée par Tomahawk, le chimpanzé appartenant au chef de la réserve indienne. Cet animal se distingue en effet par une singulière capacité d'observation et de compréhension des humains. Comme le chat Pitô, ce singe a instauré avec les hommes, et plus spécialement avec son maître, une relation intense d'appartenance qui lui assigne une position privilégiée : s'il est le chimpanzé de Coach, dont il connaît parfaitement les habitudes, il est aussi la bête qui, plus que toute autre, arrive à imiter – à 'singer', justement – les hommes, non seulement dans leurs comportements, mais aussi dans leur langage. Tomahawk correspond donc pleinement à sa dénomination latine : *Pan troglodytes*, car il nous apparaît comme une sorte d'être humain, réduit à l'état primordial[308].

Toutefois, au lieu de provoquer l'hilarité du lecteur, comme le font d'habitude ces hominoïdes, la bête créée par Mouawad nous surprend par le sérieux de ses réflexions. Voilà la description des actions que le chimpanzé accomplit normalement, à la présence du groupe d'Indiens, rassemblés autour de Coach :

> Je m'installe dans le hamac, mon verre à la main, je sirote mon Coca-Cola light à l'aide d'une paille, et me complais dans la contemplation des humains. Je les regarde. Ils sont nombreux et pourtant ils sont seuls. [...] Les humains sont doués pour l'absence [...]. Ils présument de tout. Les humains disent Ma maison. Ils disent J'ai un jardin. Ils disent Ma famille, mes amis. Ils disent Les gens, ils disent Le monde. Les humains disent Mon, ma, mes[309].

De prime abord, le discours du chimpanzé nous révèle une considérable assurance. En effet, grâce au fait qu'il appartient au chef incontesté de la réserve, Tomahawk se sent en condition d'accomplir un certain nombre d'actions qui, dans d'autres contextes, lui seraient probablement interdites.

308 Bien évidemment, le nom même du singe rappelle l'histoire des Troglodytes, racontée dans les *Lettres XI* à *XIV*, *cf.* Montesquieu, *Lettres persanes*, Chronologie et préface par Jacques Roger, Paris, Garnier-Flammarion, 1964, p. 37-42.

309 Wajdi Mouawad, *Anima*, cit., p. 101-102.

Ainsi, après avoir commodément pris place dans son hamac en goûtant du Coca light, il passe son temps à observer ce que font et ce que disent les hommes.

Notons la précision lexicale avec laquelle Tomahawk peint les attitudes de ces derniers : il pourrait très bien s'agir des propos d'un sage, voire d'un philosophe, se complaisant dans la peinture des mœurs humaines, tant son discours est ponctué de notations pittoresques et minutieuses. Néanmoins, ce qui attire l'attention du lecteur, c'est que, tout en étant isolé de ses congénères, le chimpanzé met l'accent sur la solitude foncière qui distingue les humains, incapables à ses yeux de relations authentiques, malgré leur apparente proximité réciproque. Comme si le propre de la nature humaine était cette étrangeté profonde à l'autre, qui fait des échanges de chaque individu avec ses semblables de simples rapports commerciaux, fondés sur la possession des biens et non sur la valeur individuelle et sur l'appartenance à une communauté. La seule exception à cette lecture de l'humaine condition est représentée, aux yeux de Tomahawk, par son maître, envers qui il nourrit une admiration et une fidélité immenses :

> Coach est comme ça. Il a des phrases. Il dit souvent qu'il préfère les animaux aux humains. Il dit aussi que les humains sont plus bêtes que les bêtes, et les bêtes plus humaines que les humains. Coach peut se permettre ce genre de dialectique puisqu'il est le mâle dominant de sa tribu. Ses hommes hochent la tête d'un air grave et disent Ouais, Coach ! T'as ben raison ! Cette manière cérémonieuse de se soumettre provoque chez moi un violent accès d'hilarité. J'en ris aux larmes[310].

À vrai dire, l'aptitude à la réflexion observée chez le chimpanzé lui provient précisément de sa familiarité avec Coach. C'est en effet en empruntant les phrases du chef Mohawk, qui rappellent d'ailleurs de près les proverbes de la tradition indienne, que le singe en arrive à se forger une définition lapidaire de la nature humaine, suivant laquelle « les humains sont plus bêtes que les bêtes, et les bêtes plus humaines que les humains[311] ».

Mais ce n'est pas tout. Dans sa singulière capacité de pénétrer l'âme humaine, le 'philosophe' Tomahawk souligne une ennième caractéristique de l'homme qui s'oppose une fois de plus à ce que l'on a remarqué à l'égard des animaux. Il s'agit de l'hypocrisie qui gouverne les relations sociales : structurées, comme on l'a vu, essentiellement sur des rapports de force,

---

310 *Ibid.*, p. 103.

311 *Ibid.*

elles exigent que le chef soit manifestement reconnu et confirmé par son entourage, par le biais d'une soumission cérémonieuse qui cache pourtant souvent désaccords et jalousies profondes, comme dans le cas de Welson Woolf Rooney. Et c'est cette attitude solennelle et tacitement sournoise qui déclenche le fou rire du chimpanzé, lequel se veut au contraire le partisan de la sincérité animale. Voilà le saisissant portrait que le chimpanzé peint de cet inconnu :

> Les hommes en général me font rire. La moindre de leurs grimaces déclenche chez moi un torrent d'hilarité. Lui, c'est le contraire. Rien dans sa tenue n'est ridicule. Il est comme un animal, bien qu'il n'agisse en rien comme un animal. Seule la défaillance de se yeux faïencés trahit les reflets rougeâtres de sa colère. Je me souviens, face aux hommes qui le harcelaient, elle avait éclaté avec une telle fluidité, dans une parole tellement dénuée d'hésitation, que tous s'étaient tus. Quelque chose dans la déflagration de sa voix avait su me happer pour me rappeler des sentiments enfouis, rage, peine, chagrin, lesquels, remontant à la surface de ma mémoire, m'avaient fait revoir les paysages d'où l'on m'avait un jour arraché afin que je devienne, à mon corps défendant, et selon une alchimie monstrueuse, *le singe de Coach*[312].

Il n'est pas anodin d'observer la finesse de ce chimpanzé, à même de distinguer clairement entre l'âme de Wahhch et celle des autres humains à qui il est confronté. Si le comportement de la plupart des hommes qui l'entourent suscite chez le singe « un torrent d'hilarité », Wahhch se détache de ses semblables par le fait qu'on flaire chez lui une nature quasiment animale. De son regard émane de fait une colère si grande, qu'elle éveille chez Tomahawk le souvenir d'un ancien état de sauvagerie (ou de liberté ?), où des sentiments forts, tels la haine, la crainte et le chagrin, pouvaient s'exprimer sans retenue.

Et la colère extrême que l'animal lit chez cet homme modèle son visage, en le transformant en un masque blanchi, exsangue, où domine l'intime tristesse de ses yeux. Nul ne peut se passer de réfléchir à la beauté inquiétante, presque déchirante, de cette phrase qui réussit à faire partager au lecteur le chagrin dévorant du protagoniste d'*Anima*, peint sur son visage : « Seule la défaillance de se yeux faïencés trahit les reflets rougeâtres de sa colère. » Phrase finement ciselée, lyrique, où les sonorités sont soigneusement choisies pour former une structure binaire, au sein de laquelle on retrouve le groupe [fajãs], d'ailleurs contenu dans [defajãs], véhiculant l'amertume profonde qui s'est emparée du héros, et dont l'intensité

[312] *Ibid.*, p. 162. L'italique est de l'auteur.

est comme perpétuée, au niveau phonétique, par la répétition allitérative du phonème polyvibrant [R][313], véritable essence sonore du chagrin qui taraude le personnage. À l'instar de ce qu'on a dit au sujet d'autres animaux, force est de remarquer que même l'attitude du chimpanzé vis-à-vis de Wahhch tend à mettre en relief la compassion profonde que le singe éprouve à l'égard du héros, qu'il sent si proche de lui que son 'animalité' réveille chez Tomahawk l'horreur de sa domestication.

Ainsi, le discours de Tomahawk – l'un des rares animaux doués d'un nom propre qui peuplent l'univers d'*Anima*[314] – nous révèle-t-il, à travers la fluidité de ses propos, où résonnent des accents de vrai lyrisme, une bête douée d'une intelligence perçante qui, précisément en vertu de sa similarité avec l'espèce humaine, la rend apte à exprimer des réflexions sur cette dernière. Loin de constituer – conformément à l'imaginaire commun – un primate en voie de développement, le singe Tomahawk incarne plutôt dans le roman de Mouawad l'emblème de l'animal qui – plus que tout autre – contemple et médite sur le genre humain, en proie à l'inauthenticité et à l'égoïsme.

Dans la hiérarchie des animaux, capables d'accueillir Wahhch et son destin douloureux, la bête qui se situe au sommet de la pyramide idéale, tracée jusqu'ici, est sans aucun doute Mason Dixon Line, le chien de dimensions énormes qui l'accompagnera dans la partie finale de son odyssée[315]. À partir de leur rencontre, la narration des faits, qui conduiront Debch à découvrir peu à peu la terrible vérité sur son histoire, sera confiée à la seule voix du molosse et, par conséquent, le titre des quarante derniers

313 Du point de vue rhétorique, on est ici en présence d'une « rime dérivative », c'est-à-dire d'un mot qui non seulement rime avec un autre, mais qui par surcroît le contient. Voir Michel Jarrety (dir.), *Lexique des termes littéraires*, Paris, Librairie Générale Française, 2001, p. 365, *ad vocem* « rime dérivative ».

314 Il y en a quelques autres, tels le serpent nommé Jésus, le chien de Chuck, appelé Motherfucker, Pitô, le chat du couple Léonie-Wahhch et le poisson d'Aubert Chagnon, auquel son petit fils a assigné son pittoresque nom : Tanjuro Tanjumani. Il s'agit manifestement d'animaux domestiques, ou tout au moins 'apprivoisés', comme dans le cas du boa Jésus.

315 De toute évidence, le nom donné par Wahhch à celui qui deviendra son chien évoque la célèbre ligne de démarcation, établie au lendemain de la Guerre d'Indépendance des États-Unis (entre 1763 et 1767), entre les états du sud, dont la plupart étaient favorables à l'esclavage, et ceux du nord, qui étaient au contraire abolitionnistes. À l'origine, elle délimitait les frontières du Maryland avec celles du Delaware et de la Pennsylvanie. *Cf.* Arnaldo Testi, *La formazione degli Stati Uniti*, Bologna, Il Mulino, 2003, p. 167 et *sqq.*

chapitres du roman ne sera plus constitué par le nom latin de la bête qui prend la parole, mais bien par le lieu où se trouvent Wahhch et son chien.

Voilà le récit émouvant de la première rencontre de Mason Dixon Line avec celui qui deviendra pour toujours et à jamais son maître :

> CEDAR CREEK, ILLINOIS
>
> Il était étendu dans le murmure du ruisseau. J'ai tourné autour de lui, j'ai senti son odeur, léché son visage. J'ai attrapé entre mes mâchoires le tissu mouillé qui l'enveloppait et je l'ai traîné jusqu'à la rive. Je l'ai sorti de l'eau, je l'ai recouvert de terre pour le réchauffer, je l'ai veillé. J'ai protégé sa vie comme si sa vie était ma vie. Le hibou a récité sa plainte, l'aube s'est ouverte, le jour s'est levé.
>
> Il a redressé la tête, il m'a regardé sans me voir, il a remué les lèvres, balayé de sa main l'air devant lui, les doigts dans la chevelure invisibile de la lumière, il s'est mis à trembler, il a refermé les paupières et s'est englouti à nouveau dans son néant. [...]
>
> À l'aube du second jour, il s'est levé. Je suis resté immobile entre les arbres. Je l'ai vu se laver le visage dans le ruisseau, je l'ai vu s'avancer jusqu'à un rocher baigné par le courant, puis il s'est tourné dans ma direction. Je n'ai pas bougé. Il ne s'est pas rendu compte de ma présence. Il est revenu à la terre ferme, il s'est agenouillé près de moi sans me voir, il a déchiré un lambeau de son vêtement et l'a noué autour de sa blessure, la plaie ouverte de son visage.
>
> J'ai fait un pas et je suis sorti de l'ombre. Il m'a regardé, je l'ai regardé, j'ai senti sa peur à l'orée de son cou. Je me suis approché. Mon museau a frôlé ses lèvres, j'ai humé l'odeur des animaux morts et, dans l'arc opaque de ses yeux, j'ai aperçu mon reflet. Il a incliné la tête, j'ai appuyé mon front contre son front et j'ai lié ma vie à la sienne[316].

D'entrée de jeu, le récit de Mason Dixon Line paraît se caractériser, à la fois par une suite de phrases dominées par la parataxe, et par la présence de nombreux verbes, conjugués à la première personne, ayant pour fonction d'indiquer la suite des actions accomplies par le chien, afin de sauver la vie de Wahhch Debch, meurtri après l'affrontement fatal avec Welson Woolf Rooney. Toutefois, ce qui émerge dans ce passage, ce n'est pas uniquement la précision des gestes exécutés par l'animal, mais aussi l'habilité avec laquelle il met tout en œuvre pour rappeler cet homme à la vie : après l'avoir sorti du ruisseau où Wahhch gît exsangue, le chien, obéissant à l'instinct de le protéger, le couvre de terre et le veille, comme s'il s'agissait de son petit ou d'un congénère.

---

316 Wajdi Mouawad, *Anima*, cit., p. 265.

Il convient de s'arrêter un instant sur ce détail de la terre qui revient, tel un *leitmotiv*, dans *Anima* : en effet, on sait que Wahhch, encore enfant, avait été enterré vivant avec des chevaux, par celui qui deviendrait son père adoptif et ce geste, d'une cruauté inouïe, est inextricablement lié à la mort des siens, à leur martyre.

Maintenant, suite à la lutte violente avec l'assassin de sa femme, le héros est à nouveau enseveli dans la terre, mais cette fois-ci par un animal qui désire à tout prix lui sauver la vie, comme si sa vie était la sienne. Le contraste net entre le comportement de l'homme et celui de l'animal apparaît alors d'autant plus clairement dans l'esprit du lecteur, que le chien garde, vis-à-vis de Debch, une attitude quasiment paternelle (ou peut-être même maternelle, puisqu'il semble le réinsérer dans le ventre de la terre). En effet, Mason Dixon Line veille Wahhch pendant deux jours et deux nuits, d'abord sans se faire remarquer, afin de ne pas l'épouvanter, ensuite, en se rapprochant peu à peu de cet homme blessé et craintif, dans le but de lui insuffler sa protection, son énergie, la profondeur insoupçonnée de sa proximité. Et à l'instant même où le molosse frôle les lèvres de cet être assommé, appuyant son front sur le front de Wahhch Debch, il avoue avoir lié à jamais sa vie à celle de ce dernier.

Ainsi, l'âme de l'animal et l'âme de l'homme se reconnaissent désormais comme étant sœurs et le lien étroit qui s'établit entre elles saura restituer à cet individu, éprouvé par la douleur, la possibilité d'une existence nouvelle et, avec elle, la dignité perdue et engloutie dans les replis de son passé[317].

De toute évidence, on se trouve confronté ici à ce que – dans les cultures amérindiennes – est généralement qualifié d'‘animal totémique’, à savoir un double sauvage et souvent mythique de l'homme, qui en constitue l'esprit protecteur[318]. En particulier, pour les populations natives nord-américaines, la reconnaissance de cet animal sacré comblerait l'être humain de toutes les qualités appartenant à cette bête, qui – au moment de la rencontre avec l'homme – les lui transmet, en le nourrissant ainsi de sa force vitale[319]. Par cette voie, Wajdi Mouawad inscrit alors son roman dans la tradition littéraire du Québec, son pays d'adoption, et tout particuliè-

---

317 *Cf.* à ce sujet : Aude Campmas, « “Comment rester vivant avec ce qui est mort en nous ?”. L'amitié et la promesse chez Wajdi Mouawad », *International Journal of Francophone Studies*, n° 15/1, 2012, p. 103-117.

318 Pour tout approfondissement concernant cet aspect, consulter : Jonathan F. Vance, *A History of Canadian Culture*, Oxford-New York, Oxford University Press, 2009, p. 4.

319 *Cf.* à cet égard : Terence Turner, *Animal Symbolism, Totemism, and the Structure of Myth*, Gary Urton (éd.), *Animal Myths and Metaphors in South America*, Salt Lake City, University of Utah Press, 1985, p. 63-64.

rement dans la tradition culturelle des Natifs, qui assigne depuis toujours à la race animale une place incontestable[320].

Mason Dixon Line – le chien qui porte le nom de la ligne de démarcation laquelle, pendant la Guerre de Sécession américaine, séparait les États nordistes abolitionnistes des États sudistes, favorables à l'esclavage – montre donc qu'il existe une nouvelle manière de se faire 'esclave' de l'homme : c'est la façon dont l'animal choisit de manifester à son maître une fidélité et une soumission, tellement profondes, qu'elles peuvent aller jusqu'à défier la mort. Il s'agit d'une fidélité qui confine à l'amour. Le même avec lequel Wahhch avait honoré sa femme Léonie. Le même qu'il cherche depuis toujours et qu'il n'a pas pu trouver auprès de sa famille adoptive, auprès des humains.

Symboliquement, le nom de ce molosse qui, dans la partie finale d'*Anima*, remet son existence et son avenir dans les mains de Wahhch Debch, indique le point de non-retour de l'expérience du protagoniste. Une fois ce cap franchi, toute connaissance a été acquise et tout mystère a été éclairci. C'est en fait à partir de la conscience acquise une fois pour toutes de sa propre origine, que Wahhch peut désormais dépasser la douleur immense qui lui a été réservée, pour aspirer à d'autres horizons et regarder avec une confiance nouvelle à la vie qui l'attend.

S'il représente donc le symbole de la duplicité foncière de son histoire, à laquelle le héros d'*Anima* a été tragiquement condamné par son géniteur adoptif, Mason Dixon Line représente également pour Wahhch Debch le dévoilement de son identité, dont les douloureux fragments ont désormais été définitivement réunis.

Conclusion

Après une gestation de douze ans, le deuxième roman de Wajdi Mouawad nous apparaît bien comme l'œuvre d'un écrivain qui, ayant atteint la pleine maturité, arrive à plier la langue, aux exigences expressives de l'univers humain et animal qu'il ne cesse de confronter.

En particulier, grâce à la stratégie narrative qui gouverne *Anima*, où le récit est conduit par les divers animaux rencontrés par Wahhch Debch, au cours de son périple sur les traces de l'assassin de Léonie, les faits racontés nous apparaissent dans la perspective singulière, éloignée, dépaysante et

320 Sur la fonction de l'animal totémique dans *Anima*, voir : Claire Badiou-Monferran, *Introduction*, dans *Ibid.*, Laurence Denooz, *Langues d'*Anima, cit., p. 18-21.

volontiers dysphorique, des différentes espèces s'alternant sur la scène du roman.

Certes, le dispositif narratif choisi par Mouawad est marqué par un profond anthropomorphisme, qui n'est pas sans rappeler certains romans de Colette, de Goldsmith ou encore d'Orwell, dont les protagonistes étaient bien des animaux. Mais il nous semble que Mouawad s'inscrit surtout dans la production littéraire contemporaine du Canada et d'ailleurs, marquée par la présence d'auteurs qui prêtent la voix aux bêtes, en en montrant la proximité et la distance par rapport au monde des humains[321].

Au sein de cette littérature, la grande nouveauté introduite par l'auteur d'*Anima* nous paraît cependant être l'attitude réflexive, adoptée par l'animal à l'égard de l'humanité. Une attitude qui, tout en garantissant une forme considérable d'objectivité et de réalisme face au récit, contribue sans aucun doute à mettre en relief les déficiences inhérentes à l'espèce humaine. Celle-ci émerge en effet des pages d'*Anima* comme ayant perdu – ou risquant fort de perdre – son essence même qui, pour l'écrivain, est inextricablement liée à l'usage de la langue, en tant qu'instrument de communication et, en dernière instance, de communion.

C'est donc une humanité égarée, à la recherche d'un sens autre que la domination d'autrui, et en quête d'une langue nouvelle, qui puisse lui restituer sa capacité de dialogue et d'échange, dont Mouawad tisse le portrait dans son roman[322]. Une humanité, culturellement appauvrie[323], en proie à la violence et aux instincts les plus bestiaux, et partant presque complètement défigurée, mais une humanité qui ne cesse pour autant d'attirer la compassion et l'intérêt de l'écrivain[324]. C'est la nostalgie de la grande famille humaine que Mouawad exprime alors, malgré tout, dans *Anima*, en montrant que, même dans les pires circonstances, l'homme

[321] Voir à cet égard l'intéressant volume : Janice Fiamengo (dir.), *Other Selves : Animals in the Canadian Literary Imagination*, Ottawa, University of Ottawa, 2008.

[322] Voir à ce sujet : Sylvie Camet, *Animateur / Animataire. Animalités lectrices / Animalités narratrices dans* Anima *de Wajdi Mouawad*, cit., p. 92, mais aussi : Giuseppe Conte, « L'"Anima" degli animali sostiene l'accusa contro gli orrori umani », *Il Giornale*, 21 mars 2015, p. 30.

[323] C'est bien contre « l'inévitable vulgarisation qui nous noie » que Mouawad veut lutter, comme il l'affirme lui-même à propos des *Pensées en bataille*, qu'il avait voulu organiser à la librairie Gallimard de Montréal, afin de permettre à son public d'approfondir des thèmes de façon rigoureuse. Cité par Françoise Coissard, *Wajdi Mouawad. Étude critique d'* « *Incendies* », Paris, Honoré Champion, 2014, p. 16-17.

[324] *Cf.* Marco Rovelli, « La singolarità umana della violenza », *Il Manifesto*, 26 marzo 2015, p. 11.

peut devenir le protagoniste de gestes d'une grande générosité qui le restituent pleinement à sa vérité profonde.

Le manque ou le peu de communication, relevé dans les pages d'*Anima* chez la plupart des humains, montre en revanche la dérive ontologique, à laquelle l'humanité serait actuellement exposée, suivant Wajdi Mouawad. Et leur confrontation aux divers exemplaires du monde animal et à leurs discours n'est que la démonstration claire de cette dérive, comme le rappelle l'écrivain, lors d'une interview à France Culture :

> J'ai choisi de donner, c'est arrivé comme ça, la langue, la pensée longue, les phrases longues, les phrases extrêmement travaillées, les mots dans leur complexité, dans leur différente richesse ; j'ai donné cette parole aux animaux, alors que les humains, je leur aurais donné une langue beaucoup plus maladroite, c'est-à-dire dans ce roman les animaux parlent beaucoup mieux que les hommes. Comme si les humains, se sachant porteurs de la parole, ne reconnaissent plus le sens de la parole et ne la soignent plus. Ils ne la voient plus comme lieu de communication. [...] Les bêtes [...] entrent dans un rapport de communion intense avec l'objet observé, le récit qu'ils font, la douleur, la peine, la souffrance, l'interrogation par rapport aux choses et la manière avec laquelle ils suivent ce personnage, auquel certains animaux s'attachent, d'autres éprouvent pour lui une répugnance absolument épouvantable, il y a une forme de variété, mais tous usent du langage comme espace de communion et non pas comme espace de communication[325].

Dans la tentative extrême et bouleversante de comparer discours humain et discours animal que son roman représente, Mouawad nous invite alors à entendre le cri déchirant de douleur et de compassion qu'il élève pour une humanité, hautement menacée d'incarner à l'heure présente le célèbre adage du philosophe anglais Hobbes : « *Homo homini lupus est* ». Après la lecture d'*Anima*, nul ne peut s'abstenir de réfléchir à la terrible actualité de ce cri.

---

[325] *Cf. Interview à Wajdi Mouawad du 1er janvier 2013,* http://www.franceculture.fr/player/reecouter?play=4508977 (Consulté le 11.06.2016).

Conclusion

À l'heure actuelle, le parcours créatif de Wajdi Mouawad est encore en train de se faire. Depuis les années 1990, l'auteur travaille en effet avec acharnement à une œuvre puissante et originale, tant en raison des expérimentations hardies qu'il ne cesse de pratiquer dans son théâtre et dans ses romans, qu'en vertu de la brûlante actualité des thèmes dont il traite.

Ce qui frappe surtout dans la production mouawadienne, c'est l'étonnante cohérence qui la caractérise. En effet, à partir d'une réflexion sincère, courageuse et désenchantée, déjà tracée dans ses grandes lignes dans les premiers écrits et interviews, Mouawad arrive à construire un univers dramatique et romanesque, capable d'illustrer de façon cohérente, la quête du sens qui anime toutes ses œuvres, interprétant – comme peu de contemporains savent le faire – le malaise profond des jeunes générations et, plus généralement, de la société entière, véritable « Babel immatérielle[326] » où triomphe l'incommunicabilité la plus amère.

D'une pièce à l'autre, d'un roman à l'autre, d'une histoire à l'autre, apparaissent alors les grands axes de la pensée mouawadienne, centrée sur la notion de la rencontre, permettant le dialogue entre personnages de races et religions différentes, dans un souci permanent de pacification, qui a valu entres autres à l'écrivain le Prix Artiste de la Paix, en 2006.

En effet, si la rencontre de l'Autre, dans sa bouleversante diversité, est un thème fondateur de l'œuvre mouawadienne, ce dernier se décline dans les termes d'une proximité, qui acquiert bientôt les traits d'une véritable fraternité spirituelle, entre des êtres humains appartenant à des univers culturels souvent très éloignés, pour ne pas dire ennemis. Et c'est précisément au sein de cette distance que s'épanouissent des liens d'amitié et d'amour, aussi sublimes qu'inattendus.

Le grand axe thématique de la rencontre trouve également son expression chez Mouawad dans la tentative d'explorer les relations entre générations différentes. À cet égard, l'écrivain prête sa voix à la crise profonde des jeunes, qui se voient frappés d'interdit et exclus d'une société, vouée uniquement à l'accumulation de la richesse, au succès facile, à un indivi-

[326] L'expression est de Charlotte Farcet, *Postface*, *Ciels. Le Sang des promesses / 4*, Montréal-Arles, Leméac/Actes Sud, 2009, Coll. « Babel », p. 128.

dualisme exacerbé, se cachant derrière une superficialité et une vulgarité sans pareilles.

L'écrivain rejette aussi âprement l'attitude des adultes, lorsqu'ils prétendent s'approprier l'avenir de leurs enfants, en prétextant une expérience qui souvent n'est autre que le poids suffoquant de la tradition, avec ses tabous et ses interdits. Il s'insurge contre les abus et les violences perpétrés, tant au niveau psychologique, qu'au niveau physique, par la génération des pères au détriment de leurs enfants, chez qui ils ne voient que des objets de possession et non des êtres doués d'intelligence et de capacité de choix.

C'est donc au nom d'un dialogue intergénérationnel réel que Mouawad se lève, pour défendre le droit des nouvelles générations à être nourries de valeurs authentiques, à devenir l'objet d'une transmission axiologique qui mette l'homme, dans sa liberté et dans sa diversité, en condition de vivre pacifiquement avec ses semblables.

En considérant le parcours personnel de l'écrivain, on comprend mieux alors pourquoi Mouawad ressente si puissamment – à l'instar d'autres auteurs contemporains d'origine libanaise – l'exigence de reparcourir l'histoire de son pays, ravagé par la guerre, afin de permettre aux jeunes de recouvrer des segments douloureux de leur passé, que les violences subies et imposées tenderaient plutôt à passer sous silence.

C'est pourquoi le thème de la rencontre s'approfondit ultérieurement, chez Mouawad, dans le sens d'une redécouverte de l'Histoire. Cette dernière apparaît en effet à l'écrivain comme étant nécessaire, voire indispensable à une construction identitaire qui ne soit pas uniquement le produit de l'affirmation d'une culture au détriment de l'autre, ni la simple dénonciation des méfaits commis par l'Autre, mais qui, précisément à partir de la dénonciation des abus et des injustices, puisse apprendre à l'homme contemporain à refonder les assises de la société actuelle, en la rendant plus juste et plus humaine. Il s'agit donc, comme l'affirme Mouawad lui-même, d' « écrire avec les cendres de ceux qui sont partis[327] », afin que les vivants puissent renoncer à toute forme de représaille.

Or, le choix stylistique du brouillage systématique des codes linguistiques et sémiotiques, comme des arts, opéré par Mouawad aussi bien dans ses romans que dans ses pièces, trouve son origine de toute évidence dans une telle conception anthropologique, historique et sociale, dont il consti-

---

[327] *Cf.* L'interview de Wajdi Mouawad à Beyrouth, le 17 janvier 2013 https://www.bing.com/videos/search?q=youtube+wajdi+mouawad&&view=detail&mid=6DD5DFA71264C327F8C96DD5DFA71264C327F8C9&&FORM=VDRVRV (Consulté le 10.10.2017).

tue la traduction formelle. La rencontre avec l'altérité se réalise ainsi non seulement sur le plan des thèmes qui traversent l'œuvre mouawadienne, mais aussi sur le plan des techniques utilisées, dans un mélange constant de médias, de langues et de codes expressifs manifestant dans la production de l'écrivain un souci de cohérence totale. Le même qui constitue à nos yeux la marque du véritable génie.

De façon analogue, l'hybridation des genres à laquelle on assiste dans les pièces, comme dans les romans de Wajdi Mouawad, représente l'effort de parvenir à une rencontre, qui se fait contamination, échange, enrichissement réciproque, répondant par là à la double exigence d'un métissage culturel, et d'une exploration poussée et incessante des techniques stylistiques et dramatiques, conformément à la portée foncièrement postmoderne de l'auteur, ainsi qu'on a essayé de le montrer dans les divers essais qui composent le présent volume.

Enfin, loin de s'arrêter au roman et au texte théâtral, l'expérimentation de l'écrivain déborde, bousculant la ligne de partage existant entre l'art et la vie, jusqu'à contaminer l'existence dans sa brûlante réalité. En effet, s'engageant personnellement, le dramaturge a voulu affronter l'urgence d'une prise en compte des jeunes et de la transmission de valeurs qui puissent les aider à affronter la vie avec courage et passion. À cet égard, Mouawad a entrepris d'inviter à collaborer avec lui des groupes d'adolescents, provenant souvent de milieux infortunés et appartenant à des cultures différentes, dans le but de les impliquer dans la vie d'une compagnie et de leur apprendre l'art du théâtre[328].

Par ailleurs, déterminé à faire du plateau le lieu d'un échange autour de questions fondamentales – telles l'amour, la mort, le courage et la guerre –, Mouawad a voulu et su rassembler autour de lui une série de personnalités de premier plan, dans la recherche des voies de la paix, surtout en considération des conflits qui ravagent actuellement notre monde[329]. Dans cette optique, dès les « Pensées en bataille », – discussions publiques organisées autour des spectacles mis en scène, lorsqu'il dirigeait le Théâtre de Quat'sous à Montréal –, le dramaturge n'a cessé de susciter le dialogue avec des auteurs de provenances disparates, qui aient à cœur la construction d'une société, fondée sur le respect de l'altérité, sur l'amour de la

---

328 *Cf.* Sylvain Diaz, *Avec Mouawad. Tout est écriture*, Montréal-Arles, Leméac/Actes Sud-Papiers, 2017, p. 101.

329 *Cf.* à cet égard l'interview que Mouawad a tenue à Salman Rushdie, à propos de son dernier roman *Deux ans, huit mois et vingt-huit nuits*, *L'Express*, n° 3403, 21-27 septembre 2016, p. 80-83.

vie[330]. Comme le dramaturge le déclare dans le *Manifeste* de la Colline de mars 2017, en entamant une profonde réflexion sur le rôle des écrivains à l'heure actuelle et en anticipant la ligne programmatique de la prochaine saison du Théâtre qu'il dirige :

> [S]'il est vrai que dans les spectacles que nous écrivons, que nous mettons en scène, que nous produisons et auxquels nous assistons, nous avons le désir de montrer la violence du monde et la manière avec laquelle ce monde broie les plus fragiles d'entre nous, il nous faut bien réaliser que ceux-là que nous nommons ennemis et qui votent pour le repli, le rejet et le nationalisme, sont précisément les enfants, les frères, les sœurs, les parents, de ces personnages que nous prétendons défendre. Comment, dans ces circonstances, ne pas être envahi par la nausée devant l'indignation vertueuse exprimée par une partie de l'intelligentsia occidentale contre ces ennemis mutiques, aussi invisibles dans les courbes des sondages qu'inaudibles aux fréquences des radios ? Comment ne pas en être enragé et comment ne pas avoir envie de hurler : « Silence et parole à l'ennemi ! » ? Mais une fois cela enoncé, que faire ? Quels gestes poser ? Quelle action entreprendre envers, contre et pour cet ennemi ? […]
>
> Quel texte écrire ici ? Comment introduire les nouveaux horizons de La Colline sans participer davantage de ce décalage ? Comment écrire en pensant à CEUX QUI NE NOUS LIRONT JAMAIS ? […]
>
> À de telles questions, nulles réponses mais des sondes lancées dans le noir, oriflammes offerts à l'ennemi. À ceux que nous appelons ennemis nous disons ceci : ici, il y a un théâtre. Sis sur une colline dont il porte le nom. L'an prochain, La Colline fera tout pour s'ouvrir au monde, et son équipe tout pour jeter ses forces dans la bataille, forces qui ont pour nom hospitalité, générosité, attention, accueil, écoute, parole, fragilité, sensibilité, émotions, récits, beauté. Et, fil d'Ariane dans le méandre de nos éparpillements, s'opposant à toute forme de brutalité, on essaiera d'affirmer que l'Autre sera notre maître-mot, VIGIE et destination, tant l'un que l'autre, pour soi comme pour l'ennemi[331].

Dans cette inquiétude constante, visant à prêter l'oreille aux raisons de l'Autre, pour en comprendre les mobiles les plus intimes, demeure l'un des traits les plus saisissants de la personnalité humaine et littéraire de Wajdi

[330] Dans le programme de la saison 2017/2018, le Théâtre de la Colline prévoit, à la rentrée d'automne, des rencontres avec David Grossman et Don Delillo, *cf.* http://www.colline.fr/fr/evenements-17-18 (Consulté le 05.09.2017), alors que la saison 2016/2017 avait vu la participation du dramaturge-acteur congolais Dieudonné Niangouma, *cf.* https://www.theatre-video.net/video/Antoine-m-a-vendu-son-destin-Sony-chez-les-chiens-entretien-D-Niangouna-2 (Consulté le 05.09.2017).

[331] Wajdi Mouawad, *Manifeste*, mars 2017, http://www.colline.fr/fr/page/manifeste (Consulté le 06.07.2018). L'italique et les caractères gras sont de Mouawad.

Mouawad, capable de décliner – on le voit – tous azimuts, cette attention à l'ennemi, au divers, à celui qui est éloigné de nous, afin de rendre possible la rencontre avec son altérité, dans un parti pris d'humanisme foncier et total. Et seule la rencontre avec l'Autre fera alors jaillir un authentique hymne à la vie.

C'est bien de cet hymne à la vie, un chant dont le poignant éclat surgit souvent des pages les plus sombres, que nous voudrions témoigner dans ce volume, à travers l'analyse des quelques-uns des ouvrages de Wajdi Mouawad. Afin d'en comprendre le message de profonde humanité qui s'en dégage.

Afin d'en faire connaître la touchante beauté.

Bibliographie

1. Œuvres de Wajdi Mouawad

Théâtre

Alphonse, Montréal, Leméac, 1996.

Les Mains d'Edwige au moment de la naissance, Montréal, Leméac, 1999.

Pacamambo, Montréal/Paris, Actes Sud-Papiers, Coll. "Heyoka Jeunesse", 2000 ; Leméac/Actes Sud Junior, Coll. "Poche Théâtre", 2007.

Rêves, Montréal-Paris, Leméac/Actes Sud-Papiers, 2002.

Willy Protagoras enfermé dans les toilettes, Montréal-Paris, Leméac/Actes Sud-Papiers, 2004.

Assoiffés, Montréal-Paris, Leméac/Actes Sud-Papiers, 2007.

Un obus dans le cœur, Montréal-Paris, Leméac/Actes Sud-Papiers, 2007 ; Paris, Actes Sud Junior, Coll. "D'une seule voix", 2017.

Le Soleil ni la mort ne peuvent se regarder en face, Montréal-Paris, Leméac/Actes Sud-Papiers, 2008.

Seuls. Chemin, texte et peintures, Montréal-Paris, Leméac/Actes Sud-Papiers, 2008.

Journée de noces chez les Cromagnons, Montréal-Paris, Leméac/Actes Sud-Papiers, 2011.

Temps, Montréal-Paris, Leméac / Actes Sud-Papiers, 2012.

Littoral, Le Sang des Promesses / 1, Montréal-Paris, Leméac/Actes Sud-Papiers, 1999 ; Coll. "Babel", 2009 ; Coll. "Nomades", 2015.

Incendies, Le Sang des Promesses / 2, Montréal-Paris, Leméac/Actes Sud-Papiers, 2003 ; Coll. "Babel", 2009 ; Coll. "Nomades", 2015.

Forêts, Le Sang des Promesses / 3, Montréal-Paris, Leméac/Actes Sud-Papiers, 2006 ; Coll. "Babel", 2009 ; Coll. "Nomades", 2015.

Ciels, Le Sang des promesses / 4, Montréal-Paris, Leméac/Actes Sud-Papiers, Coll. "Babel", 2009 ; Coll. "Nomades", 2015.

Sœurs, Montréal-Paris, Leméac/Actes Sud-Papiers, 2015.

La petite pieuvre qui voulait jouer du piano, Montréal, La Bagnole, 2015.

Une Chienne, Montréal-Paris, Actes Sud-Papiers, 2016.

Les Larmes d'Œdipe, Montréal-Paris, Leméac/Actes Sud-Papiers, 2016.

Inflammation du verbe vivre, Montréal-Paris, Leméac/Actes Sud, 2016.

Victoires, Montréal-Paris, Leméac/Actes Sud, 2017.

Romans

Visage retrouvé, Montréal-Paris, Leméac/Actes Sud, 2002 ; Coll. "Babel", 2002 ; Coll. "Nomades", 2015.

Anima, Montréal-Paris, Leméac/Actes Sud, 2012 ; Coll. "Babel", 2012 ; Coll. "Nomades", 2016.

Autres

Je suis le Méchant. Entretiens André Brassard, Montréal, Leméac, 2004.

Je t'embrasse pour finir, dans Michel Le Bris, Jean Rouaud, *Pour une littérature-monde*, Paris, Gallimard, 2007, p. 175-195.

Le Rêve de Dominique, dans Wajdi Mouawad, *Le Soleil ni la mort ne peuvent se regarder en face*, Montréal-Paris, Leméac/Actes Sud, 2008, s. p.

Le Sang des promesses. Puzzle, racines, et rhizomes, Paris-Montréal, Actes Sud-Papiers/Leméac, 2009.

Le Poisson soi, Montréal, Éditions du Boréal, Coll. "Liberté Grande", 2011.

Wajdi Mouawad, Robert Davreu, *Traduire Sophocle*, Paris, Actes Sud, 2011.

Qui sommes-nous ? Fragments d'identité, Préface d'Hortense Achambault, Éditions Universitaires d'Avignon, 2012.

L'Origine de l'écriture, Préface, *J'ai couru comme dans un rêve*, Création collective Les Sans Cou, Retranscription et Modelage par Igor Mendijsky, Paris, Riveneuve Éditions, 2013.

Traversée des obscurités, Préface à Anaïs Allais, *Le Silence des Chauves-souris suivi de Lubna Cadio (x 7)*, Paris, Actes Sud-Papiers, 2016, p. 5-7.

Le Pacte – 30 mai 2016, http://www.colline.fr/fr/journal/le-pacte-30-mai-2016 (Consulté le 17.07.2017).

Avec Wajdi Mouawad, Paris, Actes Sud, 2017.

2. Œuvres sur Wajdi Mouawad

AA.VV., *Transfuge N 98 Wajdi Mouawad*, Paris, Transfuge, 2016.

Claire Badiou-Monferrant, Laurence Denooz (dir.), *Langues d'*Anima, Paris, Classiques Garnier, 2016.

Patricia Belzil, « Jeune homme en colère : *Assoiffés* », *Jeu : revue de théâtre*, n° 128, 2008, p. 9-11.

François Busnel, « *Anima* », *L'Express*, 20 mars 2015, p. 89.

Tatiana Burtin, « Interartialité et remédiation scénique de la peinture », *Intermédialités*, n° 12, 2008, p. 67-93.

Aurélie Chatton, Littoral, *un Œdipe qui refuse la filiation*, dans Claire Badiou-Monferrant, Laurence Denooz (dir.), *Langues d'*Anima, Paris, Classiques Garnier, 2016, p. 131-143.

Jörn Cambreleng, « Entretien avec Wajdi Mouawad », 10 mars 2008, dans *Théâtre contemporain.net*, à l'adresse électronique www.theatre-contemporain.net/spectacles/Le-Soleil-ni-la-mort-ne-peuvent-se-regarder-en-face/ensavoirplus/idcontent/12315 (Consulté le 15.05. 2016).

Aude Campmas, « Comment rester vivant avec ce qui est mort en nous ?". L'amitié et la promesse chez Wajdi Mouawad », *International Journal of Francophone Studies*, n° 15/1, 2012, p. 103-117.

Françoise Coissard, *Wajdi Mouawad. Étude critique d'"Incendies"*, Paris, Honoré Champion, 2014.

Giuseppe Conte, "L'"Anima" degli animali sostiene l'accusa contro gli orrori umani", *Il Giornale*, 21 mars 2015, p. 30.

Jean-François Côté, *Architecture d'un marcheur, Entretiens avec Wajdi Mouawad*, Ottawa, Leméac, Coll. "L'Écritoire", 2005.

Philippe Coutant (dir.), *Les tigres de Wajdi Mouawad*, Nantes, Le Grand T – Éditions joca seria, 2009.

Stefania Cubeddu-Proux, *Langues d'*Anima *et langue animale. Dialogue avec l'Amérique et l'Amérindien*, dans Claire Badiou-Monferran, Laurence Denooz (dir.), *Langues d'*Anima, cit., p. 161-179.

Jean-Paul Damaggio, *Au Carrefour Wajdi Mouawad*, Paris, Éditions La Brochure, 2009.

Tanya Déry-Obin, « De la reconnaissance à la responsabilité. L'expérience tragique chez Wajdi Mouawad », *Nouvelles Études Francophones*, n° 29, Automne 2014, p. 26-41.

Dominique D. Fisher, *Détours, nouvelles "polyphonies". Le cas de* Seuls *de Wajdi Mouawad*, dans Lise Gauvin, Cécile Van den Avenne, Véronique Corinus, *et al.*, *Littératures francophones. Europe et Amérique du Nord*, Paris, ENS Éditions, 2015, p. 77-90.

Alessandra Ferraro, « Le Cycle théâtral de Wajdi Mouawad (Littoral, Incendies, Forêts) ou comment détourner le mythe d'Œdipe », *Ponts / Ponti*, 8, 2008, p. 41-56.

Lise Gagnon, « Imaginaire quantique : chantier autour de *Forêts* », *Jeu : revue de théâtre*, n° 117, 2005, p. 57-58.

Marie-Christine Gareau, *La Faille de Wajdi Mouawad*, Mémoire de l'Université de Québec, Montréal, Août 2011.

Nouri Gana, "The Poethics of Arab Canadian Literature and Film", *The New Centennial Review*, n° 2, 2009, p. 21-44.

Diane Godin, « Wajdi Mouawad et le pouvoir du verbe », *Jeu : revue de théâtre*, n° 92, 1999, p. 99-110.

Aliah Gresh, Dominique Vidal, *Les 100 clés du Proche-Orient*, Fayard/Pluriel, Coll. « Grand Pluriel », 2011.

Rainier Grutman, Heba Alah Ghadie, « *Incendies*, les méandres de la mémoire », *Neohelicon*, n° 1, 2006, p. 91-108.

Hors-champ, interview de Laure Adler à Wajdi Mouawad, diffusée sur France Culture le 10 décembre 2012, https://www.youtube.com/watch?v=CMbw39TMYg0> (Consulté le 10.09.2016).

Inès Horchani, *Deux trajectoires arabo-francophones dans la littérature-monde : Amin Maalouf et Wajdi Mouawad*, dans Cécilia W. Francis, Robert Viau, *Trajectoires et dérives de la Littérature-monde : Poétiques de la relation et du divers dans les espaces francophones*, Paris, Éditions Radopi, 2016, p. 349-364.

Mai Mohamed Loai Husseini, *Carrefours rhizomatiques de l'écriture dans le théâtre de Wajdi Mouawad. "Le Sang des Promesses" et "Seuls"*, Thèse, Doctor of Philosophy in French Language, Literatures and Linguistics, Departement of Modern Languages and Cultural Studies, University of Alberta, 2014.

Incontro con il drammaturgo, regista e attore Wajdi Mouawad al 42° Festival Internazionale del Teatro (4 agosto 2013, Ca' Giustinian, Venezia), http://www.labiennale.org/it/mediacenter/video/mouawad-13.html (Consulté le 25.07.2017).

Interview à Wajdi Mouawad, http://www.francecuture.fr/reecouter?play=4508977 (Consulté le 23.02.2014).

Interview à Wajdi Mouawad du 1er janvier 2013, http://www.franceculture.fr/player/reecouter?play=4508977> (Consulté le 11.06.2016).

Interview à Wajdi Mouawad, http://www.franceculture.fr/player/reecouter?play=4548057 (Consulté le 09.05.2016).

Katia Ippaso, « Quando le bestie sono meno feroci dell'uomo », *Cronache del Garantista*, 5 avril 2015, p. 15.

Yara El Koury, Anne-Lucie Chaigne-Oudin, *Guerre civile libanaise*, http://www.lesclesdumoyenorient.com/Guerre-civile-libanaise.html (Consulté le 08.05.2014).

Lise Lenne, « Le poisson soi : de l'aquarium du moi au littoral de la scène… », *En quête du sujet*, n° 0, 2007, http://agon.ens-lyon.fr/index.php?id=328#tocto1n1 (Consulté le 08.05.2017).

Stéphane Lépine, « Wajdi Mouawad ou l'irruption de l'Autre », *Jeu : revue de théâtre*, n° 73, 1994, p. 80-87.

Georges Leroux, "On the trail of the prodigal son", *Queen's Quarterly*, n° 22, March 2009, https://www.thefreelibrary.com/_/print/PrintArticle.aspx?id=200424270 (Consulté le 09.07.2017).

Daniel Loayza, « Entretien avec Dominique Pitoiset. Une histoire de regard », 22 mars 2008, *Théâtre contemporain.net*, à l'adresse électronique www.theatre-contemporain.net/spectacles/Le-Soleil-ni-la-mort-ne-peuvent-se-regarder-en-face/ensavoirplus/ (Consulté le 15.05.2016).

« L'émotion de Wajdi Mouawad à Beyrouth », *L'Orient le jour*, https://www.bing.com/videos/search?q=wajdi+mouawad+youtube&&view=detail&mid=6DD5DFA71264C327F8C96DD5DFA71264C327F8C9&FORM=VRDGAR (Consulté le 28.07.2017).

Baptiste Liger, « L'avis des animaux », *Lire*, n° 408, Septembre 2012, p. 38.

Georgia Maklouf, « Les écouter écrire : questions de littérature ». *26 entretiens et 5 portraits d'écrivains d'aujourd'hui*, Publie.net, 2010.

Georgia Maklouf, « La généalogie de la violence selon Mouawad », *L'Orient Littéraire*, 9/2012 : http://www.lorientlitteraire.com/article_details.php?cid=31&nid=3959 (Consulté le 04.06.2014).

Marilyn Matar, « *"À la croisée des chemins, il peut y avoir l'autre"*. Lecture croisée de *Littoral* de Wajdi Mouawad, *Les Versets du Pardon* de Myrim Antaki, et *Palestine* de Hubert Haddad », *Contemporary French and Francophone Studies*, n° 17, 2013, p. 512-520.

Marilyn Matar, « Spectres d'une guerre au(x) récit(s) perdu(s): *Littoral* (1999), *Visage retrouvé* (2002) et *Incendies* (2003) de Wajdi Mouawad », *Contemporary French et Francophone Studies*, n° 5, 2014, p. 470-478.

Élise Montel-Hurlin, Anima, *l'animal sans elle. Wajdi Mouawad et les "jeux de langues"*, dans Claire Badiou-Monferrant, Laurence Denooz (dir.), *Langues d'*Anima. *Écriture et histoire contemporaine dans l'œuvre de Wajdi Mouawad*, Paris, Classiques Garnier, 2016, p. 205-213.

Manon Monmirel, *Le Projet initiatique pour une quête initiatique de l'Être dans l'œuvre romanesque de Wajdi Mouawad*, Paris, Éditions Universitaires Européennes, 2017.

Noëlle Mathis, « Écrire (entre) ses langues en atelier d'écriture. Une approche plurilingue des textes de Driss Chraïbi, Wajdi Mouawad et Nancy Houston », *Carnets*, n° 7, 2016, http://carnets.revues.org/1080 (Consulté le 14.07.2017).

Yana Meerzon, « The Exilic Teens : On the Intracultural Encounters in Wajdi Mouawad's Theatre », *Theatre Research in Canada*, n° 30, Spring 2009, p. 82-110.

Didier Méreuze, « Wajdi Mouawad, nouveau directeur du Théâtre national de la Colline », *La Croix*, 6 avril 2016, http://www.la-croix.com/Culture/Theatre/Wajdi-Mouawad-nouveau-directeur-Theatre-national-Colline-2016-04-06-1200751610 (Consulté le 19.04.2016).

François Ouellet, « Au-delà de la survivance : filiation et refondation du sens chez Wajdi Mouawad », *L'Annuaire théâtral*, n° 38, Automne 2005, p. 158-172.

Anna Paola Mossetto, *Autorappresentazione d'autore come autore e come progetto*, dans *Il Progetto e la scrittura / Le Projet et l'écriture*, Introduzione a cura di Franca Bruera, Antonella Emina, Anna Paola Mossetto, Milano, Roma, Bulzoni Editore, 2007.

Marija Paprašarovski, « L'extension du domaine de la cohérence. Lecture de la tétralogie *Le sang des promesses* de Wajdi Mouawad », *SRAZ*, n° 58, 2013, p. 121-137.

Marie Parent, « L'exclusivité de la souffrance », *Liberté*, n° 299, 2013, p. 37.

Éric-Paul Parent, « Trait d'union », *Canadian Literature*, Spring 2009, p. 139-140.

Lydie Parisse, *Œdipe par temps de catastrophe :* Incendies, *de Wajdi Mouawad*, dans Murielle Lucie Clément, Sabine van Wesemael (dir.), *Relations familiales dans les littératures française et francophone des XXe et XXIe siècles. La figure de la mère*, Paris, L'Harmattan, 2008, p. 335-341.

Isabelle Patroix, *Identité et création dans l'œuvre de Wajdi Mouawad*, Thèse de Doctorat, Université de Grenoble, 2014. French <NNT : 2014FRENL008>.

Esther Pelletier, Irène Roy, « *Incendies* : Évoquer pour susciter l'imaginaire et montrer plutôt que dire », *Nouvelles Études Francophones*, n° 2, Automne 2015, p. 115.

Frédéric Pelletier, « Les Ados ont la parole ! », *Bonjour Bobigny*, n° 760, 30 décembre 2015, p. 11, https://www.mc93.com/sites/default/files/documents/spectacles/adolescents-prenez-la-parole/bonjourbob-n760-ado.pdf (Consulté le 19.07.2017).

Véronique Pépin, « Émergence du contemporain dans le théâtre québécois : les exemples de Wajdi Mouawad et de François-Étienne Paré », *Postures*, n° 5, 2003, p. 160-171, http://revuepostures.com/fr/articles/pepin-5 (Consulté le 13.07.2017).

Lucie Picard, « L'Histoire de l'autre : la guerre civile libanaise dans *Littoral* de Wajdi Mouawad et *Le Collier d'Hélène* de Carole Fréchette », *L'Annuaire théâtral*, n° 34, Automne 2003, p. 147-160.

Simon Pochet, *La Fiction au cœur de l'Histoire (*Incendies – *Wajdi Mouawad)*, https://libalel.wordpress.com/2011/09/26/une-fiction-au-coeur-de-l%E2%80%99histoire-incendies-%E2%80%93-wajdi-mouawad/ (Consulté le 12.05.2017).

Virgina Preston, "Imag/ing Theatre in Wajdi Mouawad's *Seuls*", *Theatre Forum*, n° 35, 2009, p. 17-25.

Manon Pricot, *Présence d'un "travail épique" au sein d'*Incendies *de Wajdi Mouawad*, Mémoire de Master 1, Université Stendhal, Grenoble, Session 2012-2013, https://outlook.office.com/owa/?path=/attachmentlightbox (Consulté 04.09.2017).

Charlotte Pudlovski, « Wajdi Mouawad, à fendre l'âme », *Slate.fr*, 29/10/2012, http://www.slate.fr/story/63897/wajdi-mouawad-litterature-anima-theatre-roman, (Consulté le 09.06.2014).

Vittoria Puledda, « Viaggio nel lato oscuro dell'anima umana », *La Repubblica – Sera*, 26 mars 2015.

Milène Rivest, Littoral *de Wajdi Mouawad : un acte de métacommunication*, Faculté des Lettres, Université Laval, Québec, 2011.

Andrea Rodighiero, *La promessa del sangue : motivi edipici, dans "Incendies" di Wajdi Mouawad*, dans Francesco Citti e Alessandro Iannucci (a cura di), *Edipo classico e contemporaneo*, Hildesheim – Zurich – New York, Olms, 2012, p. 359-383.

Marco Rovelli, « La singolarità umana della violenza », *Il Manifesto*, 26 marzo 2015, p. 11.

Lucie Robert, « L'écrivain au théâtre », *Voix et images*, n° 332, 2008, p. 159-160.

Irène Roy, *Du texte en "soi" au texte "soi"*, dans Chantal Hébert, Irène Pirelli-Contos (dir.), *Le Théâtre et ses nouvelles dynamiques narratives*, Presses de l'Université de Laval, 2004, p. 25-41.

Virginie Rubira, *Les Mythes dans le théâtre de Wajdi Mouawad et Caya Makhélé*, Paris, Acoria Éditions, 2014.

Lori Saint-Martin, *Des pères absents aux filles meurtrières et au-delà : le rapport père-fille en littérature québécoise*, dans Murielle Lucie Clément, Sabine van Wasemael, *Relations familiales dans les littératures française et francophone des XXe et XXIe siècles. La figure du père*, Paris, L'Harmattan, 2008, p. 13-26.

Hilary Stewart, *Looking at Indian Art of the Northwest Coast*, Madeira Park – British Columbia, Douglas and McIntyre, 2013.

Cécile Van den Avenne, *Écrits plurilingues*, dans Jacky Simonin, Sylvie Wharton (dir.), *Sociolinguistique du contact : Dictionnaire encyclopédique des termes et concepts*, Lyon, ENS-Éditions, 2013, p. 24-262.

World Nomades Lebanon, Talk with Wajdi Mouawad, Le Skyroom, May 19, 2010, https://www.bing.com/videos/search?q=wajdi+mouawad+youtube&qpvt=wajdi+mouawad+youtube&view=detail&mid=18F9E96BE2ED248EADD718F9E96BE2ED248EADD7&FORM=VRDGAR (Consulté le 28.07.2017).

https://www.mc93.com/saison/adolescents-prenez-la-parole (Consulté le 19.07.2017).

http://www.colline.fr/fr/spectacles-saison-17-18 (Consulté le 01.09.2017).

3. Œuvres diverses

Aristote, *Constitution d'Athènes*, Paris, Le Livre de poche Classique, 2006.

Denise Ammoun, *Histoire du Liban contemporain, 1943-1990*, Paris, Fayard, 2005.

Antonin Artaud, *Le Théâtre et son Double : suivi de Séraphin*, Paris, Gallimard, 1985.

Abdennour Bidar, *Histoire de l'humanisme en Occident*, Paris, Armand Colin, 2014.

Roberto Calasso, *Le Nozze di Cadmo e Armonia*, Milano, Adelphi, 1998.

Pierre Campion, *Lectures de La Rochefoucauld*, Rennes, P.U.R., 1998.

Luca Codignola, Luigi Bruti Liberati, *Storia del Canada. Dalle origini ai giorni nostri*, Bompiani, Milano 1999.

Noam Chomsky, *Nuovi orizzonti nello studio del linguaggio e della mente*, Il Saggiatore, Milano, 2005.

Paul Demont, Anne Lebeau, *Les Tragiques Grecs : théâtre complet avec un choix de fragments*, Traduction de Victor-Henri Debidour, Paris, Éditions L.G.F., 1999.

Gilbert Durand, *Figures mythiques et visages de l'œuvre*, Paris, Berg International Éditeur, 1979.

Gérard Genette, *Palimpsestes. La littérature au second degré*, Paris, Seuil, 1982.

Gérard Genette, *Seuils*, Paris, Seuil, 1987.

Édouard Glissant, *Introduction à une poétique du divers*, Paris, Gallimard, 1996.

Janice Fiamengo (dir.), *Other Selves : Animals in the Canadian Literary Imagination*, Ottawa, University of Ottawa, 2008.

Michel Foucault, *L'Archéologie du savoir*, Paris, Gallimard, 1969.

Michel Jarrety (dir.), *Lexique des termes littéraires*, Paris, Librairie Générale Française, 2001.

Catherine Kerbrat-Orecchioni, *Le discours en interaction*, Paris, Colin, 2005.

Henry Laurens, *Le Grand jeu. Orient arabe et rivalités internationales depuis 1945*, Paris, Armand Colin, 1991.

François de La Rochefoucauld, *Réflexions ou sentences et maximes morales* (édition de 1678), dans Id., *Œuvres complètes*, Introduction par Robert Kanters, chronologie et index par Jean Marchand, édition établie par L. Martin-Chauffier revue et augmentée par Jean Marchand, Paris, Gallimard, 1964, Coll. "La Pléiade".

Jacqueline de Romilly, *La Tragédie grecque*, Paris, P.U.F., 1973.

Emmanuel Lévinas, *Humanisme de l'autre homme*, Paris, Fata Morgana, 1972.

https://www.mc93.com/saison/adolescents-prenez-la-parole (Consulté le 19.07.2017).

http://www.colline.fr/fr/spectacles-saison-17-18 (Consulté le 01.09.2017).

Matteo Majorano (dir.), *L'Incoerenza creativa nella narrativa francese contemporanea*, Macerata, Quodlibet, 2016.

Robin G. McGrath, *Aboriginal Literature. Native and Métis Literature*, dans Eugene Benson, William Toye (dir.), *The Oxford Companion to Canadian Literature*, Oxford University Press, Toronto-Oxford-New York, 1997.

Onno Oerlemans, "A Defense of Anthropomorphism : Comparing Coetzee and Godwy", *Mosaic*, n° 40, 2007, p. 181-196.

Thomas A. Sebeok, Alfred. S. Hayes, Mary C. Bateson, *Paralinguistica e cinesica*, Bompiani, Milano, 1970.

Soren Seelow, « L'orientation sexuelle à l'épreuve du djihad », *Le Monde*, 27 juillet 2016, p. 8.

Jacky Simonin, Sylvie Wharton (dir.), *Sociolinguistique du contact : Dictionnaire encyclopédique des termes et concepts*, Lyon, ENS-Éditions, 2013.

Arnaldo Testi, *La formazione degli Stati Uniti*, Bologna, Il Mulino, 2003.

Terence Turner, *Animal Symbolism, Totemism, and the Structure of Myth*, dans Gary Urton (dir.), *Animal Myths and Metaphors in South America*, Salt Lake City, University of Utah Press, 1985, p. 63-64.

Jonathan F. Vance, *A History of Canadian Culture*, Oxford-New York, Oxford University Press, 2009.

Wilfrid Westheide, Reinhard Rieger, *Zoologia sistematica*, Zanichelli, Bologna, 2011.

Dramaturgies

Textes, Cultures et Performances

Cette série présente des travaux de recherche innovateurs dans le domaine de la dramaturgie des XXe et XXIe siècles. Son objectif essentiel est de ré-examiner la relation complexe entre études de textes, aspects culturels et/ou performatifs à l'aube d'un millénaire multiculturel. La collection offre des analyses du lien entre textes dramatiques et multiculturalisme (études de dramaturges issus de « minorités » diverses, ethniques, aborigènes et sexuelles), de nouvelles approches de dramaturges confirmés à la lumière des théories critiques contemporaines, des études de l'interface entre pratique théâtrale et analyse textuelle, des études de formes théâtrales marginales (cirque, vaudeville, etc.), des monographies relatives au théâtre postcolonial ainsi qu'aux nouveaux modes d'expression dramatique. Elle aborde également le domaine du théâtre comparé et de la théorie théâtrale.

*Éditeur de la collection, **Marc MAUFORT**, professeur de littérature et théâtre anglais à l'Université Libre de Bruxelles.*

Titres parus

No.39 – Simonetta Valenti, *Rencontre. Le nouvel humanisme de Wajdi Mouawad*, 2019, 978-2-8076-1033-0

No.38 – Graça Dos Santos, *Miguel Torga : le dialogue inassouvi. Essai d'analyse de son écriture dramatique*, 2018, 978-2-8076-0528-2

No.37 – Lara Cox, *Afterlife of the Theatre of the Absurd. The Avant-garde, Spectatorship, and Psychoanalysis*, 2018, 978-2-8076-0191-8

No.36 – Elodie Verlinden, *Danse et spectacle vivant. Réflexion critique sur la construction des savoirs*, 2016, 978-2-87574-332-9

No.35 – Wei H. Kao, *Contemporary Irish Theatre. Transnational Practices*, 2015, ISBN 978-2-87574-300-8

No.34 – Greg Homann and Marc Maufort, *New Territories. Theatre, Drama, and Performance in Post-apartheid South Africa*, 2015, ISBN 978-2-87574-253-7

No.33 – Birgit Däwes and Marc Maufort, *Enacting nature. Ecocritical Perspectives on Indigenous Performance*, 2014, ISBN 978-2-87574-146-2

No.32 – Gerald Gillespie, *Ludwig Tieck's* Puss-in-Boots *and Theater of the Absurd. A Commentated Bilingual Edition*, 2013, ISBN 978-2-87574-026-7

No.31 – Julie Vatain, *Traduire la lettre vive. Duos anglais sur la scène française*, 2012, ISBN 978-2-87574-012-0

No.30 – Ève Feuillebois-Pierunek (dir.), *Théâtres d'Asie et d'Orient. Traditions, rencontres, métissages*, 2012, ISBN 978-90-5201-847-8

No.29 – Thierry Dubost (ed.), *Drama Reinvented. Theatre Adaptation in Ireland* (1970-2007), 2012, ISBN 978-90-5201-800-3

No.28 – Dorothy Figueira and Marc Maufort (eds.), with the assistance of Sylvie Vranckx, *Theatres in the Round. Multi-ethnic, Indigenous, and Intertextual Dialogues in Drama*, 2011, ISBN 978-90-5201-690-0

No.27 – Sébastien Ruffo, *Jeux d'acteurs comparés. Les voix de Belmondo, Depardieu, Lebeau et Nadon en Cyrano de Bergerac*, 2011, ISBN 978-90- 5201-657-3

No.26 – Catherine Bouko, *Théâtre et réception. Le spectateur postdramatique*, 2010, ISBN 978-90-5201-653-5

No.25 – Marc Maufort, *Labyrinth of Hybridities. Avatars of O'Neillian Realism in Multi-ethnic American Drama* (1972-2003), 2010, ISBN 978-90-5201-033-5

No.24 – Marc Maufort & Caroline De Wagter (eds.), *Signatures of the Past. Cultural Memory in Contemporary Anglophone North American Drama*, 2008, ISBN 978-90-5201-454-8

No.23 – Maya E. Roth & Sara Freeman (eds.), *International Dramaturgy. Translation & Transformations in the Theatre of Timberlake Wertenbaker*, 2008, ISBN 978-90-5201-396-1

No.22 – Marc Maufort & David O'Donnell (eds.), *Performing Aotearoa. New Zealand Theatre and Drama in an Age of Transition*, 2007, ISBN 978-90- 5201-359-6

No.21 – Johan Callens, *Dis/Figuring Sam Shepard*, 2007, ISBN 978-90-5201-352-7

No.20 – Gay McAuley (ed.), *Unstable Ground. Performance and the Politics of Place*, 2006 (2e tirage 2008), ISBN 978-90-5201-036-6

No.19 – Geoffrey V. Davis & Anne Fuchs (eds.), *Staging New Britain. Aspects of Black and South Asian British Theatre Practice*, 2006, ISBN 978-90-5201-042-7

No.18 – André Helbo, *Signes du spectacle. Des arts vivants aux médias*, 2006, ISBN 978-90-5201-322-0

No.17 – Barbara Ozieblo & María Dolores Narbona-Carrión (eds.), *Codifying the National Self. Spectators, Actors and the American Dramatic Text*, 2006, ISBN 978-90-5201-028-1

No.16 – Rachel Fensham, *To Watch Theatre. Essays on Genre and Corporeality*, 2009, ISBN 978-90-5201-027-4

No.15 – Véronique Lemaire, with the help of/avec la collaboration de René Hainaux, *Theatre and Architecture – Stage Design – Costume. A Bibliographic Guide in Five languages* (1970-2000) / Théâtre et Architecture – Scénographie – Costume. Guide bibliographique en cinq langues (1970-2000), 2006, ISBN 978-90-5201-281-0

No.14 – Valérie Bada, *Mnemopoetics. Memory and Slavery in African-American Drama*, 2008, ISBN 978-90-5201-276-6

No.13 – Johan Callens (ed.), *The Wooster Group and Its Traditions*, 2004, ISBN 978-90-5201-270-4